U0448346

—上外文库—

本书获中央高校基本科研业务费专项资助

上外文库

英汉运动事件中的空间界态语义

陈 佳 著

商务印书馆
The Commercial Press

图书在版编目（CIP）数据

英汉运动事件中的空间界态语义 / 陈佳著. — 北京：商务印书馆，2024. —（上外文库）. — ISBN 978 - 7 - 100 - 24295 - 0

Ⅰ．H314；H146

中国国家版本馆 CIP 数据核字第 2024MM9120 号

权利保留，侵权必究。

英汉运动事件中的空间界态语义

陈　佳　著

商　务　印　书　馆　出　版
（北京王府井大街36号　邮政编码 100710）
商　务　印　书　馆　发　行
北京盛通印刷股份有限公司印刷
ISBN 978 - 7 - 100 - 24295 - 0

2024年11月第1版　　　开本 670×970　1/16
2024年11月第1次印刷　　印张 22½

定价：118.00元

总　序
献礼上海外国语大学75周年校庆

光阴荏苒，岁月积淀，栉风沐雨，历久弥坚。在中华人民共和国75周年华诞之际，与共和国同成长的上海外国语大学迎来了75周年校庆。值此佳际，上外隆重推出"上外文库"系列丛书，将众多优秀上外学人的思想瑰宝精心编撰、结集成册，力求呈现一批原创性、系统性、标志性的研究成果，深耕学术之壤，凝聚智慧之光。

参天之木，必有其根；怀山之水，必有其源。回望校史，上海外国语大学首任校长姜椿芳先生，以其"为党育人、为国育才"的教育理念，为新中国外语教育事业铸就了一座不朽的丰碑。在上海俄文专科学校（上海外国语大学前身）开学典礼上，他深情嘱托学子："我们的学校不是一般的学校，而是一所革命学校。为什么叫'革命学校'？因为这所学校的学习目的非常明确，那就是满足国家的当前建设需要，让我们国家的人民能过上更加美好的生活。"为此，"语文工作队"响应国家号召，奔赴朝鲜战场；"翻译国家队"领受党中央使命，远赴北京翻译马列著作；"参军毕业生"听从祖国召唤，紧急驰援中印边境……一代又一代上外人秉承报国理念，肩负时代使命，前赴后继，勇往直前。这些红色基因持续照亮着上外人前行的道路，激励着上外人不懈奋斗，再续新篇。

播火传薪，夙兴外学；多科并进，协调发展。历经75载风雨洗礼，上外不仅积淀了深厚的学术底蕴，更见证了新中国外语教育事业的崛起与腾飞。初创之际，上外以俄语教育为主轴，为国家培养了众多急需的外语人才，成为新中国外交事业的坚实后盾。至20世纪50年代中期，上外逐渐羽翼丰满，由单一的俄语教育发展为多语种并存的外语学院。英语、法语、德语等多个专业语种的开设，不仅丰富了学校的学科体系，更为国家输送了大批精通多国语言的外交和经贸人才。乘着改革开放的春风，上外审时度势，率先转型为多科性外国语大学，以外国语言文学为龙头，文、教、经、管、法等多学科协调发展，一举打造成为培养国家急需外语人才的新高地。新世纪伊始，上外再次扬帆起航，以"高水平国际化多科性外国语大学"为目标，锐意进取，开拓创新，在学术研究、国际交流与合作等方面取得了显著成果，逐渐发展成为国别区域全球知识领域特色鲜明的世界一流外国语大学。

格高志远，学贯中外；笃学尚行，创新领航。习近平总书记在党的二十大报告中强调："着力造就拔尖创新人才，聚天下英才而用之。"新时代新征程，高校必须想国家之所想、急国家之所急、应国家之所需，更好把为党育人、为国育才落到实处。上外以实际行动探索出了一系列特色鲜明的外国语大学人才培养方案。"多语种+"卓越国际化人才培养目标，"课程育人、田野育人、智库育人"的三三制、三结合区域国别人才强化培养模式，"三进"思政育人体系，"高校+媒体"协同育人合作新模式等，都是上外在积极探索培养国际化、专业化人才道路上的重要举措，更是给党和国家交上了一份新时代外语人才培养的"上外答卷"。"上外文库"系列丛书为上外的学术道统建设、"双一流"建设提供了新思路，也为上外统一思想、凝心聚力注入了强大动力。

浦江碧水，化育文脉；七五春秋，弦歌不辍。"上外文库"系列丛书的问世，将更加有力记录上外学人辉煌的学术成就，也将激励着全体上外人锐意进取，勇攀学术高峰，为推动构建具有深厚中国底蕴、独特中国视角、鲜明时代特色的哲学社会科学大厦，持续注入更为雄厚的智识与动能！

序 一

陈佳的专著《英汉运动事件中的空间界态语义》是她多年来在认知语言学研究领域中不断学习、探索和思考的成果。她一直保持着对认知语言学研究的热情，研究工作严谨求实、脚踏实地，因而有此成果。

认知语言学的语言观认为，语言系统中各种语言单位的组织次序和组合选择不仅受到句法和语法规则的制约，也受到概念语义构成的制约。从概念表达的需要出发，从各种语言现象出发，重视对词语的句法、语义特征的研究与描写，进而解决好句法-语义接口问题，并探索语言表达中词汇和语法成分的组织规律，这是语言学的重要任务之一。在这部著作中，我很高兴地看到作者从认知语义学角度出发为探究句法-接口问题所做出的努力。

作者以认知语义学的概念结构语义观为指导，以运动事件框架和词汇化理论，界态语义理论以及空间语义多样性分布观为理论基础，以英汉运动事件表达句中的词汇和语法成分匹配问题为切入点，通过内省、溯因推理与语料库相结合的方法，在明确语言事实的基础上，探究英汉运动事件概念表达中词汇化语言单位的语义配置结构和组合规律。

作者通过丰富的语料和缜密论证阐释了自己的核心观点，即，除了时间维度的分布特征"体"语义特征之外，"界态"语义也是一种重要的句法-语义接口，时间和空间的有界和无界"界态"语义在各种词汇和语法成分组合排列建构句子的过程中起到一定的脚手架的作用。作者关注"路径"这一概念语义单位在句子层面分布的情况，详细分析了英汉运动框架事件的核心概念"路径"的概念结构构型"空间边界关系"特征，深入探究了以空间界态语义匹配原则为核心的语言结构组织规律。作者创造性地提出，在运动事件表达句中各种概念词汇和语法成分在选择组合匹配时，可能存在一种以构成运动事件的核心概念"路径"为中心的"界态语义一致"语义组织限制原则。这一观点具有创新意义。

  陈佳在这部专著中以敏锐的洞察力和严谨的学术态度，探索了语言研究的前沿领域，收获了一些新知和洞见。愿她在未来的学术旅程中，继续踏实努力，"博观而约取，厚积而薄发"，勇敢地去发现更多语言的奥秘。

  是为序。

（上海外国语大学教授、博导）

2024 年 10 月 7 日

序 二

本书作者陈佳是我在剑桥访学时结识的才华出众的青年博士。她一直认真勤奋、笃学善思、谦虚求教。在剑桥时，我们经常在一起听课、听讲座、进行学术交流，她对语言研究的热爱经常溢于言表。从剑桥回国后，我们一直保持联系，这么多年来，我十分欣慰地看到陈佳博士将热情付诸学术研究实践，不断成长，坚韧地克服各种困难，在认知语言学领域不断地探索和深耕。我很高兴她坚持了自己的初心，孜孜不倦地努力，出版了专著《英汉运动事件中的空间界态语义》。

这是一部基于认知语言学较为前沿课题研究的学术专著。在本书中，作者深入探究了英汉运动事件路径概念的空间界态语义的句法－语义接口作用。该研究在对英汉"路径"词汇和构式单位所表达的"空间界态"概念语义进行有界和无界分类的基础上，试图提出一个"界态"语义匹配原则，并用以解决运动事件表达句中的语言单位组合匹配问题。作者在书中运用"界态语义"一致匹配原则对一些英汉句子层面的句法建构问题进行了探讨，例如汉语静态存在句动词适用性问题、英语 WAY 结构中动词适用问题、英语和汉语双宾语结构中动词限制条件问题等，并使这些问题得到了较为完善的解释。

通读全书，我发现本书的学术创新点有三。其一，从认知语义视角出发为英汉运动事件词汇化模式类型与词汇语义的句法－语义接口作用的研究提供新视角，对认知语法和语言类型学研究都有一定的意义。其二，在方法上，基于多个语料库的实证数据，为句子层面各词汇成分界态匹配问题的分析提供了一些新证据。其三，本书提出了"路径"界态语义匹配原则及其次则，有助于说明语言结构与概念结构之间的像似性，对语法研究及语言类型学研究提供了崭新的思路。

"路漫漫其修远兮，吾将上下而求索。"陈博士多年求索，潜心钻研，认真踏实地做学问。我衷心祝贺她的又一学术成果出版！今日之花始于昨日之树，明日之果孕于今日之花。我很高兴见证陈博士多年的努力和一路的成长。愿她不忘初心，保持热情，继续在她所热爱的语言研究领域发光发热，取得更丰硕的成果。希望本书能够得到广泛关注，因为书中提出的观点和方法能为外语学习者提供词汇语义与句法成分匹配的参考，也为对外汉语教学和英语外语教学提供来自认知语言学研究基础的支持和启发。

是为序。

（北京理工大学［珠海］教授、博导）

2024 年 9 月 6 日

目录

绪　论 ·· 1

第一章　研究历史与现状 ·· 21

　　第一节　空间语义研究的三个阶段 / 24

　　第二节　空间语义研究的主要对象 / 27

　　本章小结 / 36

第二章　理论基础与研究假设 ·· 39

　　第一节　框架事件概念结构与词化模式理论 / 42

　　第二节　空间语义多样分布理论 / 50

　　第三节　概念结构的构形特征"边界"与[界态]语义 / 52

　　第四节　理论假设 / 62

第三章　理论建构与语料库验证 ·· 65

　　第一节　[路径]概念结构的"界态"特征 / 68

　　第二节　英汉运动事件语义配置与[路径]词化单位分布 / 82

　　第三节　英汉[路径]语言单位的界态类别 / 116

　　第四节　以[路径]为核心的[空间界态]语义一致原则 / 172

第四章　相关语法问题的应用 ………………………………… 183

第一节　英语 WAY 构式中动词适用问题　/　186

第二节　汉语静态存在句中运动动词适用条件问题　/　203

第三节　[时间]与[路径]单位的匹配关系问题　/　224

第四节　英汉距离路径成分及问题　/　234

第五节　英汉双宾语构式中的动词适用问题　/　246

本章小结　/　265

第五章　界态匹配原则的跨语言普遍性 ………………………… 267

第一节　日语有界与无界运动事件的表达　/　270

第二节　意大利语有界与无界运动事件的表达　/　272

第三节　西班牙语有界与无界运动事件的表达　/　275

第四节　塞尔维亚-克罗地亚语有界与无界运动事件的表达　/　277

本章小结　/　279

结　语 …………………………………………………………… 280

第一节　内容与观点总结　/　281

第二节　可能存在的不足　/　288

第三节　有待进行的探索　/　289

参考书目 ………………………………………………………… 292

附　录 …………………………………………………………… 325

附录一：英语介副词句中语义动态识解的语料库验证　/　327

附录二：莱文（Levin 1993）列举的运动类动词　/　337

附录三：莱文（Levin 1993）列举的致使类动词　/　339

附录四：汉语自主自发运动单字动词（334 个）　/　343

附录五：汉语动作活动致使类单字动词（340 个）　/　345

附录六：法语、德语和俄语的几个例子　/　347

绪　论

在整个语言结构中，一切要素都是按照组合关系和聚合关系来运行的（Saussure 2001: 170）。组合关系是指各语言成分按照一定规律线性排列，比如，词素组合构成词，词组合构成短语和句子。人们通过有限数量的语言符号进行线性排列组合，从而表达无限数量的可能意义。在表达一个认知概念意义时，人们对语言符号的选择和组合既要符合概念构成需要，又要符合语言系统自身组织规则的需要。这就使语言表达式中各成分的组织关系变得十分复杂。也正因为如此，探讨词、词组、句子和意义的关系是语言研究的中心话题。在语言表达式构成单位完全一致的情况下，常常只是由于一个词的选择变化或者同一个词的位置变化就可能导致整个句子的不可接受。例如：

1) a. 我陪你<u>到</u>海角天边。

   b. *我陪你<u>飞</u>海角天边。

2) a. Please <u>send</u> me a letter.

   b. *Please <u>carry</u> me a letter.

3) a. 从屋里<u>跑出</u>一只小狗来。

   b. *从屋里<u>跑</u>一只小狗出来。

4) a. <u>Onto</u> the table jumped a cat.

   b. *<u>On</u> the table jumped a cat.

（Levin 1993）

例1）—例4）中a组句子是英语和汉语常见的运动事件表达句。例1）—例4）中b组句子在与a组句子结构一致的条件下，仅仅因为一个词的不同就变得不能成立。这些语言现象说明：词是重要的句法－语义接口，语句中词语的组织次序和组合选择并不仅仅是纯粹语言系统句法和语法规则的问题，还受到一定概念语义构成的限制。从概念表达的需要出发，从各种语言现象出发，重视对词语句法、语义特征的研究与描写，进而解决好句法－语义接口问题，并探索表达式中词汇和语法成分的组织规律，这是语言研究的重要任务之一（陆俭明2006）。

本书以认知语言学的概念结构语义观点为指导，特别是以泰尔米（Talmy 2000）的运动事件框架和词汇化理论、[界态]（boundedness）语义理论以及空间语义多样分布观（diversified distribution）为理论基础，以英汉运动事件表达句中的词汇和语法成分匹配问题为切入点，结合语料库实例描写英汉运动事件概念语义配置结构，特别是英汉[路径]概念的词汇化模式（lexicalization pattens）和[路径]语义单位在句子层面的分布情况，重点探索运动框架事件（Motion Framing Event）的核心概念[路径]的概念结构构形特征，即"空间边界关系"特征，进而讨论[路径]概念的词化语言单位所表达的[界态]语义类型，主要研究以[界态]语义匹配原则为核心的语言结构组合规律，并通过英国国家语料库（British National Corpus，简称BNC）和北大现代汉语语料库（Center for Chinese Linguistics PKU，简称CCL）进行验证，最后运用研究发现对英汉运动事件表达句中各词汇和语法成分组合选择匹配问题进行解释。

本书期望达到以下几个目标：

一是通过内省与语料库相结合的方法，对英汉运动事件表达句中[路径]的词汇化模式进行详细比较，明确语言事实，考察英汉运动事件概念语义配置结构的特点和异同，为分析[路径]词汇化单位表达的概念结构语义特征奠定基础,同时也分析具有多种语义理解可能的[路径]词汇化单位在句子层面发生语义动态识解的句内语境影响因素。

二是通过分析认知图式,对运动事件核心概念[路径]的构形结构特征"运动空间的边界关系"进行描述,论证[路径]词汇化语言单位所表达的"空间界态"语义的重要性,以期探索"界态"语义对句子各成分建构组织的影响。在对英汉[路径]词汇和构式单位所表达的"空间界态"概念语义进行有界和无界分类的基础上,本书提出一个"界态"语义匹配原则,并用以解决一些运动事件表达句中的语言单位组合匹配问题。

这也是本书的重点研究目标,具体表达为:从[路径]词汇词义表达的[空间界态]概念结构语义特征入手,解释并说明英汉运动事件表达式中构式与动词、动词与动词外围成分、时间状语与空间运动短语之间的互动选择关系,从而探讨英汉运动事件表达的语义框架与认知概念框架之间的关系,并揭示表达概念结构特征的"界态"语义特征对各成分的选择组合的影响和限制。

由于概念结构对应语言系统的语法句法建构组织(Jackendoff 1999;Talmy 2000),而"有界"与"无界"是一对概念结构构形特征,因此语言单位携带的"界态"语义特征(如"空间界态"和"时间界态"特征)很可能具有影响语言系统句法建构组织的功能。陆俭明(2006)曾提出,词语携带了丰富的句法语义信息,它在很大程度上决定了它所在句子的句法语义结构。反过来,句子之所以表现出不同于其他句子的句法语义结构,也正是因为其中所包含的某些关键词语不同。

三是通过英汉对比以及对其他语言的验证,讨论运动事件表达中[路径]语言单位的"空间界态"概念结构语义的语言类型学意义。

由于"界"是人类完形认知律中最重要的特征,是人类认知机制的共性，语言反映人们认知的世界，因此本书推断各语言对空间边界关系的认知特点的映射也可能是普遍存在的。本书通过对英语汉语之外的其他几种语言中表达有界和无界路径概念时句子结构组织形式上的区别进行考察，从而探索［路径］词汇和其他构式表达的"空间界态"概念结构语义特征的句法－语义接口作用具有跨语言的普遍性。

本部分将阐述研究对象和问题、研究方法和意义以及全书的结构。

第一节 现象与问题

"空间"是人类在体验认识世界上各种事物、事件和关系的过程中形成的最重要概念之一。人们能够用语言表达式形式化体现这些空间概念（Miller & Johnson-Laird 1976）。人们所认知的运动事件至少涉及［动体］、［背景］、［运动］、［路径］、运动［方式］、运动［原因/致使］等概念元素（Talmy 1985, 2000），这些概念事件构成元素在语言中通过各种词汇化形式得到表达，运动事件各构成元素之间的关系及关系特征（也就是概念事件结构的构形特征）则通过句子成分的组合的顺序和方式来体现。简单地说，一个概念事件在语言中的表达其实包括概念内容元素和概念内容元素间的组织结构这两方面的要素。例如：

1)　　　　　　　一只凤凰　　飞　　到　　　了　　梧桐树上。
语法结构：　　　［主语］　　　［　谓　语　］　　　［宾语］
论元结构：　　　［施事］　　　［　运　动　］　　　［终点］
　　　　　　　　一只凤凰　　飞　　到　　　了　　梧桐树上。
概念事件语义结构：［动体］　　［运动］　［路径］　［体］　［背景］

上例中"到"是不可或缺的，否则句子就不能成立，如例 2) a。

但是，如果把"飞"改成"到"句子就能成立，如例2）b。例如：

2） a. *一只凤凰<u>飞了</u>梧桐树上。
　　 b. 一只凤凰<u>到了</u>梧桐树上。

从语法范畴来说，"飞"和"到"都是运动动词，而例2）a、例2）b的表层结构也完全一致。那么在语法句法都一致的情况下为什么一个句子成立但另外一个不成立呢？显然，这说明语言表达中语符的选择和组合受到概念语义结构的影响。从概念语义角度来说，"到"词汇语义表达［运动＋路径］概念，而"飞"只表达［运动＋方式］概念。运动事件表达句中［路径］概念语义被认为是核心概念语义，不可或缺（Jackendoff 1990; Talmy 2000b; Levinson 2003, 2006）。以汉语为母语、英语为第二语言的双语使用者身份，笔者对英语和汉语表达运动空间关系的语言单位和组织方式进行了初步观察。观察发现，英语和汉语在表达运动事件概念时，除了以上动词匹配问题之外，还有很多其他值得讨论的问题。比如表达式中动词、介副词、名词以及时间状语的组合与匹配都不是任意的。有的动词只能与某些介副词匹配，有的时间状语不能用于某些运动事件概念的表达语句中，有的运动事件表达语句对动词有一定的选择限制，有的［动体］名词（短语）必须要有数量或者修饰成分限制，等等。下面对本书观察到的英语和汉语运动事件表达句中的成分匹配问题进行具体描述。

一、英语运动事件表达中的现象与问题

英语运动事件表达句中存在各种词汇和语法成分的匹配问题，但焦点主要在于句中表示动词、介副词、趋向词以及宾语名词的匹配选择和语义互动方面。

（1）英语自主自发运动和致使运动动词与介副小品词的搭配并不

是任意的。有些动词与介副词的匹配比较自由,有些则只能与某些介副词搭配。例如:

3) a. He put the book onto the shelf.

   b. *He put the book from the floor onto the shelf.

4) a. John brushed the crumbs off the table onto the floor.

   b. *They loaded the coal into the containers from the ship.

5) a. She walked into the house.

   b. *She arrived into the house.

例3)—例5)中的 a 句都是合格的,而 b 句都是不合格的。句子的结构没有变化,仅仅是动词和介副词的匹配有所不同,那么,运动动词与介副词匹配时有什么样的选择限制呢?

(2)同一动词(如"walk")与不同的小品词搭配时,对时间状语有一定的选择限制。例如:

6) We walked into the school in two hours/*for two hours.

7) We walked through the forest in two hours/for two hours.

8) We walked along the beach for two hours/*in 3 hours.

除了上述例子之外,all of a sudden、in the end 等"包含性"时间状语(Binnick 1991: 307)也不能用在例8)中。由此可见,同一动词在与不同的介副词匹配时对时间状语有不同的选择限制。

此外,同一动词与不同介副词匹配时,在同一种时体屈折标记形式下可能表达不同的时间维度分布特征意义。例如:在"be + Ving"的持续进行体形式下,动词"walk"与不同的介副词匹配时可以表达不同的体意义,有时甚至不表示持续运动意义,而是表示一个进行中

的动作处于起始阶段,或者说是进行中的某个瞬间。例如:

9) I was walking in the garden when he saw me.
他看见我的时候我正在花园里走 / 正走进花园。

10) I was walking into the garden when he saw me.
他看见我的时候,我正走进花园。

那么,在动词相同的情况下,路径介副词对句法建构中时间状语匹配、时体形式匹配的限制如何?不同的词汇搭配对同一介副词的语义理解又有什么样的影响呢?

(3)很多表达运动事件语义的构式中的动词常常受到一定的概念语义选择限制。例如:

① NP V one's way PP 这种 WAY 构式中的动词不是任意的(Jackendoff 1990; Levin & Hovav 1995; Golderg 1995)。那么表示运动的动词为什么不能无条件地进入表示运动的这个构式当中呢?例如:

11) a. The boy pushed his way through the jungle.
b. *They disappeared their way off the stage.

12) a. They ran all the way into the forest.
b. *They departed all the way into the forest.

② 如果说英语双宾语构式(VN_1N_2)的意义是"有意识地传递给予",那么表示"运送"类动词应该可以进入这个结构,但是实际上并非所有的"运送"类动词都能进入其中。例如:

13) a. Please send/deliever/bring me a book.
b. *Please carry/take/put me a book.

（4）同一介副词可以表示不同运动空间关系意义，在句子中，多义介副词的语义理解常常是动态识解的。例如：

14） He ran to the door.
可以表示"He ran towards the door."（他朝大门跑去。）
也可以表示"He has run to the door."（他跑到了门口／门边。）

15） They walked in the garden.
可以表示"They took a walk in the garden."（他们在花园里走／走在花园里。）
也可以表示"They walked into the garden."（他们走进花园。）

如例14）所示，"to"有多种空间意义，在表达运动空间关系概念语义时，既可以表示向目的地运动，但没有到达；也可以表示到达某个目的地。而例15）则说明"in"在同一运动事件表达句中也可以被理解为不同的空间路径意义。尽管在说出或者写出这样的句子时，语言使用者非常明确自己想要表达哪一种含义，但是听话人或者读者在没有任何上下文的时候，就可能面临意义理解的选择问题。这个问题是，当一个英语介副词可能有两种运动空间路径意义解读的时候，人们怎样确定该词在某个句子中的意义呢？是否有一定规律可循？

上面的讨论说明，各种词汇和语法成分在运动事件表达式中总是受到一定的组合限制，而这些问题看似各不相同，实则有很多联系。我们可以肯定的一点是：英语介副词、动词和构式在组合过程中需要满足说话人所要表达的事物或者事件概念语义信息构成的要求，因此在这些成分相互匹配时才会出现选择限制。笔者认为，上述表达运动事件的例句中，除了表示［运动］的动词是共有成分之外，还有一种概念成分的表达也是普遍存在的，即运动事件概念框架中的［路径］概念，似乎这个概念成员的词汇化形式总是与上述选择限制问题相关。如果从现象和问题出发，从［路径］词化成分的概念语义特征入手，并以此为基础考察它们与运动事件表达式中其他成分的组合匹配互动关系（如介副词与动词的搭配、动词与构式语义之间的互动关系），也许能够帮助解决上述句子建构中的组合选择限制问题。

二、汉语运动事件表达句的成分组合问题

无独有偶，在汉语中也发现了与英语类似的成分组合匹配问题。

（1）趋向补语与宾语位置关系问题。

表示动体自主自发发生运动的运动事件时，处所宾语、施事宾语只能位于趋向成分之后。表示致使位移运动事件时，受事宾语的位置比较灵活。受事宾语可以在趋向成分之前也可以在趋向成分之后，但是光杆名词不能做受事宾语，有时有数量成分限制。祈使句中动趋成分的位置有限制。趋向补语"来/去"不能用在受事宾语之前。例如：

16）a. 小船漂过石头旁边。
　　b.*小船漂石头旁边过。
17）a. 门前大桥下游过一群鸭。
　　b.*门前大桥下游一群鸭/鸭过去。
18）a. 拿出来一本词典/把词典拿出来。
　　b.*拿出来词典。
19）a. 请帮我带一本语言学书回来。
　　b.*请帮我带回来一本语言学书。

那么，为什么汉语趋向补语在句子当中与宾语位置的关系总是受到限制？

（2）汉语"动词+趋向成分"表达形式对表示时间的副词和修饰成分常常有选择和顺序的限制。例如：

20) a. 他在公园里慢慢地走着。

b. *他在公园里慢慢地走了。

c. *他慢慢走进着公园。

21) *他在向上爬到山顶。

22) a. 我似乎得了一点安慰,睁开眼睛,看见风正从树林里穿过。

b. 在树林里穿行(着)/穿行在树林。

c. *在树林里穿过着。

(3)有的致使运动动词可以与各种趋向补语匹配,而有一些却不能。例如:

23) a. 把书拿出/进/上/下/过来。

b. 把货卸下/出来。

c. *把货卸进/上/过来。

24) a. 将衣服泡进水里。

b. *将衣服泡出水里。

25) a. 河里的鱼儿冒出水面。

b. *河里的鱼儿冒进水里。

(4)汉语中有些表达运动的结构式对能够进入其中的动词有所限制,例如静态存在句结构、双宾语结构、VAVB(如V上V下)结构。例如:

26) a. 许多书店在门前挂起了大幅红色标语和彩带。

b. 许多书店在门前挂着大幅红色标语和彩带。

c. *许多书店在门前摘着大幅红色标语和彩带。

27) a. 海上升起了一轮明月。

b. *海上升着一轮明月。

28) 跑来跑去/*进来进去/*冒进冒出/*挂上挂下
29) 送小明一箱书。/*运小明一箱书。

汉语运动事件表达句中的匹配组合问题与英语一样，与[路径]概念语义表达词化单位有密切的关系，涉及[路径]词汇的概念语义特征、[路径]各单位如动词、趋向补语和构式之间的组合匹配关系。

英汉运动事件表达句中出现的词语与词语、词语与构式之间组合匹配的限制问题有很多相似之处，即这些选择限制都与运动事件概念在语言中形式化表达有关，都与运动事件概念域中的[路径]概念有关，都与[路径]语言形式化单位的语义对句法建构的影响有关。因此，要解决上面提出的各种匹配组合的选择限制问题，需要考虑认知概念语义结构配置的要求、语言单位词化表达的概念结构语义特征，以及这些词汇概念结构语义特征对句法建构的影响。

第二节　研究对象

既然问题的关键在于解决运动事件语句中词汇与词汇、词汇与构式之间选择限制匹配规律，而这些组合限制都与英汉运动事件表达句中认知概念语义配置结构有关，特别是与表达[路径]概念的词化单位语义特征和各单位语义互动关系有关，本书就选定将运动事件核心概念[路径]的词汇化单位作为研究对象。研究对英汉[路径]概念的词汇化方式进行比较，对[路径]单位词汇化的概念结构特征进行分析和分类，对[路径]单位概念语义特征的句法–语义接口作用进行研究。

本书的重点是讨论[路径]单位[空间界态]概念语义的句法–语

义接口作用，并以英汉运动事件表达句为切入点讨论"界态"概念结构语义特征的句法建构作用。本书在句子层面分析"界态"语义的可能作用原则，以期解决词汇和语法单位组合匹配问题。

由于概念结构映射于语言形式组织结构，因此句子的句法建构反映概念结构特征。语言单位（如词汇和构式）的语义反映概念内容和概念结构两方面的信息，而各种词汇单位排列组合的形式也反映概念内容的需要和概念结构的制约（Jackendoff 1990; Talmy 2000）。因为语句建构中各词汇和语法成分组合关系体现概念事件结构特征的要求，所以如果从某一类事件核心概念的结构特征对句子建构的要求出发，就可以对句子层面出现的各种词汇和语法成分匹配组织问题进行解答。这个视角的灵感来自学界对动词词汇"体"（Aspect）意义的研究。如动词"arrive"表示词汇概念语义是（动体）运动到达（某个空间位置）。这个动词还有一定的词汇语法意义，即"arrive"表示的动作不能持续，时间上存在一个内在终结点（telicity），这个语法意义被称作动词内在的"体"意义（Vendler 1967; Verkyul 1972; Comrie 1976; Dowty 1979）。这种词汇体意义也反映一种概念结构特征，即动作在时间维度上的分布特征（distribution）（Talmy 2000）。尽管动词表达的概念内容总是不同的，但是从时间维度分布结构特征来说，可以将动词分为"活动"、"状态"、"达成"、"完成"以及"起始"等类别（Vendler 1967; Verkyul 1972; Comrie 1976; Dowty 1979）。如果按照一个动词表达的动作在时间维度是否具有内在终结点这个概念结构特征来说，各种动词不论概念内容语义如何，总可以分"有界"和"无界"两种界态类别。这种时间终结点概念结构语义影响着动词的句法表现，如"break、stop"等有终结有界特征的达成动词不能与持续性时间的时间成分匹配。例如：

1）*The vase has been breaking for an hour.

2）*The clock is stopping.

"break、stop"表示动作"打碎、停止",从概念结构上来说,表示在时间维度中有内在终结点的动作,而"be-ing"形式以及"for + 一段时间"都是表示持续的没有终结边界的时间概念意义。表达时间有终结点与无终结点的语言单位在概念结构语义上相互不能和谐相处,所以二者在句子中不能匹配。

既然研究者可以对动词本身的词汇体意义与语法体单位的匹配关系进行讨论,那么为何不也从空间维度的概念结构特征的角度来考察介副词等[路径]词化单位的语义特征和句法表现呢?"体"是动作和过程在时间维度分布状况的概念结构构形特征,对应于动词与其他语言单位所携带的语法体的语义特征和句法表现。而"界态"与"数态"、"体"一样,也可以被看作对应语法范畴的语法语义特征。因为"界态"特征不涉及具体概念内容只与概念结构——构形系统(configurational system)①有关,所以"界态"特征映射在词汇和其他语法单位的"界态"语义和句子成分的句法表现和组织结构形式上。如果考虑从"界态"这个只具有"有界"和"无界"两种成员的概念角度出发,就可以比较简洁地描述[路径]概念构型特点,再考察[路径]概念在语言中的投射情况。这样就可以从空间维度概念结构特征对应的认知语义特征出发,对[路径]单位与其他词汇、语法和构式成分的匹配关系进行研究,从而尝试解决相关的语言问题。

根据对语言现象和问题的总结以及对研究切入点的考虑,本书将讨论英汉运动事件表达句中[路径]这个概念的词化模式、[路径]概

---

① 在讨论认知意象图式结构(image schema)时,泰尔米把意象图式分成了四大类,分别是构形系统、视角系统、注意力系统和力动态系统。构形系统反映概念结构,对应语言的语法组织系统。泰尔米着重分析了七种构形结构/图式化(schematic category),包括数态(plexity)、界态(boundedness)、分割状态(dividedness)、数量的配置(disposition of quantity)、延伸程度(degree of extension)、分配型式(pattern of distribution)、轴特性(axiality)(Talmy 2000)。

念"空间界态"结构特征,以及相对应的语义特征、"空间界态"语义特征对句子中各成分匹配组合的选择限制影响,即句法-语义接口作用。具体研究对象有:

(1)通过语料库明确语言事实,研究运动事件概念框架的核心[路径]概念在英语和汉语中的词汇化方式,并讨论词汇化[路径]单位在语言表达式中的位置分布情况和英汉对应关系;

(2)通过理想认知图式分析[路径]概念内部结构,讨论不同[路径]构成的"运动空间边界"构形特征,包括运动空间有边界和无边界变化的情况,再根据这种[空间界态]概念语义特征,对[路径]词化单位进行语义特征分类;

(3)通过内省和溯因推理来进一步考察"界态"语义的句法-语义接口功能,研究[路径]单位表达的[空间界态]语义特征在语言组织建构中与其他语言单位"界态"语义的匹配原则,考察运动事件表达句中"界态"语义对语言表达式词汇、语法、句式选择匹配的限制或影响;

(4)通过英汉之外其他语言的验证,考察这种[路径]单位[空间界态]语义是否在语言表达中普遍标记,是否都会影响句子表达中各成分的匹配组合。

第三节　研究意义

一、理论意义

本书的理论创新点主要体现在以下几个方面。

第一,本书的研究成果将为语义研究中词汇语义的句法-语义接口作用的问题提供新视角。

本书从认知语言学角度，在运动事件框架中对[路径]概念结构的构形特征"空间边界关系界态特征"进行分析，从而得出[路径]词汇化单位的"空间界态"语义特征和分类。这既是对"空间界态"（spatial boundedness）语义特征进行的初步探索，也是对词汇作为句法-语义接口的工作机制进行研究的一次新的尝试。这是首次对英语介副词、汉语趋向补语动趋词进行"有界"和"无界"的研究。

本书可能说明，除了时间维度的分布特征"体"语义特征之外，[界态]（Boundedness）语义也是一种重要的句法-语义接口，在各种词汇和语法成分组合排列建构句子的过程中起到一定的脚手架的作用。

第二，本书基于英汉双语平行语料库，对"界态"语义的句法作用问题进行初步探索。因此，来自语料库的实际例证可以为句子层面各词汇成分界态匹配问题的分析提供新证据，并可以为研究假设提供实例验证。

杰肯道夫提出了"界态语义运算系统"[①]，认为可能存在一种"界态"语义判定原则（Jackendoff 1990: 31）。一个句子表达概念事件的组织结构是通过句中各词汇和语法成分的语法语义、排列顺序、组织建构方式等途径共同表征体现的。各词汇单位和语法单位因为各自概念语义的不同，表达不同的内在"界态"特征。那么在相互排列组合后，整个句子所表达的"界态"语义是如何确定的呢？本书的研究以运动事件表达句为切入点，对词汇和语法成分相互匹配时可能遵循的"界态"语义匹配原则进行探索。本书提出以路径为核心的空间界态语义匹配原则，这有利于解决带有[路径]概念语义的构式与词汇之间相互选择限制问题，以及运动事件表达句中动词与介副词的搭配、时间状语和体标记与谓语的匹配关系以及名词限定形式等问题。本书

---

① 杰肯道夫认为，一个句子中，很多词汇和语法手段的使用都会对句子层面表达概念的[界态]语义产生影响，需要探讨界态语义运算系统。

还说明，构式与进入构式的动词或者其他词汇之间的语义关系，很可能受到概念事件内容元素构成和结构组织构成两方面的语义表达要求，不仅仅受到构式语义的压制作用。

第三，本书有助于说明语言结构与概念结构之间的像似性，对语言类型学研究有一定的意义。

认知语言学家认为，人们认知的概念内容和结构都在语言形式中得到表达（Langacker 1985, 1999, 2008; Talmy 2000a: 41）。如果英语和汉语在表达［路径］概念时，人们对空间关系中"有界"和"无界"两类概念结构的认知会在语言结构组织模式上表现出系统性不同，那么至少可以推断在这两种语言中［路径］概念结构像似对应语言单位的组构模式。如果其他语言表达有界和无界［路径］概念时，也表现出语言词化和结构组织模式的不同，那么本书的研究成果将说明［路径］概念结构的空间构形有界无界特征对应于不同语言组织构形——概念结构与语言结构之间具有像似性。

二、现实意义

除了前文的语义学和语言类型学理论意义之外，本书研究的意义还在于为机器翻译中自然语言的处理以及外语教学和学习中的相关问题提供理论依据。

第一，本书对英语多义介副词进行［空间界态］语义特征分类，通过语料库实例和双语平行对比研究讨论多义［路径］介副词在句中语义动态识解的现象，关注自然语言中词的理解问题，并分析句子内语境中词汇和语法成分对词义动态识解的影响作用。

英语［路径］介副词与同一动词匹配常有多种语义。例如"run to the door"到底是译成"跑到门口"，还是"向门口跑"？"walk in the garden"是表示"在花园里走"，还是"走进花园"？对这种多义介副词的语义动态识解现象还没有基于双语语料的具体分析。本书通过定性和定量分析考察，初步提出句子内部词汇成分和语法成分对于英语多义性介副词意义动态识解的优先作用次序关系，即在出现怎样的句子内语境时识解为怎样的语义。这里的研究表明，英语多义介副词在句中的意义理解是一种语义动态识解的过程，受到句中周边词汇和语法成分的影响，如介副词本身的位置、介副词之前的动词、动词的语义和屈折形式、介副词之后的名词短语、其他介副词和小句成分。本书认为可能存在一种线性影响次序，也即在阅读这样的句子时，人们按照动词—介副词—名词/其他成分的顺序对多义介副词的语义进行识解。这样，在计算机处理自然语言中的多义[路径]词汇语义时，可以通过句子内语境中出现的词汇和语法成分进行语义确认和判断。

第二，对空间维度概念结构特征所对应的[空间界态]语义特征的句法-语义接口作用进行研究，也可以为外语学习者提供词汇语义与句法成分匹配参考，为对外汉语教学和英语外语教学提供语言学研究基础。

本书对英汉互译中英语介副词在汉语中的对应情况进行描述性研究，并对英汉有关运动事件表达的语句中出现的语法问题进行解释，如英语[路径]动词与介副词的匹配关系、英语 WAY 结构中动词适用的条件等。

第四节　研究方法

内省和溯因推理与语料库验证相结合的方法是本书采用的主要方法。溯因推理是一种"由果溯因"的逆向性逻辑推理方式，是人们在语言认知过程中所采用的基本方法。人们对语言的理解和解释就是在观察的基础上通过假设来回溯原因的推理过程。本书通过内省的方法，首先对语言现象进行观察和思考。通过对语言现象的思考提出问题并进行原因的追溯，借助认知语言学研究的理想认知模型的意象图式分析，对空间路径概念的空间边界特征进行分析。在定性分析提出假设之后，通过语料库的实际语料进行定量实证分析，对假设进行验证，然后再通过对具体语言问题的应用考察假设的适用性。

英语运动事件表达句中成分匹配的考察基于 BNC，汉语成分匹配的考察主要基于 CCL，涉及英汉双语的对照则以本书自建的以《哈利·波特与火焰杯》中英对照版为来源的双语平行语料库为主。本书涉及的英语运动动词以莱文（Levin 1993）编《英语动词分类和搭配》（*English Verb Classes and Alternations*）中的分类为准，汉语运动动词则以董大年主编《现代汉语分类大词典》的分类为准，英语介副词来源于《牛津短语动词词典》，汉语趋向补语来自刘月华编《趋向补语通释》。语料库的运用主要是出于两个目的：①对内省得出的语言现象进行语料库考察，减少主观性、增加覆盖面、提高准确度，这样能够更客观地明确语言事实；②对提出的假设进行语料库考察，以实际语料的出现与否验证假设的适用性，对研究结论进行修正。

第五节　全书结构

全书正文包括绪论、五个章节和结束语。

绪论主要介绍本书研究的问题、对象、方法和意义。

第一章为文献综述，对空间语义和英汉运动事件表达的研究历史和现状进行分析，提出对[路径]概念词化单位进行空间概念结构语义研究的视角的可行性。

第二章介绍本研究的理论基础以及在此基础上提出的假设。

第三章和第四章是全书的重点。第三章是理论建构和分析，主要描述语言事实，提出本书研究假设并通过语料库进行验证；第四章是对本书理论的实际应用，主要是运用研究发现来解决一些相关的语言问题，对英语和汉语中的一些语言现象进行解释。

第三章首先从认知图式出发对[路径]概念表达的空间边界关系构形特征进行分析。从[路径]概念涉及的空间边界关系角度出发，结合已有经典[路径]图式分析，本书认为各种路径概念都可以按照其运动空间概念结构是有界还是无界进行区别，其中有界路径包括起点、终点、中间边界路径，无界路径是指运动过程中没有边界变化的线性或者非线性空间轨迹。

其次以内省与双语平行语料库为基础，在句子层面对英汉运动事件概念语义配置结构与[路径]词汇化分布的具体情况进行分析总结。主要考察[路径]在词和词以上单位中的语义体现，以及在句子中的分布组合情况。

再次具体分析英汉[路径]词汇单位的有界和无界，根据[空间界态]语义特征的有界和无界将英语和汉语中各种表达[路径]概念的语言单位进行分类，并对英汉[路径]单位的分类情况进行总结比较。在这部分中本书第一次对英语介副词以及汉语趋向补语的"有界"和"无界"类别进行讨论，并对英语多义[路径]介副词表达的概念语义在句中的动态识解的现象进行分析，并考察影响词义动态识解的句子内语境动因，提出了"从[运动]动词到[背景]名词到其他成分"的三段式界态语义判别方法。

最后提出以路径概念为核心的空间界态语义匹配原则。主要原则是：运动框架事件的核心概念[路径]的空间界态特征决定框架事件的时间和空间界态特征。由于［路径］是动体运动与空间背景之间的关系，因此［路径］概念有界则蕴涵［运动时间］概念有界，蕴涵［运动动体］概念有界，蕴涵［运动背景］的空间边界与［路径］边界界段重合。这个界态特征匹配原则映射到语言表达式中，体现在句中［路径］词化表达与［运动时间］单位、［路径］表达与［背景］单位，以及［路径］单位之间结构形式匹配组合的三个具体次则关系。

第四章主要是对以路径为核心的空间界态匹配原则的运用。运用这个界态语义匹配原则，本书对英汉运动事件表达句中出现的多个问题进行了讨论，包括英语 WAY 结构中动词适用限制条件问题、汉语静态存在句适用动词的选择限制条件和判断方法问题、运动事件表达中［时间］和［路径］单位的匹配问题、英汉双宾语句动词适用条件问题、英汉距离路径问题等。笔者认为其中动词适用的语义条件问题基本都可以通过［路径］概念表达时"空间界态"语义匹配原则来解决。如果一个结构式本身带有［路径］概念结构意义，那么能够与这个构式匹配的动词必须与构式［路径］概念结构特征语义相匹配，"同态相容，异态相斥"。

第五章是对英汉语之外的其他语言进行普遍性验证，通过日语、意大利语、西班牙语及塞尔维亚－克罗地亚语的例子考察其他语言在表达有界和无界路径概念时是否有词汇或者组织形式的区别。

结束语总结全书主要内容和观点，讨论研究可能所存在的不足，探索未来可能的研究方向。

本书还以附录的形式说明语料库中英语介副词在句子层面的界态语义动态识解情况，列举英语和汉语中自主自发运动动词和致使动词，并提供法语、德语和俄语等其他语种中路径界态语义作为句法－语义接口的例子。

第一章

研究历史与现状

人们对空间系统的思想信念包括空间的内容和框架。空间系统的主要概念有：(1)空间存在事物的空间特征，如物体的形状和变化、物体的体积；(2)空间本身的特征，如方位（location）和区域（region）；(3)空间关系，如相对静止事物间位置关系和运动事物位置变化关系。这些概念中，空间关系是事物之间、事物与空间区域之间的关系。"空间关系"概念涵盖"相对静止"和"运动"空间关系，主要包括一组事物排列组合形成的空间关系、相对静止事物相互之间的位置关系和占据空间的形式、某一事物针对其他事物或者空间区域可能发生的位置变化（即各种路径），以及一组事物改变原来聚合形式的过程（Talmy 2000, 2005, 2006）。

学者对"空间关系"概念在语言中的表达的研究由来已久（Aristotle 1960; Wierzbicka 1972; Bennett 1975; Miller & Johnson-Laird 1976）。空间关系概念可以通过多种语言形式表达，动词、介词、名词、句式都可以表达空间关系。传统语法对运动动词和空间关系介词的用法和语义进行描写，生成主义语言研究对动词和介词对题元的约束作用深入分析，语用学家对空间指示成分展开讨论，语义学家对空间概念在语言单位中的表达方式和语义特征进行探索。本部分回顾40年来国内外研究者从认知语言学角度对空间语义进行的研究，并讨论运动空间概念语义研究的主要对象、方法和趋势。

第一节　空间语义研究的三个阶段

认知语言学家认为语义与概念有紧密的联系，有的学者认为"意义就是概念化"（Langacker 1987, 1991, 1999, 2000, 2008）。研究空间语义就是研究人们是如何用语言单位表达空间概念的。以空间语义为对象的认知语言学研究可以分为三个阶段：初步考察空间概念与语言联系的阶段、研究空间词汇多义性与隐喻机制的词汇语义研究阶段、跨语言空间概念词化模式类型研究和空间语言单位的语法语义研究阶段。

第一阶段（1970—1980年）是认知语言学家初步考察空间概念与语言联系的阶段。空间语义研究的先行者开始对语言和认知之间的关系进行思考。研究者对儿童对空间关系的认知和空间词汇的习得过程进行考察（E. Clark 1973; H. Clark 1973），对使用语言表达的空间关系（如运动事件）进行描写（Miller & Johnson-Laird 1976），对语言表达的静止和运动空间关系进行研究，他们认为语言是人们认知的空间关系概念的映射，而人类的"完形"心理使得人类认知的空间具有边界特征（Aristotle1960; Wierzbicka 1972; Miller & Johnson-Laird 1976; Talmy 1975, 1983, 1985; Kahr 1975; E. Clark 1973, 1978）。研究者认为感知和语言都决定于生理构造。人们通过自身生理构造和人类特有的认知机制来感知这个世界，通过身体体验认识客体、人、空间、时间，以及它们之间的相互关系，语言反映这些认知概念。这一阶段的研究主要是对空间认知概念与语言表达之间的联系进行的思考。以英语母语使用者的语言习得过程、语言知识和使用为对象，研究者通过观察和内省的方法对语言现象进行描写，分析对空间的认知及其与语言的关系。从这个时期开始，空间概念与语言表达之间的关系开始成为重要的语言研究领域。

第二阶段（1980—1990年）是主要研究空间词汇多义性与隐喻机制的阶段。这个时期，空间语义研究以英语介词和介副小品词为对象（Brugman 1981, 1988; Talmy 1983; Hawkins 1984; Herskovits 1986; Johnson 1987; Lakoff 1987; Taylor 1988）。这一时期以莱考夫（Lakoff 1985）、约翰逊（Johnson 1987）、布鲁格曼（Brugman 1981, 1983）为代表，研究者以内省法为主，以英语介词、介副小品词为对象。通过语言表达空间概念的认知意象图式来研究多义和隐喻现象。对介词的多义和隐喻的认知语义研究至今仍是热门。在这一时期，对运动事件概念词化表达的研究和认知语法研究也开始发展。泰尔米（Talmy 1985）首次通过考察运动动词的语义特征［方式／致使原因］、［路径和方向］，以及［动体］来划分语言类型，提出了"词化模式"（lexicalization patterns）的研究思路；同时，对运动事件表达式的句法语义研究也开始出现。杰肯道夫（Jackendoff 1983）从概念语义构成角度对英语句子中的动词－论元关系进行了认知语义视角的研究，包括运动事件。兰盖克（Langacker 1985）提出陆标－投射－背景、总体扫描和顺序扫描的概念，讨论了语言表达式中动词、介词、名词表达的认知概念语义对语法功能的影响。

第三阶段（1990年至今）跨语言研究是主要潮流。语言研究者分析各种语言表达的"空间运动事件"概念域的共同成员和特征，讨论运动事件词化模式的语言类型学特征。这一时期的研究以泰尔米（Talmy 1996, 2000a, 2000b, 2005, 2006）为代表，主要对运动事件概念的词化模式类型进行研究。通过跨语言比较，根据［路径］在语言形式上是由动词表达还是由动词外围成分表达，泰尔米将世界上的语言分为"动词框架型语言"和"卫星框架型语言"。从这一时期开始，对［路径］以及运动事件框架概念在语言中的表达模式研究蓬勃发展。许多研究者致力于各种语言的比较和对比研究，研究范围从英语和印欧语系语言的比较扩展到印欧语系之外其他语系语言的研究。研究者发现,[路径]概念语言形式化表达的语义特征和词化类型具有跨语言的认知普遍性和语言相对性(Svorou 1994, 2007; Sinha, et al. 1994; Zlatev 1997; Senft 1997)。这些研究证明,运动事件概念语言中的表达有很多概念语义特征变量和各不相同的词化模式。[路径]概念表达的动词和卫星成分两分法词化模式可能并非普遍适用(Slobin 1996, 2000, 2004; Levinson 1996, 2003, 2006)。

除了[路径]词化模式语言类型研究之外,20世纪90年代开始还出现了对"空间参照系统"概念词化表达的语言类型学研究(Pederson, et al. 1998; Levinson 1996, 2003, 2006; Zlatev 1997, 2006)。以莱文森(Levinson 2003)为代表,通过跨语言的描写和对比,探讨各民族对空间方位和空间运动的概念认识与语言的关系,他认为语言在反映人类体验的普遍性特征的同时,也由于本身的独特系统特征对各民族语言使用者对空间概念的思维方式发生影响。此外,语言学家对手势语进行了基于"注意力"来划分的语言类型研究(Slobin & Hoiting 1994; Engberg-Pedersen 1999; Talmy 2001)。

总的说来,这一时期的研究主要以跨语言比较对比和内省法为主要方法。20世纪90年代中期开始出现以语篇、语料库为基础的研究(Slobin 1996, 2004; Caroll 1997),此外实证和实验性研究也开始有所发展。研究者通过实验和观察的方法,对儿童对空间语言表达的习得来考察认知与语言单位意义的关系(Choi 1991, 2007; Bowerman 1996)。这些研究说明不同语言对相同运动事件或者空间关系概念有不同的词化模式,各民族的语言反映对空间关系不同的注意力侧重关系。

在以时间段划分空间语义研究的阶段基础上,本书以空间语义研究对象为线索,探讨40年来的研究成果和发展趋势。

第二节 空间语义研究的主要对象

尽管对空间语义的研究有不同的角度和方法，但是各研究者基本认同的观点是：语言词汇和结构表达的空间意义是人们对体验以及观察到的空间事物、事件、关系以及特征概念化认知的映射。空间概念通过语言单位进行表达。40年来空间语义研究的主要对象领域有：以英语介词为中心的多义性和隐转喻概念机制、运动事件［路径］词化模式，以及空间概念词化单位词义对表达式句法建构的影响。

一、以英语介词为中心进行的空间语义研究

以英语介词为中心的空间语义研究主要是从认知意象图式分析开始的。语言单位表达的空间概念可以由不同的认知意象图式来表达（Fauconnier 1985; Johnson 1987; Lakoff 1987; Lakoff & Núñez 2000; Langacker 1985, 1999）。认知意象图式帮助人们将身体体验与语言表达的意义相联系。研究者专门对介词的认知意象图式进行研究（Casad 1993; Ungerer & Schmid 1996; Rice 1996; Sandra & Rice 1995; Wierzbicka 1993），认为介词表达空间关系概念，也就是事物之间、事物与空间区域之间的关系。空间关系被看作基本认知意象图式，空间意象图式是隐喻发生的认知基础。"空间"由于是日常身体经验抽象而成的概念，因而在概念域映射中起着重要作用。把空间意象图式用于非空间的概念域就产生隐喻。空间概念隐喻被认为是基本概念隐喻，帮助人们通过一个熟悉的具体的概念域理解和表达不熟悉的抽象概念域，如时间、情感等（Lakoff & Johnson 1980; Lakoff 1987; Johnson 1987）。对介词的多义性进行隐转喻角度的研究基本上是词义研究，主要是在理想认知模型和隐转喻理论基础上进行

的。温格瑞尔和施密德的研究（Ungerer & Schmid 2007）可以说是此类研究的代表。在布鲁格曼（Brugman 1988）、莱考夫（Lakoff 1987）和林德纳（Lindner 1982）等人所提出的 -OVER-、-UP-、-OUT- 的认知意象图式基础上，温格瑞尔和施密德对"up、out、in、over"以及它们所代表的概念 -UP-、-OVER-、-OUT- 进行了具体的图式表述（Ungerer & Schmid 2001: 161-166）。他们提出：这些认知意象图式都由射体－路径－陆标要素构成（Ungeren & Schmid 2007: 164）。他们的研究着重于认知意象图式的构造，通过图式分析概念语义，用单一句子作为示例，并未涉及语料，没有对其他介副词进行分析，没有分析这几类介副词的静态与动态空间意义的区别，也没有对短语动词的句法结构特征做出解释。其他学者进行的类似介词研究还有很多，都主要是对单个介词的静态空间语义多义性进行讨论（Brugman 1988; Linder 1981; Dirven 1989, 1993; Hawkins 1984, 1986; Taylor 1988; Tyler & Evans 2001, 2003; Herskovits 1985, 1986; Goddard 2002; Cuyckens 2002; Radden 1985, 2000）。泰勒和埃文斯（Tyler & Evans 2001, 2003）对英语介词进行了系统的认知语义分析。他们比较全面地研究英语各介词表示的空间意义、相关非空间隐喻意义和相互关系，并试图解决典型空间语义确立的问题。为了解释介副词表达非空间语义的原因，还出现了对介词的非空间用法语法化过程进行的研究（Genetti 1991; Kilroe 1994; Kabata & Rice 1997; Cuyckens 1993b; Heine, Claudi & Hünnemeyer 1991; Svorou 1994）。

总而言之，以英语介词多义现象和空间概念隐喻为对象，研究者从共时和历时的角度，主要从概念内容的角度进行词汇语义研究。研究者通过范畴典型成员和家族相似性理论、理想化认知模型（ICM）、隐转喻认知机制等认知视角讨论了介词多义性发生的认知基础，提出多种义项之间的内在联系并讨论了隐喻和转喻意义与原型意义之间的联系。

尽管研究者对英语空间词汇的多义和隐转喻进行了广泛的讨论，但是仍然有很多问题有待解决，例如一个语言单位表达的多个空间意义中如何确定典型范畴意义，是否能够制定一些明确的判定标准？各语言表达空间语义的单位如果都有多义现象，是否可以找到跨语言的普遍特征？空间语言单位除了具有表达概念内容的义素特征之外，还同时具有哪些反映空间概念结构的语法语义特征？

二、运动事件［路径］概念词化模式研究

除了对词义多义和隐转喻语义进行研究之外，概念语义词化模式研究是另外一个重要的研究领域。词化模式研究更多地对运动空间关系的表达予以关注（Talmy 1985, 2000, 2005）。研究表明运动空间概念图式主要有接触（contact）、支持（support）、包含（containment）、路径（path）、出发地／起点（source）、目的地／终点（goal）等（Choi & McDonough 2007: 155）。

运动事件词化模式类型的研究主要是对［路径］词化模式的研究。泰尔米（Talmy 1985, 1996, 2000）在总结由动词复杂结构表达的运动事件概念时首先提出，运动事件概念框架由主要事件以及运动伴同事件概念构成，其中运动主要事件的构成要素有［动体］、［运动］、［路径］、［背景］（Talmy 2000b: 149-150）。他还讨论了概念事件构成要素的内容和结构特征语义，如［运动］概念中的［方式］（manner）、［体］、［致使］（causativity）、［阶段］（phase）等语义特征。这些概念特征可以由不同层次的词化单位来表达，例如，表达［体］、［致使］概念特征的语言单位可以有动词词根、卫星成分和屈折成分三种词化方式，［路径］、［运动］、［背景］等概念主要由动词词根和卫星成分来词化表达。他以认知的视角考察了不同语言的运动事件框架语义和其他事件语义框架的语义词化类型学模式，认为英语和汉语都属于卫星框架型

语言，路径成分主要由动词外围卫星成分来词化表达。

对词化模式的研究也有以动词为中心来进行的（Levin 1993; Levin & Hovav 1995, 1998）。以莱文（Levin 1993）为代表，他对运动事件的动词进行了系统的认知语义分类和分析，认为动词的语义对于论元结构和句子语义具有决定性的作用，详细地将英语动词按照认知概念语义特征，如［运动］、［致使］等，进行动词类别划分以及搭配描写。除了将英语动词划分认知概念类别之外，他还研究了这些动词是否能够适用于各种基本构式，如双宾语构式、被动构式、同源宾语构式、存在句构式等。但莱文的研究仅以分类和描写为主，并没有对适用问题进行解释。

泰尔米的运动事件框架词化模式研究成果问世之后，基于事件认知概念框架语义的跨语言研究不断出现。比较多的是对欧洲大陆的语言进行的跨语言研究。斯洛宾（Slobin 1996）从语篇角度对英语和西班牙语进行了对比，讨论连续运动事件表达的运动和路径表达方式。黄宣范（2002）对于邹语（Tsou）的研究表明邹语属于"大事件"（Macro-event）语言，使用包括方式前缀和路径动词词根构成的复合动词来表达运动事件。克罗夫特（Croft 2003: 219-224）认为除了动词框架和卫星框架这两种非对称性运动事件框架型语言，世界上还有对称性的语言，例如运用序列策略（serial strategy）的汉语和拉祜语（Lahu），使用双重编码策略的塞尔维亚语以及并列策略的巴布亚境内阿麦雷语（Amele）。这些跨语言研究表明，泰尔米的两分法不能涵盖世界上的所有语言，运动事件词化模式可能存在其他的类别（Levinson 2003, 2006）。斯洛宾（Slobin 1994, 1996, 2004）在泰尔米二分法的基础上提出了三分法，增加了"等分框架语言"（equipollently-framed language），其中运动［方式］和［路径］分别由连动结构中的不同动词表达，表达［方式］和［路径］的动词具有同等的语法地位。沈家煊（2003）认为从汉语中的动结式结构来看汉语属于卫星框架型语言。戴浩一（2003）对泰尔米认为汉语属于卫星框架语言的观点表示质疑，认为汉语属于复杂框架型语言。斯洛宾（Slobin 2004）认为汉语是［方式］与［路径］以同等重要地位连动动词表达的等分框架型语言。近年来，研究者对运动事件词汇化模式的研究进一步细化，关注各种不同语言运动事件词汇化模式语义类型与运动事件核心概念构成要素的概念化与词汇化特点，例如，运动事件词汇化模式的可能类型、运动伴随状态、运动动体、指示路径等语言编码的丰富范式（Chen & Guo 2009; Flecken, et al. 2015; Zlatev 2015; Matsumoto & Kawachi 2020; Liao, et al. 2020; Lewandowski 2021; Zlatev, et al. 2021; Sarda & Fagard 2022）。对运动事件表达模式类型的研究方法也趋于实证化，例如对多种语言中的运动事件词汇化模式类型进行基于因言而思、基于多文本翻译文本、基于心理实验的多种实证性探讨（Cadiemo 2017；Ibarretxe-Antuñano 2017；纪瑛琳 2017, 2019；Chen 2022）。可见，对汉语运动事件概念语义的词化模式类型学讨论仍在进行。

总的说来，这些研究大都是从语言通过概念语义结构反映的认知概念框架事件角度，研究动词、卫星成分、名词以及其他词类成分在句子中担任的概念语义角色。这些研究关注运动事件概念在不同语言中表达的共性特征，研究运动事件概念域中有哪些成员概念为各种语言所表达，表达的模式是否具有普遍性类型特征。跨语言的各类事件概念框架词化模式研究仍处于发展阶段，特别是对汉语的研究有待深入。

三、运动事件表达句中词汇语义对句法建构影响的研究

除了对介词多义性、转喻、动词语义、运动事件词汇化模式进行研究之外，研究者也探索了空间概念语义对表达式句法结构的影

响。认知语法研究者兰盖克（Langacker 1985, 1999, 2008）从概念语义出发对动词和介词的语法功能进行了讨论，认为动词表示一种过程，介词表示一种关系。说话者在大脑中对词义概念内容的勾勒和视角决定了句法建构的差异。一个语言结构当中与名词关系的语言单位被称作"关系项"（relator）（Bybee, Perkin & Pagliuca 1994; Svorou 1994），动词和介词都具有关系项功能对论元角色产生影响。之后出现的构式语法研究者认为，构式也是具有独立意义的封闭的语言单位类别（Goldberg 1995, 2003; Kay & Fillmore 1999; Croft 2001），构式本身具有意义，不能从各组成部分推出。此外，有研究表明空间概念不仅被介词或者名词表达，而且在一定句式中以多种形式单位分布表达。这种分布观点（Distributive View）为许多研究者所认可（Sinha & Kuteva 1995; Svorou 1994; Ameka 1990, 1995; Smith 1993; Dancygier 2000; Bacz 2000）。他们对不同的语言进行了研究，认为空间关系通过多种词化单位的合作来表达，如[路径]的意义可以通过一个句子中动词、名词、介词、构式共同表达。因此，在研究空间概念在句子中的表达时，不能单一地仅从词汇语义或者语法规则入手，还要考虑构式语义对语言单位的选择限制要求，要考虑概念结构在句法组织结构型式上的体现。

20世纪90年代以来，语言学家开始关注概念结构在语言单位中的语义表征情况。从概念结构语义角度对句法建构进行研究的代表有杰肯道夫（Jackendoff 1983, 1990, 1991, 2002）。他认为句法结构的生成能力和可习得性来自词汇语义的组合性特征和概念结构的制约。他主要对动词和介词的论元角色构成和句法建构进行了认知概念语义讨论。例如杰肯道夫（Jakendoff 1990: 158-208）对"fill、cover、empty、skin、pocket、load、spray、stuff、teem、swarm"等动词的论元结构进行了概念语义描写，从而解释不符合句法建构规则的句子结构问题。他也试图通过概念结构对语义的限制作用来解释一些构式中动词适用限制的原因。例如他对能够进入 WAY 结构和 GO 结构的动词限制条件进行了讨论（Jackendoff 1990: 211-225）。他认为某些动词不能进入这两种结构是因为没有满足概念内容或结构表达的需要。但杰肯道夫的研究是建立在单一语言内省的基础之上的，以个案分析来证明他的概念语义结构理论，没有通过语料库进行验证。克罗夫特（Croft 1990, 2001）从述谓层面入手，认为动词表达各种致使事件链条当中一个单一事件，动词的词汇意义中"致使－时体"语义具有语法建构功能。他还从这个角度对语言表达的运动事件以及其他各种事件进行统一"致使－时体"的分类。坦尼（Tenny 1992, 1994, 1995a, 1995b）针对体结构对句法结构的映射关系，提出了体界面假设（Aspectual Interface Hypothesis），主要讨论动词概念结构所投射的论元角色，包括运动动词概念结构所投射的路径论元角色问题。卡佩勒和德克莱尔（Cappelle & Declerck 2005）从英语动词、述谓层次和句子的多层次的语言单位所表达运动事件时间和空间边界概念进行了研究，认为介副词表达的空间概念对动词的"体"与及物性有影响。但他只考虑了介副词是否表达[终点边界]的情况，仅从介副词与名词的关系角度讨论介副词在句子中的词义识解，没有讨论动词和其他句法建构因素。菲利波维奇（Filipović 2007, 2008）以语料库为基础，在句子层面对英语和克罗地亚－塞尔维亚语中的运动事件词化模式进行了讨论，主要对自主运动动词进行了对比研究。她提出英语和克语的句子句法体特征与所表达的运动情景概念语义有关。即使在同一种语言中，对不同运动事件情景概念进行表达时，词化模式和句子建构的组织形式也可能是不同的。但是，她主要讨论了自主自发运动动词的意义对自主自发运动事件句子建构的影响，没有涉及其他概念的词化单位对句法建构的作用，她仅对自主自发运动事件类型的语言表达进行了研究，没有讨论致使运动事件概念的表达。

简而言之，研究者对词汇表达的概念结构语义进行讨论，在句子层面考察词汇语义对语法结构的影响。词汇语义对句法语法建构的研究开始受到关注。然而，这些主要是基于考察运动动词而进行的，主要讨论动词的概念语义对论元角色的指派功能和对论元结构的影响情况。研究者对[运动]概念之外，运动事件概念域中[路径]、[背景]等概念的词化单位的认知语法研究较少。需要深入研究的问题有：[路径]、[背景]等概念的词化单位语义对句法语法建构的影响有哪些？运动概念事件在一种语言中的语义配置构成与句子构成的对应关系如何？某种概念结构或者概念内容特征是如何影响构式和词汇匹配组合的？句子构式、短语构式、词汇与语法成分是如何受到所要表达概念事件构成的要求而发生组合匹配限制和选择的？

四、汉语界对[路径]单位的研究

国内学界从运动事件框架角度出发的认知语义学研究尚处于发展阶段。对[路径]单位的研究主要是对汉语运动事件框架词化模式的探讨，以及对汉语趋向补语的语义和语法功能进行描写和分析。

首先，运动事件框架词汇化模式的英汉比较研究受到学界的广泛关注。国内学者对运动事件框架的词汇化模式对比研究主要关注语言类型学共性、运动事件核心概念要素词汇化构成（严辰松 1995，2005；邵志洪 2006；陈佳 2014；杨京鹏 & 托娅 2015；郑国锋 2018；郑国锋 & 刘佳欢 2022；徐溢锦、樊天怡 & 骆晓镝 2022）。

严辰松（1995）的研究是概括性的英汉运动事件词汇化比较，关注的是汉语表达运动事件的词化模式与英语的共性；严辰松（2005）还对英汉表示"实现"的词汇化模式进行了比较。邵志洪（2006）主要是按照斯洛宾（Slobin 1994）的研究方法，从文体学角度和语篇角度，对英汉表示连续路径运动和路径表达方式进行的对比。张亚峰（2007）从历时角度讨论了汉语是否属于卫星框架型语言，认为汉语的情况复杂，不能明确判定类型。以英汉[路径]词化成分为研究对象专门研究有韩大伟（2007）。他以泰尔米（Talmy 2000b）所归纳的路径复合体为主线，主要以描写为主。在泰尔米的基础上，他将用于表达运动事件中[路径]概念分析为五种认知成分，分别为"矢量"、"同构"、"方向"、"维度"和"视角"，同时从概念隐喻角度出发分析英汉路径成分词化单位的语义特点，探讨词义引申的规律，认为词义具有强烈的民族性，表现出各自民族自身的习惯。这些研究关注运动事件在汉语中表达的概念成员构成和词化模式，或者关注[路径]词化单位概念内容语义和隐喻意义。总体来说，这些研究基本都没有对[路径]概念反映的[动体]与[背景]关系的概念结构进行讨论，没有从概念结构的词化语义角度来考察[路径]词汇义在句子构建中对成分匹配和语法的影响。

国内学界对[路径]词进行语法角度研究主要是对动趋结构、趋向补语与宾语位置关系进行的讨论。国内学界对动补结构的研究有良好的传统，动结式和动趋式的讨论有很多，对动趋结构的研究有描写和解释两种角度。

对动趋式结构进行描写的主要有：丁声树（1961）、范继淹（1963）、吕叔湘（1980）、孟琮（2002）、徐静茜（1985）、陆俭明（1989，1998，2002）、袁毓林（1993）、胡裕树和范晓（1996）、刘月华（1998）、董秀芳（2005）等。这些研究对各单个动趋词，复合动趋词、动趋词分布位置和轻音情况，动趋结构与宾语位置的次序等方面进行了详尽的综合描写。这些研究以内省法或者汉语语料库为依托，从语义和功能角度描写汉语动趋结构的构成情况和语义表达情况，详尽分析趋向补语和动趋结构的多种语义和语法功能。但这些研究主要是描写和分析，没有对动趋结构与宾语的匹配和语序位置问题进行解释。

有些学者还对动趋成分的语法化进行了研究，如太田辰夫（1958）、何乐士（1984）、石毓智（2003）、梁银峰（2007）。主要探究动词趋向补语是如何从独立动词转变为动词后补语成分的，其语义又是如何从单一空间意义发展出非空间的意义的。

对动趋式加宾语的语序研究并解释的主要有：范继淹（1963）、吕叔湘（1980）、朱德熙（1982）、陈信春（1982）、陈建民（1986）、张伯江（1991）、方梅（1996）、贾钰（1998）、田宇贺（2001）、李宇明（2004）、王丽彩（2005）、杨德峰（2005）、杨凯荣（2006）、蔡缜（2006）、文旭（2007）、陈忠（2007）、卢英顺（2007）等。这些研究从各种角度对动趋结构进行研究，如时间顺序原则（杨德峰 2005）、语用角度以及内外参照系角度对宾语位置问题进行解释（陈忠 2007），或者从单个趋向动词出发对该动词的句法语义特点进行认知图式描述（李宇明 2004；文旭 2007）。对趋向补语进行认知语义和语法研究的还有：刘正光（2006）从非范畴化的角度讨论了汉语动趋词的语法意义。宋文辉（2003）在讨论动补结构的论元角色时从运动事件概念框架的角度讨论了动词趋向补语与宾语的关系。

总而言之，尽管研究者从各种角度对动趋词进行讨论，有的从动词及物性角度分析，有的从时间顺序和相邻性角度分析，有的从名词性质角度分析，但似乎仍有很多问题没有得到解决，比如"来"与"去"与宾语宾语的位置关系和语义，复合趋向成分的灵活位置，事物宾语的有定和数量性特征与趋向动词的关系，等等。正如陆俭明（2002）所说，对动词后的趋向补语和宾语的关系并没有从认知角度进行深入的合理解释，也没有对作为关系项的[路径]单位的词义对表达式词汇成分搭配、语法成分选择的影响进行研究。

本章小结

综观国内外研究，认知语言学对运动事件词化模式的研究尚处于发展探索阶段,对语言中"运动事件"表达模式的普遍性与相对性研究仍在进行。国外的研究多关注英语中[动体](Figure)、[背景](Ground)概念在句子层面的突显;[运动]概念在动词中的表达;介词的意象图式分析、多义性研究和隐转喻意义,还有介词的语法化。对印欧语系之外的语言(如汉语)的研究尚处发展阶段。研究有待进一步深化的领域有:

(1)表达运动事件时各种语言句子层面概念词化单位语义构成情况的异同的描写;

(2)运动事件概念结构对语言单位彼此组合的选择限制影响;

(3)[路径]概念在不同语言中的多种表达方式;

(4)[路径]词汇语义对句法建构的影响等。

本书认为句子之所以表现出不同于其他句子的句法语义结构,正是因为其中所包含的某些关键词语不同。因为词语在很大程度上决定了它所在的句子的句法语义结构,所以从[路径]词化单位入手,考察语言所反映的运动事件[动体]、[背景]动态关系下的概念结构构形特征,是对词语携带的句法语义信息进行的有益探索。这种探索是有意义的,因为重视词语的句法、语义的特征的研究与描写,是解决好句法语义接口问题的重要一步(陆俭明 2006)。

— 第二章 —

理论基础与研究假设

在绪论，本书提出了英汉运动事件表达句中各种成分匹配组合问题。包括［路径］单位与［时间］单位的匹配关系问题、［运动］动词在一些运动表达式中的适用性问题、动词与介副词的匹配问题、多种［路径］单位彼此组合时的选择限制问题等。所有这些问题都涉及句子建构中的语言成分组合问题、很可能对应概念结构表达的需要，并涉及概念结构语义在语言单位相互组合时的句法建构作用。

早在 1921 年的《语言论》中，萨丕尔就提出词有两大特征：一个是词根、词干或者根本（radical）成分，包含一个基本概念或主体概念；另一个是词干加上一个附属的，通常更抽象的概念的标志，这些概念包括人称、数、时、条件、功能等。萨丕尔将这种标志叫作语法成分。他认为一个词的语法成分在绝大多数情况下必须附加在根本成分上。词不是一个概念的符号性的语言对应物，而是从句子分解成的，具有意义的最小独立片断（Sapir 2002: F27）。萨丕尔认为每一种语言都有自己某种或者某些特殊的方法把词联成更大的单位，而联系词汇与词汇、成分与成分的基本方法有顺序（order）、音势（stress）、一致（concord）原则。其中顺序是最基本的关系原则，根据语言的不同，一致原则的应用也不尽相同。他的论述说明，词汇语义除了表达概念内容信息之外，还带有对应语法建构信息的语义成分。

认知语言学的语言结构观认为，客观存在的事件通过感觉器官感知而形成认知图式或者称为概念框架,认知图式投射到人类语言层面形成意义框架,意义框架投射到一个具体语言而形成语言构式,这个特定的构式为能准确表述语义框架的内容,就在语言层面词库中选择最恰当、合适的词语,同时选择最恰当、合适的词语组合规则,最终形成交际需要的句子(Langacker 1999;Jackendoff 1990;Talmy 2000a,2000b;陆俭明 2006)。从根本上来说,词汇成分的组合形成句子的过程,反映了语义结构对概念结构的映射,以及词汇语义和词语组合规则对句子建构的影响。

为了解决运动事件表达句中的这些词汇组合匹配问题,探讨语言系统的词化形式之间的组合结构、语义框架结构与概念框架结构之间的关系,本书采取自上而下和自下而上两头挤压的办法,即从概念结构在语义结构上的映射表征角度,从语言单位对概念结构语义的词化模式角度同时入手,探讨语言表达概念事件时词汇和语法成分匹配组合的规律。

为了实现这个根本目标,本章以泰尔米的运动事件框架和词化模式类型理论——空间语义多样性分布理论和概念结构特征"界态"语义理论为基础,建立本书的理论框架。

第一节
框架事件概念结构与词化模式理论

人们通过语言单位的线性组合来表达各种不同的事件。泰尔米认为,人们通过语言单位组合用语句表达的通常是概念融合的大事件或者事件复合体(complex of events),大事件可以分析为框架事件(framing event)和伴同事件(co-event)。一个大事件的概念结构由主要事件(main event)或框架事件(framing event)^①决定。泰尔米(Talmy 1985, 2000b: 213)通过跨语言研究提出，各种语言表达五种主要概念框架事件，分别是运动(Motion)、状态变化(Change of State)、时间共存(Temporal Countouring)、相关动作(Action Correlating)以及实现(Realization)。本书讨论的就是其中的运动框架事件。

泰尔米对人类语言表达的各种大事件、框架事件的概念结构进行了概括。如图2-1、图2-2所示。

([Agent causal-chain])　　[Event]_framing event　　←support relation [event]_co-event

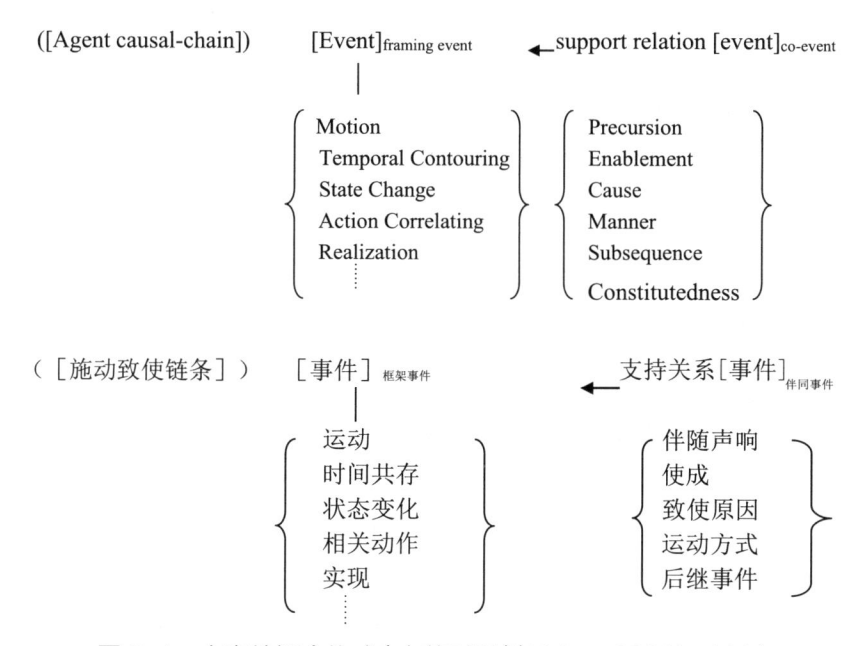

$$\left\{\begin{array}{l}\text{Motion}\\\text{Temporal Contouring}\\\text{State Change}\\\text{Action Correlating}\\\text{Realization}\\\vdots\end{array}\right.\quad\left\{\begin{array}{l}\text{Precursion}\\\text{Enablement}\\\text{Cause}\\\text{Manner}\\\text{Subsequence}\\\text{Constitutedness}\end{array}\right.$$

（［施动致使链条］）　　［事件］框架事件　　←支持关系［事件］伴同事件

$$\left\{\begin{array}{l}\text{运动}\\\text{时间共存}\\\text{状态变化}\\\text{相关动作}\\\text{实现}\\\vdots\end{array}\right.\quad\left\{\begin{array}{l}\text{伴随声响}\\\text{使成}\\\text{致使原因}\\\text{运动方式}\\\text{后继事件}\end{array}\right.$$

图2-1　大事件概念构成(中英对照)(Talmy 2000b: 221)

---

① framing event 与 event frame 是两个概念。event frame 译为事件框架(束定芳 2008: 141)，与这里讨论的 framing event 框架事件不是一个概念，事件框架是认知注意力窗口化概念表达时是对某一事件情景的全程还是某个阶段进行关注；框架事件是指人们认知的大事件的主要事件，这是大事件的核心，使一个类型的事件与其他类型事件相区别。

```
[Figural entity   Activating process   Association function   Ground entity]framing event
                      ⎰ transition ⎱              ⎰                      ⎱
                      ⎱  fixity    ⎰              ⎱     core schema      ⎰

[动体对象         动态过程           联系功能           背景对象]框架事件
                   ⎰ 转  换 ⎱            ⎰                      ⎱
                   ⎱ 固  定 ⎰            ⎱     核心图式          ⎰
```

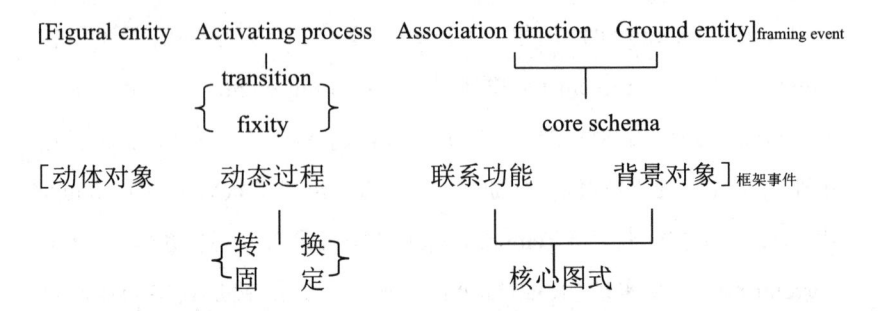

图 2-2　框架事件概念构成（中英对照）（Talmy 2000b：221）

泰尔米认为，一个框架事件与其他框架事件相区别，并不是由"图形/动体"（figure）或者"动态过程"（Activating Process）来决定的，而是由"联系功能"（Association Function）或者"联系功能"加上"背景对象"（Ground Entity）来决定的。也就是说，一个框架事件的区别性概念结构特征根本上是由核心意象图式决定的（Talmy 2000b：218）。例如运动框架事件和状态变化框架事件的区别在于核心图式（core schema）。"蜡烛吹落了烛台"和"蜡烛吹灭了"这两个概念事件的区别在于"吹落"和"吹灭"。

一、概念结构在语言中的体现

认知语言学的语言结构观认为：句子的组织结构反映概念结构。语言表达式是现实世界事件的概念结构或认知图式向语言结构投射的结果。各语素结合构成更大结构的过程实质上是象征性的，是概念语义内容的象征和概念结构的形式化。语法和语义都是概念化的结果（Langacker 1987，1991，1999；Jackendoff 1990；Croft & Cruse 2004；Lakoff & Johnson 1999；Talmy 2000）。语言系统通过词化方式语义表达各种概念事件构成要素，再通过各种词化单位的线性排列对概念结构进行映射，从而表达各种概念事件。

泰尔米通过跨语言比较，考察了人类语言对概念事件词化表达的情况。概念框架主要概念要素通过不同语言单位来词化表达，词化单位再按照各语言的系统规则以及各民族对概念事件的认知框架结构来排列组合。他提出，由于一个概念事件框架认知域中表示［动体］与［背景］之间"联系功能"或者"关系"的核心图式决定框架概念事件的性质，框架事件决定大事件的时间框架和空间框架特征；又由于概念事件的内容和结构特征都体现在语言表达句中，因此这种"核心图式结构决定框架事件结构，框架事件结构决定大事件结构"的概念结构关系也体现在语言表达中。语言表达句中，框架事件的表达决定句子表达的整个空间和时间框架，从而决定句子的体特征；同时也决定全部或者大部分论元结构和语义角色，决定所有的或者大部分的补语结构（Talmy 2000b: 219）。例如：

1) The napkin blew off the table.
   餐巾被吹落了餐桌。
2) The candle blew out.
   蜡烛吹灭了。

这两个句子表达的都是大事件概念，实际上包括框架事件和伴同事件，可以分析为框架事件分句+伴同事件分句。例如：

1)' The napkin went off the table because something blew on it.
    餐巾运动到餐桌下，因为有（风）东西吹它。
2)' The candle went out because something blew on it..
    蜡烛灭了，因为有（风）东西吹它。

例1）和例2）表达的框架事件分别是运动事件和表达状态变化

事件，伴同事件是运动或者状态变化的致使原因。例1）和例2）之所以一个属于［运动］框架，一个属于［状态变化］框架，是由"off"和"out"唤起的概念语义意象图式决定的，因为"off"（掉）和"out"（灭）表达［动体］、［动态过程］或［背景对象］之间的［联系功能］。而不是由"napkin"（纸巾）、"candle"（蜡烛）表达的［动体］或者"blew"（吹）表达的［动作］概念语义来决定的。

泰尔米研究各种语言表达的运动事件概念在句子层面的语义配置结构，包括运动事件构成概念成员和各概念成员的组合方式。就语言系统词汇和语法手段的功能而言，词汇形式提供概念内容，语法形式组织概念结构（Talmy 2000: 24）。泰尔米提出开放系统，或者说词汇分支系统表达的是概念内容，而封闭系统，或称语法分支系统，表达的是概念结构（束定芳 2008: 109；Talmy 2000: 24）。但是这并不是说语法形式和词汇形式是各自为政的系统。实际上，由于词在句子建构中既可提供概念内容，又可组织实现概念结构，因此，词是重要的句法－语义接口，在句子建构过程中起着重要的内容表达和结构组织的作用，如动词、介词。如果要对句子层面各词汇成分的组合关系进行探讨，那么既要考虑要表达的框架事件概念结构要求，又要考虑词的概念结构语义特征对成分组合的影响。

二、泰尔米的运动事件框架和词汇化模式理论

运动事件（Motion Event）是泰尔米提出的五种主要概念框架事件之首。泰尔米指出，运动框架事件由主要运动事件（Major Event）和伴同事件构成（Talmy 2000b: 25）。其中主要运动事件由四大概念要素构成，分别是［动体］、［背景］、［路径］和［运动］。［动体］是表示一个移动或者概念上可以移动的物体，其位置或者［路径］是人们关心的焦点；［背景］是一个参照框架，或参照框架中的一个静止的物

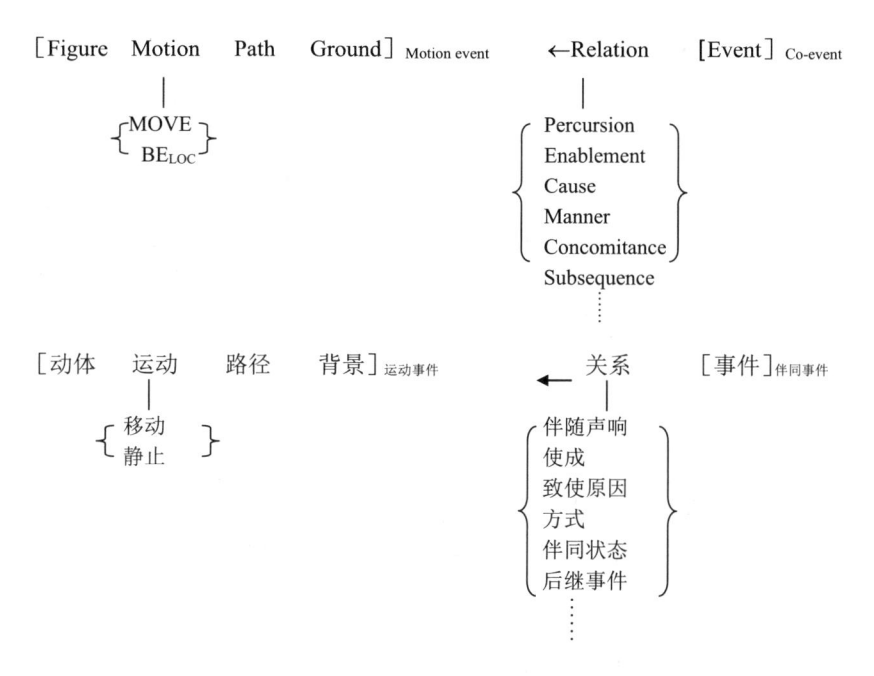

```
[Figure   Motion   Path   Ground] Motion event    ←Relation      [Event] Co-event
            |                                         |
         ⎧MOVE⎫                                   ⎧Percursion  ⎫
         ⎨    ⎬                                   ⎪Enablement  ⎪
         ⎩BE_LOC⎭                                 ⎨Cause       ⎬
                                                  ⎪Manner      ⎪
                                                  ⎪Concomitance⎪
                                                  ⎩Subsequence ⎭
                                                       ⋮

[动体   运动   路径   背景]运动事件      ←   关系         [事件]伴同事件
         |                                │
       ⎧移动⎫                           ⎧伴随声响⎫
       ⎨    ⎬                           ⎪使成    ⎪
       ⎩静止⎭                           ⎨致使原因⎬
                                        ⎪方式    ⎪
                                        ⎪伴同状态⎪
                                        ⎩后继事件⎭
                                             ⋮
```

图 2-3　运动事件概念构成（中英对照）（Talmy 2000b: 49）

体，动体的路径或者位置据此得到描述；[路径]是一个与[背景]相对的，动体所经历的路径或者占据的位置；[运动]是事件动体在空间的移动（presence per se of motion）或者存在方式（locatedness）。伴同事件是由一些运动事件特征成分构成的，如运动[方式]、运动[致使原因]。作为最重要的框架事件之一的运动框架事件其核心图式为[路径]。泰尔米对运动事件的概念结构进行了分析，如图 2-3。

泰尔米所讨论的运动事件以自主自发运动事件为主（non-agentive and self-agentive），也包括致使运动事件（agentive）（Talmy 2000b: 28）。通过跨语言比较，泰尔米研究人类语言表达各种概念事件的词汇化模式类型，句子内部概念语义的配置情况和组合方式。他认为，运动事件概念构成元素分别由各种语言单位来表达。按照一种语言是由动词来表达概念事件核心意象图式还是由动词外围成分来表示核

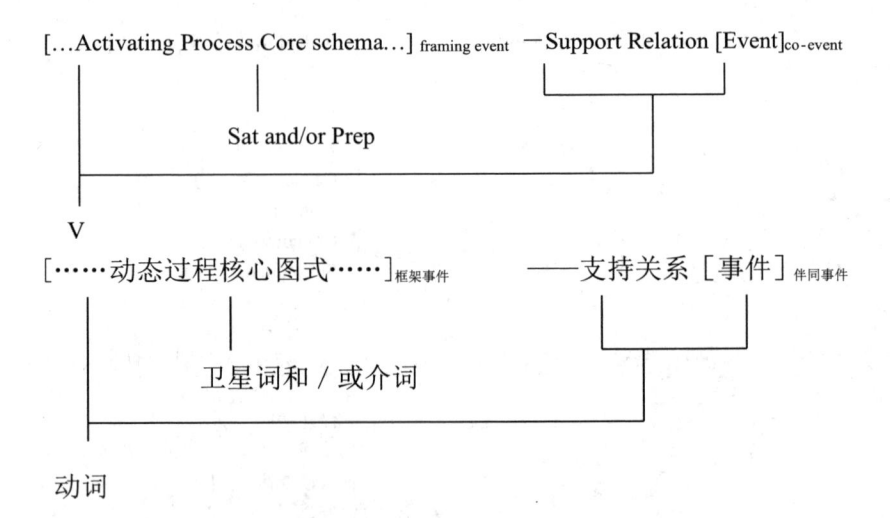

```
[…Activating Process Core schema…]framing event  ─Support Relation [Event]co-event
                    │                                │
                    │              Sat and/or Prep
                    │                                │
                    V
[……动态过程核心图式……]框架事件        ──支持关系［事件］伴同事件
            │                                │
            │            卫星词和/或介词
            │                                │
           动词
```

图 2-4　卫星框架型语言的大事件概念构成对应的句法配置（中英对照）
（Talmy 2000b: 223）

心图式，泰尔米将世界上的语言分为动词框架型语言和卫星框架型语言，图 2-4 表示卫星框架型语言的词化模式。

　　对于运动事件表达来说，由于［路径］是核心图式，因此根据［路径］是由动词来词化表达还是由动词外围成分来表达的，可以将语言区分为运动框架和卫星框架型语言。泰尔米认为英语和汉语都属于卫星框架型语言。动词词根除了表达［运动］概念之外，还词化表达一些［伴同］事件概念，如伴随声响（Percussion）、致使原因、运动方式、伴随状态（Concomitance）、致使（Enablement）、后继事件（Subsequence）等。［路径］概念主要由动词外围以外的其他词化单位表达。

　　以英语为例，英语句子对运动事件概念表达的语义结构配置如下：

自发运动事件：　　Smoke　　　rushed　　　through　　the opening.
　　　　　　　　［自发动体］　［运动］　　［路径］　　［背景］
自主运动事件：　　He　　　　 walked　　　across　　　the street.
　　　　　　　　［自主动体］　［运动］　　［路径］　　［背景］
致使运动事件：　　I　　　　　slid　　　　the keg　　　into　　　the storeroom.
　　　　　　　　［施事动体］　［致使运动］［受事动体］　［路径］　　［背景］

表 2-1　泰尔米英语运动事件概念框架构成要素的大致词汇化模式

概念语义结构	[动体]	[运动]	[路径]	[背景]
由哪些语言单位进行词汇化表达	动词、名词短语、代词	动词	动词、介副词	名词、介副词、动词
举　　例	rain, the driver, he	fly, drive, walk, put	arrive, circle, into, out, towards	room, inside, pour

运动概念框架结构中一种概念元素可能由多种不同的语言单位来表达，例如[路径]概念既可由动词表达，也可以通过介副小品词来表达；[动体]概念可以由名词或者代词来表达。英语运动事件框架构成要素的词汇化模式大致如表 2-1。

要说明的是，尽管都是在句子层面进行的概念事件构成分析，泰尔米的语义配置结构与兰盖克认知语法理论中划分得不一样。在兰盖克的理论中，介副词结构在小句结构层次进行分析，例如"He walked across the street." 中，"across the street" 表示事件的[背景]，被认为是相对于[运动]来说的次要信息。而泰尔米则将介副词结构分开，认为介副词"across"是核心成分，表达[路径]概念，位于介副词之后的名词"the street"表达[背景]概念。本书采取泰尔米的划分法（Talmy 2000b）。

总的来说，泰尔米对运动事件词汇化分析表明，语言反映运动框架概念事件时，概念框架中的各种概念元素由语言单位来词汇化表达，语句的语义结构反映了概念框架结构（Talmy 2000b: 148 Table 2.1）。

本书采用泰尔米的观点，认为[路径]是联系[动体]与[背景]的核心概念，表达运动空间关系。泰尔米对英语当中[路径]词化模式的分析也是本书研究[路径]其他可能词化形式的基础。但是不同于泰尔米所关心的运动事件概念内容框架研究，本书关注的是运动事件概念结构特征在词汇语义和句子建构中的体现。本书认为，表达运动事件的语句当中，各语言单位的选择和组合需要满足概念内容和结构的两方面要求。一方面，运动事件框架中各种构成要素是概念事件构成的重要内容，在语言中需要以一定的词汇化手段表达，不可或缺，这就是概念内容的要求，比如说，[路径]概念是概念事件的核心内容，一定要通过某种形式的语言单位来表达；另一方面，在句子层面如何将各个概念成分按照一定的语序和组合方式进行构建，这是概念结构的要求，比如说，当具有[路径]语义的各种词汇和构式单位相互组合时，由于含有相同的概念事件元素语义，因此需要考虑语义相容原则的作用。这就需要进一步考察各单位[路径]概念内部结构特征的相容性。

第二节　空间语义多样分布理论

泰尔米认为运动事件概念框架中的各概念成分都可能由多种词汇化单位来表达。这种观点实际上是一种"空间语义多样化分布"（Diversified Distribution of Spatial Semantics）的理论观点。除了泰尔米，很多语言研究者都认为一种语言当表达的空间信息是通过多种语言单位表达的，其中包括词缀、词汇和其他语言结构。在同一个表达式中，空间概念可能由一个语言单位语义表达或者由句中位于不同位置的多个单位共同表达（Jackendoff 1983, 1991; Sinha & Kuteva 1995; Svorou 1994; Zlatev 2007）。这种空间语义在句子中分布多样化表达的观点是本书的另一研究基础。

不仅仅是静态空间语义多样分布，空间运动信息也是分布在各种句子成分当中的。例如，动词前缀和介词共同组合表达空间运动的方式在保加利亚语当中是最常见方式。

    1) Samoletat preletja had gradar.
       Plane.the-through.flew-above/over-town.the
       The plane flew over the town.

（Sinha 1995: 187）

动词前缀 pre-（与介词"through"相关），介词（表示 above/over），这两种单位都表达运动空间关系的一部分。动词前缀表达方向路径，介词表达空间动体与背景的位置关系。

日语中［路径］可以通过动词、名词和助词来表达。例如：

    2) Sensei wa hon o hako (no naka) ni ireru
       Professor-TOPIC-book –OBJ-box-(GEN-inside)-LOC-insert. PRES.
       The professor puts the book in the box.

（Sinha 1995: 187）

例2）中空间路径信息由动词"ireru"、格助词"ni"和名词"naka"共同表达"进入"。汉语中，［路径］概念也由多种语言单位表达。例如：

    3) 小明赶紧<u>跑</u><u>到</u>屋子<u>外面</u>去接妈妈。

例3）中"到"和"外面"共同表示动体"小明"运动的［路径］。

英语中，泰尔米（Talmy 1985, 2000）已经证明［路径］可以由动词词根和动词外围卫星成分来表达。杰肯道夫（Jackendoff 1983, 1991）认为［路径］可以由多种成分来表达，既可以用一个动词来表达，也可以用一个动词加上一个介词短语来表达。例如"enter (NP)"也可以用"go into (to NP)"来表达，而"climb (NP)"则可被表达为"go up (NP)"。杰肯道夫提出了一个重要观点，即在没有［路径］词化单位的情况下，也可以用语句表达［路径］概念，缘于语句作为构式单位表达了这个概念语义。例如：

  4）They ran and ran.

（Jackendoff 1991: 40）

  他认为这个句子中虽然没有任何［路径］词化成分，但是人们仍然可以理解出［路径］的概念，这是由句子表达的框架事件概念内容语义决定的。

  本书的研究就是在这个空间概念在语言中以多种方式多样化分布的观点基础上进行的，也即空间概念语义多样分布在语句中，［路径］表达动体相对参照物位置发生变化的空间关系是一种空间概念，因此［路径］也可能由多种语言成分共同表达。从这个基础出发，可以考察英语和汉语是如何通过词汇手段、构式手段以及多种词化单位相结合的方式对［路径］概念进行表达，并具有怎样的组合规律。

第三节
概念结构的构形特征"边界"与［界态］语义

  就语言系统词汇和语法手段的功能而言，语法形式组织概念结构，词汇形式提供概念内容（Talmy 2000a: 24）。人们通过语言系统，运用词汇和语法手段共同作用表达各种认知概念。由于词汇单位本身既是语义形式单位也是语法形式单位,因此带有提供概念内容和组织概念结构两方面的功能。人们所认知的概念结构特征可以从不同角度进行分析。在讨论认知意象图式结构时,泰尔米(Talmy 2000a, 2000b)把意象图式分成了四大类,分别是构形系统、视角系统、注意力系统和力动态系统。构形系统反映概念结构,对应语言的语法组织系统。概念结构特征通过隐性和显性的方式反映在语言单位的词义表达和组合方式上。泰尔米(Talmy 2000)着重分析了七种构形结构/图式化,包括数态、界态、分割状态、数量的配置、延伸程度、分配型式、轴特性。其中"界态"是本书关注的重点。因为"界态"特征是很多语言学家公认的重要概念结构特征,有着良好的研究基础,运动事件概念的空间边界关系又是核心概念结构特征,所以本书就选择以人们认知构形系统的重要结构特征"界"(bounding or boundary)和语言单位表达的"界态"语义作为研究的对象。

一、语言单位表达的重要概念结构特征:界态

语言表达的各种概念,以及语言系统本身的结构特征都体现了人们对"界"的认识。兰盖克(Langacker 1987, 1999)认为,语法范畴如名词、动词、形容词和副词等是可以从"界"的角度来分析和定义的,比如名词是一个象征结构,体现的是一个认知图式[THING],这个认知图式可以刻画为某一认知域(domain)中的一个区域,该区域可以用"界"来定义,该区域要么是有界的要么是无界的。他对"界态"语义的研究,主要是以名词和动词为对象进行的。例如,兰盖克认为名词可以分析为有界或无界两类。可数名词表征的概念在述题范围内有终止点,是有界的,例如"苹果";物质名词象征的实体概念在述题范围内没有终止点,是无界的,例如"水"。兰盖克还

对动词进行过"界态"特征的研究，他认为表征完成（perfective）或活动（active）过程的动词是有界的，因为完成或活动过程在时间域是有终止点的（Langacker 1987），例如"jump、kick、arrive"等；非完成（imperfective）或状态（stative）过程是无界的，表征这些过程概念的动词因而是无界的，例如"resemble、like、have"等。

杰肯道夫明确提出："界态"是一个普遍概念结构特征[①]，适用于事物、事件、过程等概念。不仅名词、动词的词汇语义中有明确的概念结构区别特征"界态"语义，其他的语言单位不论是表达物质（Substance）、物体（Things）、事件（Event）还是过程（Process）概念，在语义中都表达概念结构"界态"特征（Jackendoff 1990: 29）。

他认为句法系统和概念范畴系统的有很好的对应关系，句法系统的范畴和功能特征主要是为了表达概念结构（Jackendoff 1990: 27）。有一些概念结构的特征以语法手段形式化镜像表达，另外一些概念结构特征尽管有很强的句法建构性质（X-bar character），但并不是以语法标记来表达的，而是以"内在界态"（inherent boundedness）语义特征来表达的。例如动词的时间界态语义特征，以及名词表达的事物空间界态语义特征。也就是说词汇语义中包含有界态特征，这也符合词作为语义和语法结合体的特征。

泰尔米（Talmy 2000, 2005）也认为，"界态"是构形结构（configurational structure）系统中的重要范畴，包括"有界"和"无界"两个特征值。如果某一数量被认为有界，它就被当作一个有界限有边界的个体。某个动作概念是否有终结点也可以看作有界或者无界的对立。他提出，概念结构界态特征值的有界和无界映射在语言范畴的各个层面，包括词义和语法结构组织方式。词汇成分和语法成分组合后，组合后的新

[①] 有界/无界区别（事件/过程、终结/非终结）与可数/不可数名词的区别十分类似……这些相似之处表明，概念结构应能跨范畴编码这种区别，因此相关规则并不受用于物体与物质，或用于事件与过程的限制（Jackendoff 1990: 29）。

语言单位所表达的概念界态语义特征可能与其中各词项所表达的概念界态语义不同。例如"sleep"本来是表示时间上没有边界的无界动作,属于概念结构特征无界,但是如果加上时间状语"for an hour",则新短语"sleep for an hour"就表达时间上有界的动作概念"睡一小时"。

沈家煊(1995,2004)认为,人们感知或认识事物,事物在空间有"有界"和"无界"的对立;人们感知和认识动作,动作在时间上有"有界"和"无界"的对立;人们感知和认识性状,性状在量或程度、时间终结点等认知域中也有"有界"和"无界"的对立。沈家煊对汉语名词、动词、形容词表达概念的"有界"和"无界"讨论指出,动词、名词、形容词和副词表达的概念都可以区分为"有界"的和"无界"的类型。例如,他把形容词和副词分为两类,一类是表示性质的,另一类是表示状态的,性质形容词或副词是无界的,例如"白"、"慢"等;状态形容词或副词是有界的,例如"雪白"、"慢腾腾"等。沈家煊(2004)认为,"有界"和"无界"是相对某一认知域来说的概念结构特征。语言单位表达概念的"有界"和"无界"是相对的,需要在某一语言层面进行的分析,在词的层面上所分析的"有界"和"无界"概念,在表达式层面来分析就会由于其他词汇和语法成分的作用而发生变化。

综合各家之言,"界态"反映人们对事物(物体、空间、时间)及事件边界特征的认识,是人们主观认知的概念结构构形系统。人们对概念结构边界特征的"有界"和"无界"认识映射到语言系统中,通过词汇、短语、句子等语言单位的本身形式和组合形式不同来表达。概念结构的"有界"和"无界"在语法的各个层面获得不同方式的体现:可能是隐形的,比如由语义来表达的"隐性边界";也可能是显性的由语言单位排列组合方式来表达的"显性边界",比如句子本身的完整结构[①]。

[①] 语言系统表达概念结构的"有界"和"无界"是通过以下两种方式共同实现的(刘辰诞 2005,2007,2008):隐形界态特征表达,词义、短语意义、构式语义表达的界态特征;显性界态特征表达,词汇成分和语法成分组合方式,句子结构的边界。

二、[界态]语义的句法-语义接口作用与一致性原则

"界态"语义的句法-语义接口作用的研究,实际上从20世纪60年代就已经开始。常见的内在界态特征就是语言学界经常讨论的动词[体]词汇语义。在时间维度的分布是否"存在终结点"特征被认为是动词表达的重要体语义。语言研究者在动词、短语、小句层面对英语中的[体]进行深入的研究(Vendler 1967; Comrie 1976; Dowty 1979; Verkuyl 1972, 1989; Bach 1986)。按照动词表达的动作在时间维度的分布是否有终结点、是否持续、是否有活动,动词被分为状态动词(states)、动作动词(activities)、达成(accomplishments)以及瞬成(achievements)(Vendler 1967; Dowty 1979)。泰尔米(Talmy 1985, 2000a, 2000b)讨论了"体"意义的词汇化模式,认为英语动词词根、卫星成分以及屈折分析标记等层次的语言单位都可表达体意义。他认为"体"意义是动词词义的一部分,动词词汇体意义决定该动词如何与其他带有"体"意义的语法和词汇成分相互作用(Talmy 2000b: 68-69)。研究者对表达的[体]概念的语法与词汇手段的互动关系进行探讨,力求解决不同动词与相同语法体标记匹配后的语义识解问题、谓语动词的语法体标记限制、与时间状语的匹配关系等句法建构问题(Jackendoff 1983, 1990; Talmy 1978, 1985, 2000, 2005; Declerck 1979, 1989, 1997: 191-195; Depraetere 1995)。

兰盖克(Langacker 1987: 486)指出,词汇和词汇以外的单位都可以表达"界态"语义。他认为某一表达无界实体或者关系/过程概念的词项,在其他句子成分组构后,在表达式中被识解成有界概念;同样,表示有界事物或运动概念的语言成分也会由于表达式中某些语法或词汇手段的作用,引发有界概念消除的认知识解过程,使原来有界事物被识解为无界事物(Langacker 1999)。例如动词、形容词都可以用"界"来分析,也可以与其他成分组构产生新的表征结构从而表

达新的概念，体现新的"界"特征。例如名词"hedgehog"在不同句子语境中有不同界态的语义解读。例如：

1) a. The hedgehog was crossing the road.（有界）
   b. There are hedgehogs all over the road.（无界）

又如，flash 和 jump 都是表示有内在终结点的动作。如"The lightening flashed and the cat jumped."都表示有界事件，而加入了 again and again 之后，"The lightening flashed again and again."则表示无界的事件。兰盖克对句子层面"界态"概念语义转变的研究实际上就是在讨论词汇义表达的概念结构特征的"句法－语义"接口问题。

杰肯道夫（Jackendoff 1990: 28）对15个英语各种事件表达语句进行时间界态特征的测试，他发现，在本来成立的语句后增加"for hours"和"until noon"时间状语后，很多句子都不能成立。例如：

2) a. Bill ate the hotdog.
   b. *Bill ate the hotdog for hours.
3) a. Bill ran into the house.
   b. *Bill ran into the house until noon.

（Jackendoff 1990: 28）

他认为有些句子表达内在有界时间界态概念，不能与表示无界持续的时间状语相匹配。至于为什么这些句子表达的概念语义具有不同的界态语义，杰肯道夫认为，一个句子中，很多词汇和语法手段的使用都会对句子层面表达概念的[界态]语义产生影响。这些手段包括：

1. 动词的选择、体标记的选择；

2. 主语/宾语/介词宾语单复数的选择；

3. 主语/宾语/介词宾语限定词的选择；

4. 介词的选择；

5. 介词结构修饰成分的选择等。

(Jackendoff 1990: 30)

尽管杰肯道夫提出了句子层面概念结构"界态"语义的影响要素，但是他认为各种词汇和语法手段表达的"界态"句法-语义接口作用机制尚不明确，需要深入探索。他提出了一个需要回答的问题是：这些词汇和语法因素到底如何相互作用来表达一个共同的由句子表达的有界或者无界概念语义呢？

杰肯道夫提出应当探求一种界态语义运算规律（algebraic system）(Jackendoff 1990: 31)，并认为各种词汇和语法成分应该是通过一套语义作用规律发生相互作用，相互作用的结果是各种成分表达的概念结构界态值最终会结合起来，形成一个整体句子概念结构语义。

泰尔米（Talmy 2000a: 55）曾对多义介副词"through"在不同建构组织的句中当中的语义识解问题提出了讨论。

4) a. I walked through the tunnel for 10 minutes.

b. I walked through the tunnel in 10 minutes.

(Talmy 2000a: 55)

介副词"through"在例4)a中表示穿越隧道中的无界部分，而例4)b则表示穿越隧道的整个有界长度。对于这种"through"可以与"in + 一段时间"短语和"for + 一段时间"短语搭配分别表示有界运动事件和无界运动事件的情况，泰尔米提出了"界段重合"原则

（Talmy 2000a: 55）来判定动作有界还是无界：如果运动路径与参照背景边界重合，那么动作为有界，如果不重合则为无界。

沈家煊（1995，2004）也对泰尔米提出的"through"问题进行了分析，他认为有界和无界的识解在于句子建构中"in"和"for"的区别。这种识解在英语里已经"语法化"。沈家煊在讨论"有界"与"无界"问题时，认为对于不同句子建构造成不同界态概念语义识解的情况，汉语当中也有相应的表现。

5）a. 我10分钟穿过隧道。
　　b. 隧道我穿行10分钟。

沈家煊提出，汉语与英语的不同点在于，汉语的界态语义区别手段在于语序加词汇（穿行／穿过）而不是像英语那样通过不同介词短语的选择来反映的。沈家煊还提出可以进一步研究有界和无界概念识解在什么情形下已经语法化，在什么情形下没有语法化。此外，他进一步提出了句中成分的界态匹配原则：词类的界影响它们之间的搭配，无界动词、形容词和名词不能与有界的相关词类搭配，否则，语法构式是不可接受的或"不自由"的表达式。例如，下面例子的可接受性和不可接受性就是有界和无界词类的正确和错误搭配引起的：

6）a. ? 吃了苹果
　　b. 吃了苹果又吃梨
7）a. ? 干净一双鞋／? 干干净净鞋
　　b. 干净鞋／干干净净一双鞋

沈家煊把这一搭配原则称为"匹配原则"。沈家煊（1995）总结了动作与事物之间的有界和无界匹配原则，并在2004年《再谈"有界"

和"无界"》一文中对这项原则重新表述为:"动作有界,受动作支配的事物相应地也按有界识解;动作无界,受动作支配的事物相应地也按无界识解。反之亦然。"(沈家煊 2004: 49)

沈家煊和泰尔米对"界态"语义特征的讨论,不仅仅局限在单个词的层面,而且还是在句子层面或者说"构式"中来考察的。而他们提出的"有界/无界"识解原则主要是为了解决句子成分的语义动态识解的问题,提出了如何通过辨别句子结构特征来确定语义的方法。他们都明确提出"界态"语义不同会在句子建构中有不同语法形式化对应。从这个角度来说,他们的研究也提出了"界态"语义的句法-语义接口作用是如何得以实现的问题。这与杰肯道夫提出的问题异曲同工。

还有很多研究者也关注句子层面词汇和语法成分"界态"语义的相互作用问题。克罗夫特(Croft 2001)从述谓层面入手,认为动词表达各种致使事件链条当中一个单一事件,动词的词汇意义中"致使-时体"语义具有语法建构功能。他还从这个角度对语言表达的运动事件以及其他各种事件进行统一"致使-时体"的分类。坦尼(Tenny 1992, 1994, 1995a, 1995b)针对"体"结构对句法结构的映射关系,提出了体界面假设。还有学者(Cappelle & Declerck 2005)讨论了英语介副词表达的空间边界意义与动词时间边界意义的关系,从英语动词、述谓层次和句子的多层次的语言单位所表达运动事件时间和空间边界概念进行了研究,认为介副词表达的空间概念对动词的"体"与及物性有影响。

在我国,也有很多语言研究者关注"界态"语义的重要作用。谢应光(1996)分析了英语短语和句子层面句式的界态;徐盛桓(2002,2005)、刘晓林(2006)、刘辰诞(2005,2007,2008)从结构和边界角度讨论了通过界性规律对英语谓补结构的句子结构式分类和语法化动因;唐青叶(2003)讨论了英语同一动词的界性在小句各成分的作用下会发生变异和分化；秦洪武（2002）运用有界无界理论讨论了汉语"动词＋动量短语"的情状类型界性；税昌锡（2006）讨论了汉语动词的界性分类以及动词短语界性特征对时量短语的语义约束限制；孙英杰（2007）从界性规律角度讨论了汉语动词的体系；陈佳（2014，2015）以及杨京鹏和吴红云（2017）对英语运动事件表达中有界与无界识解进行了讨论。这些都是对各种语言单位的界性特征以及与其他成分的相互作用的讨论。可见，语言学家对"界"的讨论不再局限于名词和动词，而是扩大到介副词等其他词类，也扩展到短语和小句表达的概念结构界态特征的识解，甚至是将句子和语篇等语言结构作为对象，对句子进行结构边界研究。

总而言之，"界态"语义的句法－语义接口作用需要进一步的探索，目前对这个方面的研究还很稀少。通过上面的讨论，可以总结出"界态"语义研究中的三个主要观点：

（1）"界"是一个普遍概念结构特征，适用于事物、事件、过程等概念的结构特征描述，边界是人们对事物和世界认识的认知基本概念之一，人类对可能世界的认知总是有界化的，语言系统反映人类认知概念的内容和结构特征包括"界"特征，语言系统本身作为一个存在物也具有结构－边界特征；

（2）"界"所对应的"界态"语义通过各种词汇和语法手段来表达，包括词化语义、[体]标记、限定词、格、语序等；

（3）[界态]语义特征对句子成分的组织组合起到一定制约作用，可能存在一套"界态"语义的作用原则，人们可以对句子层面的各个词汇和语法成分的界态特征进行概念结构特征的分析，从而得出句子作为一个整体所表达概念的结构特征语义。

第四节　理论假设

在泰尔米运动事件框架理论、空间语义分布理论和[界态]语义句法-语义接口理论的基础上，本书提出以下四个相关基本假设：

（1）英汉语表达运动事件时，[路径]概念以多种语言形式，并通过多样的组织分布结构来表征。动词、介副词、名词、构式都可能表达一定[路径]概念；而英汉两种语言中[路径]概念的词化表达模式有一定的区别和联系。

（2）"空间边界"关系可以作为一个重要认知语义范畴，反映[路径]概念结构构形特点。这种概念结构特征在语言系统中通过词类的概念结构语义和句法建构组合关系（如语言单位的选择搭配和语序）来体现。可以按照"有界"和"无界"来划分英汉[路径]词汇化单位的概念结构构形特征的语义类型。

（3）英汉[路径]词汇化单位表达的"运动空间边界关系特征"是一种"界态"语义特征，对句法建构有一定制约。由于[路径]是运动事件的概念核心，[路径]"空间界态"特征在很大程度上决定运动事件概念结构特征。映射在句子当中，表现为句子各成分以[路径]概念的[空间界态]语义为核心进行词汇和语法成分的匹配。

在语言表达式中，各种框架事件构成成员的界态特征都要与核心概念的界态特征相适应。对于英汉运动事件表达式来说，句中词化表达[动体]、[背景]、[运动]、[时间]、[方式]等概念的语言单位[界态]语义特征要与[路径]核心概念单位表达的[空间界态]语义特征相匹配，同时，句子词汇和语法成分的组织方式也体现"有界"和"无界"的区别。

（4）英汉语言成分[界态]语义特征对句法构建中词汇、语法成分的选择限制和匹配的制约作用，也可能体现在其他的语言当中，具有语言类型学意义。

在提出了这些理论假设之后,本书将在第三章进行本研究理论的建构与验证,包括分别对假设进行基于内省和语料库的验证。研究使用的语料库包括:BNC、CCL以及自建双语平行语料库(《哈利·波特与火焰杯》中英对照版中2306个英汉对照运动表达句)。通过实际语料观察的结果对本书假设进行验证和调整,并在第四章对本书提出的界态语义匹配原则等理论假设进行实际语言问题的应用解释。

第三章

理论建构与语料库验证

本章主要是对本书提出的理论假设进行内省建构和语料库验证。在明确语言事实的基础上说明英汉语表达运动事件时的语义配置结构、[路径]概念的不同词化模式、[路径]概念表达的空间边界关系概念结构特征以及在英汉语中的反映。本章的重点是对[路径]概念的内部结构特征以及英汉语表达的运动事件表达句的概念语义内容配置情况进行描写，对英汉[路径]语言单位表达的"空间界态"语义特征进行分析和分类，并对以[路径]为核心的[界态]语义匹配原则进行具体论证。本章共分为四节，第一节结合已有研究描述[路径]概念结构特征，讨论运动空间界态特征的重要性；第二节通过语料库的具体语料分析，对英汉运动事件的语义配置结构进行描述，并对[路径]概念在英语和汉语当中的多样性分布进行描写总结，还对英语多义介副词在句中的动态识解进行讨论；第三节对英语和汉语中各种语法范畴的语言单位所表达的[路径]有界与无界概念进行分类；第四节讨论以[路径]为核心的界态语义一致原则，并提出三个具体次则。

第一节 ［路径］概念结构的"界态"特征

要研究语言单位的所表达的［路径］概念结构界态特征，就要从［路径］概念的内部结构开始分析，再对［路径］语言单位表达的"界态"语义进行考察。近40年来的语言习得和认知语言学研究都表明：路径是运动事件表达中的核心概念，路径概念具有内部特征。这些都为本书提出路径词汇化单位的"空间边界"语义特征奠定了基础。［路径］概念具有内部结构，很多语言和心理研究都已经证明了这一点。

一、语言习得与其他经验研究的证据

儿童语言习得和神经心理语言学的实验研究发现：对运动事件路径的认知概念化和语言表达早在儿童语言发展早期就已经出现，运动的起点和终点都是特别受到注意的部分。研究者发现：在认识和表达路径时，起点和终点对于语言使用者来说都比较重要。

在儿童单字词或者二词语言发展阶段就已开始出现空间路径词汇，如介词或者动词。崔顺子和鲍尔曼（Choi & Bowerman 1991）的研究成果显示：母语为英语的14—21个月大的孩子在习得语言的时候会使用"out、up、down"来表达他们自己的运动路径，而用"on、in、off"来表达其他物体的运动。而母语为韩语的14—21个月大的孩子学习时，则会使用表达路径的动词如"anta"和"ancta"来表达他们自己的运动路径，而使用"kkita、ppayta"表达其他物体运动路径。

研究发现（Choi & Bowerman 1991），母语为英语的孩子和母语为韩语的孩子都表达TO终点路径和起点路径，这些包括将某一物体从另外一个物体上拿走（英语off，韩语ppayta），以及物体被塞进或者放进另外一个物体当中(英语 in，韩语 kkita)。此外，克拉克和卡朋特的研究(Clark & Carpenter 1989; Clark 1994)说明，孩子 2—3 岁的时候，已经开始表达非物理和空间运动物体的起点路径、起点边界路径。还有研究(Freeman, Sinha & Stedmon 1981)发现，3—4 岁的儿童认为对于有关物体朝某个陆标运动 TO 路径的问题较起点路径问题的回答要容易。费舍尔等(Fisher, et al. 1994)也发现 3—4 岁的儿童对新动词的理解倾向于将其理解为终点指向的运动。也有研究(Regier & Zheng 2003)表明，成年人对终点路径不同的运动事件表述的准确性高于对起点路径不同的运动事件。研究者发现，表示终点的空间词汇比表示起点的空间词汇的使用性范围要小，也就是说人们倾向于对运动的终点或者结果给予更多的关注。例如，母语为英语的语言使用者用"in"来表达的事件类型要少于用"out"来表达的事件类型。

研究者还发现，动体与背景之间的关系是人们认知运动路径的重要依据。运动事件当中动体与背景的关系，以及动体运动位置的变化对于观察者比较重要，而动体或者背景的具体形状和细节常常被忽略(Choi 1991, 2007; Bowerman 1996)。

这些研究都说明，"路径"概念对于运动事件的认知来说是核心概念。由于人们认知的运动事件概念化内容和结构映射在语言中，而"路径"是运动事件认知的核心概念，因此语言表达运动事件时[路径]概念信息是联系动体和背景的核心不可或缺，[路径]概念的内容和结构必须在句子中得到语义体现和结构像似性体现。

二、路径概念的内部结构

语言学家对[路径]认知图式的讨论是建立在理想认知模型基础之上的，也就是对各种路径的形状进行概括得出的，"路径"概念的构形特征必定在语言中有所反映。

有的研究者对语言表达的空间概念进行理想认知图式研究，提出了容器图式和支持图式（Johnson 1987; Mandler 2007），并在认知图式基础上研究隐喻意义。也有研究者通过认知图式和跨语言分析，总结各个语言表达的共性，对［路径］概念进行内在组成要素和结构的分析（Jackendoff 1990; Zlatev 1997; Levinson 2006）。认知语言学分析［路径］概念有两种角度。一种观点将"路径"定义包括"动力"因素（Johnson 1987; Casad 1993; Ekberg 2001），路径被认为是包括"动力"因素的认知图式。另一种观点把"路径"看作纯粹的空间对象，是运动发生的轨迹或者轨道（trajectory），不包括能量概念，只是空间概念，并认为大部分的路径是一维对象，是"射体"相对于"陆标"（landmark）的实际或者想像"投射"（Talmy 1983; Lakoff 1987; Langacker 1985, 1999）。莱文森（Levinson 2003, 2006）发现，很多语言都以起点、终点为重要的［路径］概念结构特征，不同的语言对运动［背景］、［方向］和［终点］等概念通过不同的词汇和语法手段来表达，如果一个语言中有表示指示的成分，那么一般都是以表达"指向指示中心"的语言单位为常用无标记单位。

（一）［路径］概念的内部结构特征

不论采取哪种角度，各研究者都认同的观点是：英语和其他语言表达［路径］表达具有内部结构（Jackendoff 1983, 1991; Lakoff 2000; Talmy 1985, 2000; Landau & Hoffman, 2007: 302）。［路径］至少可以区分为三种类型：［Goal Path］动体向参照物移动、［Source Path］动体离开参照物移动、［Via Path］动体移动经过参照物所在之处。下面主要介绍泰尔米（Talmy 2000）、杰肯道夫（Jackendoff 1983, 1990）和莱考夫（Lakoff 2000）的观点，考察他们对［路径］概念结构特征的关注侧重点。

泰尔米（Talmy 2000b: 53-54）讨论多种语言中［路径］单位表达

的特征，提出了"路径复合体"(path complex)这一概念。泰尔米持语义组合性(compositionality)观点，他认为[路径]语义还应该可以细分，口语语言(spoken language)表达的[路径]概念包括三种主要构成要素(components)，即矢量(vector)、同构(conformation)、指示(deictic)，分别表达[路径]概念的主要结构特征。①

矢量：[矢量]表示运动事件框架中[动体]与[背景]之间动态空间位置关系的意象图式，主要包括到达(arrival)、离开(depart)、穿越(traverse)。泰尔米提出的[矢量]包括 TO、FROM、ALONG、ALENGTH、VIA、AWAY、AWAY-FROM、BELoc AT、AWAY-TO、FROM-ALONG、ALONG-TO、FROM-TO、TOWARDS，可见，他谈论的实际是指运动动体相对于背景参照物的运动方向。他用大写的介词作为语义成分来表示[路径]单位表达的[矢量]，并分析了 11 个英语例子(Talmy 2000b: 53-54)。按照他的分析，一个运动事件可以由好几个矢量语义构成，如"from under the bed"。另外他还认为有必要进一步将 To 和 From 分为离散概念的位置变化的 To 和 From，以及沿着线性路线运动过程中的 To 和 From(Talmy 2000b: 138)例如：

a. A point MOVE AWAY-FROM a point for a bounded extent of time.
一个物点离开另一个物点运动了一段有界的时间。例如：

1) The ball rolled away from the lamp for 10 seconds.
小球离开台灯向外滚了 10 秒钟。

b. A point MOVE FROM a point, at a point of time.
在某个时间点一个物点从某个物点出发。例如：

---

① 韩大伟(2007)增加了其他的语义特征[方向]、[维度]，但是他的分类可以被认为只是细化泰尔米所提出的[矢量]、[同构]概念，并没有提出新的观点。

2）The napkin blew off the bed/out of the box at exactly 3:05.

餐巾纸在 3:05 分的时候被吹落床下／吹出了盒子。

c. A Point MOVE ALENGTH a bounded extent, in a bounded extent of time.

在一段有界时间内，一个物点运动通过了一个有界的距离。例如：

3）The ball rolled across the rug/through the tube in 10 seconds.

小球 10 秒后滚过了毯子／穿过了管子。

d. A point MOVE ALONG an bounded extent, for a bounded extent of time.

一个物点沿着一个有界的空间运动了一段有界的时间。例如：

4）The ball rolled down the slope/along the ledge/around the tree for 10 seconds.

小球沿着斜坡向下滚了 10 秒钟／沿着斜坡滚了 10 秒钟／绕着树滚了 10 秒钟。

（Talmy 2000b: 54）

同构：[同构]表示运动物体在运动空间通过的维度特征，即[路径]空间结构是一维、二维还是三维的。例如动体是通过点、线、面还是立体空间。各种语言对于空间同构特征的词汇化表征各不相同。例如韩语中在表空间同构意义时区别"LOOSE FIT"和"TIGHT FIT"，而欧洲语言则不区分这个松紧特征（Choi & Bowerman 1991: 86）。

指示：泰尔米认为[指示]只是一种特别的方向同构和背景，而不是一个独立的语义因子，因为指示在各语言当中都重复出现十分重要，所以才专门提出讨论。他将指示成分看作与［路径］紧密相关的成分。［指示］是在交流信息的语言表达和理解场合出现的，表示语言系统内表达相对说话人和听话人位置关系的主观认知概念，并不是运动事件本身的内在组成部分。可以说，指示成分是语言表达当中的一部分，而不是真实世界中运动事件的客观组成部分。［指示］通常只有两个成员概念："指向说话者"或者"背离说话者"。

从研究目的来说，泰尔米所讨论的［路径］概念结构特征［矢量］、［同构］、［指示］主要是为了讨论动词和卫星成分词化模式类型。他并没有对这些［路径］概念结构特征的句法建构作用进行深入讨论。

为了分析句子结构反映的概念事件语义结构，杰肯道夫（Jackendoff 1983, 1990）提出各类概念事件语句的结构语义配置中存在一些通用基本概念，主要包括事物［Thing］、事件［Event］、状态［State］、行动［Action］、地点［Place］、路径［Path］、属性［Property］、数量［Amount］。他认为不论是分析词汇（lexical entries）语义、谓词论元结构，还是分析语句结构，都可以运用这些基本概念成员进行讨论，各词汇和语法成分之间的句法组织关系都可以按照概念语义结构来分析。例如下面句子的概念结构可以分析成由这些概念语义成员构成的概念事件表达式：

5) Bill entered the room without smiling.

比尔板着脸进了房间。

$$\begin{bmatrix} \text{GO ([BILL], [TO[IN[ROOM]]])} \\ \text{[WITH [NOT SMILE([BILL])]]} \end{bmatrix}$$

（Jackendoff 1990: 98）

6) Bill gave Harold $5 for mowing the lawn.
比尔给了哈罗德五美元因为哈罗得修剪了草地。

$$\begin{bmatrix} \text{CAUSE}([\text{BILL}],[\text{GO}([\$5],[\text{TO}[\text{HAROLD}]])]) \\ [\text{EXCH}[\text{MOW}[\text{HAROLD}],[\text{LAWN}])]] \end{bmatrix}$$

（Jackendoff 1990: 99）

杰肯道夫将[路径]概念进一步区分出概念语义特征以便于对句子进行概念语义结构的分析。他提出[路径]概念可以分析为：[TO]、[FROM]、[TOWARD]、[AWAY FROM]、[VIA]（Jackendoff 1990: 43）。其中[TO]、[FROM]表示起点和终点，[VIA]表示路途（route）。[TOWARD]和[AWAY FROM]不包括起点和终点，只表示过程方向。他认为空间[路径]概念语义除了可以用于分析各种运动事件语句之外，还可以广泛用于各种非空间事件语句的结构分析中。例如：

7) a. Sam built a house out of bricks.
山姆用砖头建了一栋房子。
[CAUSE([SAM],GO$_{\text{Comp+}}$([HOUSE],[FROM[BRICKS]])])]

b. Sam broke the bowl into pieces.
山姆把碗打成了碎片。
[CAUSE([SAM], GO$_{\text{Comp+}}$([BOWL],[TO[PIECES]])])]

（Jackendoff 1990: 121）

杰肯道夫的研究试图建立一个各种概念事件框架构成的有限成员概念系统，并通过这个有限概念成员系统来分析无限可能语句的概念语义结构组织情况。他认为通过这个系统可以将词汇、短语和句子的概念结构语义分析统一起来。可以说，这是一种从概念结构语义角度对句子建构组织关系进行的研究。由于杰肯道夫的研究目的是对各种语句进行统一的概念结构语义分析描写，因此他并没有专门关注［路径］词汇单位内部概念结构特征的句法-语义建构功能。虽然他将介词分为起点介词、终点介词和路途介词，但是他并没有讨论介词之外其他可能表达［路径］的概念的语言单位与介词之间的相互作用关系。

(二)［路径］概念经典认知图式

莱考夫(Lakoff 2000: 37)提出了人们认知［路径］概念的经典图式：起点-中途-终点图式(如图3-1)。他认为人们认知的运动包括以下成分：运动动体、起点或者起始地、终点或者目的地、动体计划到达的目的地、从起点到终点的经过的路途、运动的实际路径、动体在某个时间点所处的位置、动体实际到达的位置(可能是目的地，也可能不是目的地)。此外，运动图式还可以包括：运动的速度、运动中的障碍、动体留下的痕迹、致使动体发生运动的动力/原因、其他的动体。莱考夫认为语言对运动事件的描述离不开对这些主要概念成分的表征。

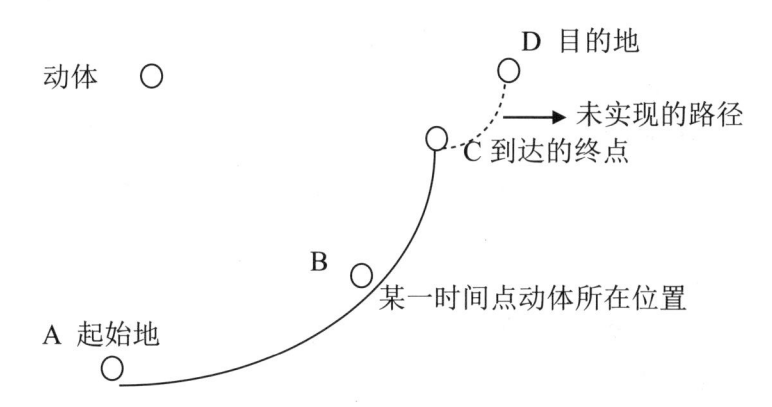

图3-1 起点-路径-终点图式(Lakoff 2000: 37 Figure 2.2)

说明：
图中圆圈代表动体，曲线代表路径；A为运动路径起始地；B为运动动体在运动过程中的某个时间点所处的位置；C为实际到达归着地；D为运动的目的地；C到D是尚未实现的路径。

莱考夫提出的这个认知图示基本上反映了人们认知一般运动事件的各个要素。他提出这个认知图式的目的主要是讨论隐转喻的机制以及人类思维的体验性特征，也是为了说明人类空间概念认知系统对数学运算系统的影响。

三、[路径]的构形特征：空间界态

从已有的研究来看，运动路径认知图式中，运动的起点、终点、中间路途、目的地被认为是重要结构特征。如果将"起点"、"终点"、"中间障碍"都看作一种空间边界，那么"运动路径"可以看作动体在空间中运动时，与不同边界之间的动态关系。不论动体和背景的空间维度构成如何，不论路径形状如何，也不论是动体在何种介质中运动，在理想认知模型中，路径概念的构形特征总是可以看作与"空间边界"有关的。也就是说，运动空间是否具有边界是"路径"概念的重要构形特征。

本书提出的观点是：[路径]概念构形特征主要是运动空间边界关系特征。这个特征就是"空间界态"特征。根据这个构形特征可以将"路径"概念分为"有界路径"和"无界路径"两类，也可以进一步区分有界路径中与起点边界、终点边界和中间边界相关的不同情况，语言通过不同的语法、词汇以及组合或者次序手段来反映路径概念表达的有界和无界区别。

本书所关注的运动空间"边界关系"是指运动事件当中动体在运动过程当中与某个边界的关系，边界包括起点边界、终点边界、途中经过的边界等，是人们认知概念化的"边界"，并非实体的"河边"或者"终点线"。为了对[路径]构形特征进行更形象的表达，首先对[路径]的认知意象图式进行分析（图3-2）。

根据这些边界划分路径情景，将运动事件分析为有界路径和无界路径（包括零路径）两种类型。本书尝试建立简单运动事件中有界和

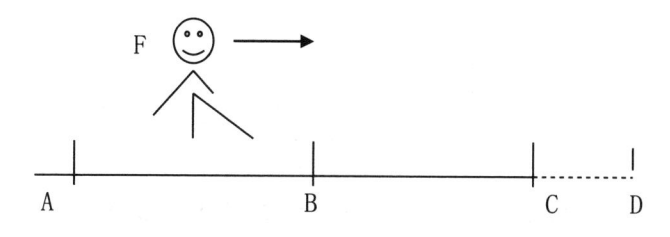

图 3-2　运动路径的边界图式

说明：
A 为起始边界，B 为中间边界，C 为实际到达边界，D 为目的地边界。

无界[路径]边界关系的认知图式如下。

（1）空间有界类路径

空间有界类路径概念主要是[动体]与[背景]之间的联系可以看作动体与运动"起点"、"终点"、"中间边界"等边界的关系。运动情景可以描写成边界变化。包括"从某个边界出发、边界到达、向某个边界移动、跨越某个边界"。

A. 到达某个边界类：

例如：运动员到达终点。

动体以一定方式运动到达某个边界陆标后，实现了它的运动路径。运动员的起跑、跑的过程和姿势都被忽略，也就是，人们关注的是"到达终点边界"，起点和过程均不关注。如图3-3。

图 3-3　有界路径——到达某个边界类

B. 从某个边界出发类：

例如：从河里捞出一条鱼；一群羊从羊圈里被放出来吃草。

动体从出发点边界向某个方向移动，终点不能确定。如图3-4。

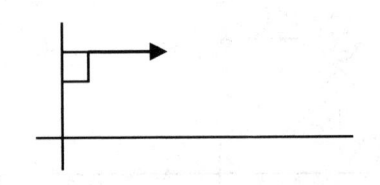

图 3-4　有界路径——从某个边界出发类

C. 跨越相对边界类：

例如：跨越栏杆；经过咖啡屋；一个人走进／出公园；客车开过大桥。

运动动体在运动当中经过某个边界，起点和终点不明确。如图 3-5。

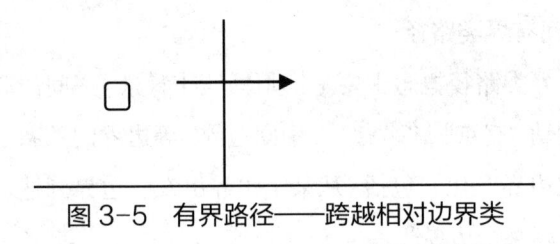

图 3-5　有界路径——跨越相对边界类

（2）空间无界路径：

空间无界路径有两种，一类是指动体线性运动过程中，没有涉及与离开起点、到达终点、跨越障碍物的情况，也就是说，没有"中间边界"、"起点"和"终点"。还有一类是指动体没有发生线性运动或者没有线性位移变化，比如自体旋转运动和原地往复运动。

A. 向目的边界移动类：

例如：一只鸭子游向岸边。

运动动体在运动中不断向目的地的移动，但是没有到达，起点不能确定。如图 3-6。

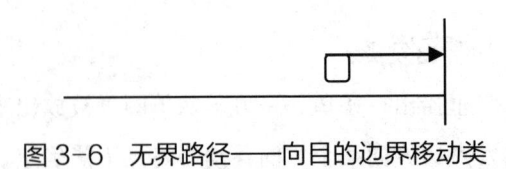

图 3-6　无界路径——向目的边界移动类

B. 空间无边界变化类：

例如：运动员在跑道上奔跑；一辆车在高速公路上行驶；风筝在天上飞；小河在山间蜿蜒流淌。

动体的运动起点和终点均不明确，运动中也没有障碍物边界。如图3-7，以及图3-8中的A、B。

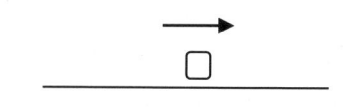

图 3-7　无界路径——无边界变化类

这里要说明的是一种特殊的位移运动情况——零位移运动。这种零位移的情况主要是指动体的运动不能描述为在水平或者垂直维度线性位移，也即没有发生位置变化，可以分为零位移运动和相对静止两种情况。一是非线性零位移运动，往复运动、旋转运动，总是回到位移原点，如一只皮球来回弹跳，一只风车不停旋转。二是零位移静止，即没有发生任何运动位移，如一只猫咪蹲在椅子上，一幅题字挂在墙上。如图3-8。

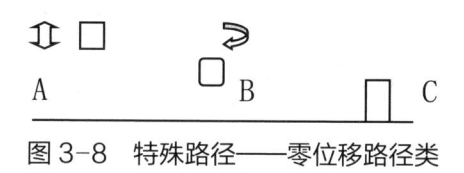

图 3-8　特殊路径——零位移路径类

零位移运动是指物体进行"往复运动"或者"旋转运动"，因此线性位移为零。由于动体在运动过程中没有边界变化，因此这类运动的[路径]可以划归为无界路径类别。

零位移静止的情况则是指物体不发生运动而是以某种方式存在于某处。按照唯物主义的哲学观点，一切事物的运动都是绝对的，静止是相对的。物体的相对静止状态可以划分为至少两种类别。一种是物体自身的惯常状态,例如,枝头结着累累硕果。"果子"以静止状态存在的原因是自身惯常状态。另一种相对静止状态是物体被某个外力作用而运动到某处并停止于某处,例如,墙上挂着一幅织锦。"织锦"静止存在于"墙上"的原因是由于"人为挂到墙上",并非自主或者自发运动。由于相对静止零位移情况下,物体停留在某个处所,因此这两种零位移静止状况都可以归入特殊的终点有界路径。

从上面的图式分析中,我们可以初步将各种构形特征的位移路径概念分为有界和无界两类。按照"空间边界关系"特征对[路径]概念的分类如表3-1。

除了上述运动概念之外,还需要提一下非线性运动的问题。人们认知的运动有很多种类,其中包括非直线运动、一组事物改变原来聚合形式的运动、一个事物改变自身形状或者姿态的运动,等等。

事物改变自身物理形态或者聚合方式的运动与本书关注的"位移"运动事件类型是不同的空间运动概念。前者主要是"状态"变化,后者主要是"位置"变化。物体的形状、姿态和聚合形式改变都是以物

表 3-1 [路径]概念的有界与无界分类

运动空间有边界路径			运动空间无边界路径		
离开起点边界	到达终点边界/被移动到某个终点边界停留	跨越边界	向边界运动	运动中无边界	往复运动
从河里捞出一条鱼	运动员到达终点;一只猫咪蹲在椅子上;画儿挂在墙上	跨越栏杆;经过咖啡屋	一只鸭子游向岸边	运动员在跑道上奔跑	一只风车不停旋转;乒乓球在桌上弹来弹去

体自身原来的状态为参照的，主要反映空间事物存在的特征，而不是反映"位移"这一涉及动体和背景参照物之间空间关系的概念。例如：

8） a. 把满地的叶子聚拢成一堆。（状态变化，以叶子自身参照）
　　 b. 把叶子扫到簸箕里。（位置变化，相对于背景簸箕为参照）

表示物体形状、聚合和姿态变化的运动事件类别具有独特性，因此需要单独研究。对于一组事物改变原来聚合形式的运动，由于只是自体发生边界变化，不涉及另外的参照物，不属于本书的讨论范围。本书仅以发生空间位置变化的位移运动为主，涉及动体和动体自身以外的参照物之间的动态空间关系。

本节小结

本节在语言习得、心理语言学和认知语言学已有研究的基础上，对"路径"概念的内部结构和认知图式进行分析，研究表明："路径"概念具有内部结构特征，"空间边界界态"的构形特征是区别各种路径概念的重要特征。尽管"路径"概念是多种多样的，但是它们的"界态"构形结构都可以看作与"空间边界"有关。例如离开某个边界（起点）、到达某个边界（终点）、接近某个边界但没有到达（目的地）、跨越中间边界、无边界变化、零位移，等等。因为"界态"只分为"有界"和"无界"（Talmy 2000），所以我们可以根据动体在空间运动时与背景空间的边界关系，即路径概念结构的界态特征将运动事件分为"有界路径"和"无界路径"两种类型。

由于认知概念结构特征投射在语言单位的语义特征中，因此各类表达［路径］概念语义的词汇化单位不论表达的具体概念内容如何，都只体现两种概念结构［界态］特征，即有界和无界。例如"enter"、"arrive"、"进／入"、"到"等英汉词汇都表示不同的［路径］概念内容语义，但是从概念结构特征来说，它们都表达"有界路径"概念。这样一来，英语介副词和汉语趋向补语，以及其他［路径］词汇和结构都可以按照［空间界态］语义特征简洁明了地划分出"有界"和"无界"的类别。

下一节将从英汉运动事件表达句中概念语义的结构配置入手，分析［路径］概念语义在英语和汉语中词汇和构式单位的分布情况，然后再分析词化表达［路径］概念的语言单位表达的空间边界关系的有界和无界特征，并尝试按照"界态"语义对这些语言结构单位进行分类。在分类的基础上，本书再着手对概念结构"界态"语义特征对运动事件表达式中词汇、句式匹配限制和语法构建特点进行讨论。

由于词汇语义特征在具体的语言环境中与其他语言单位组合的过程中得到体现，因此需要在句子层面考察路径词汇化单位的句法行为和语义识解，下一节将通过英语 BNC、现代汉语 CCL，以及自建双语平行语料库对［路径］词汇的在句子层面的分布情况进行分析。

第二节
英汉运动事件语义配置与［路径］词化单位分布

任何一个语句都是为了表达某个概念而构建的。语言表达式中的语义配置成分的组合情况反映概念的内容和结构。泰尔米（Talmy 2000b）认为运动事件概念框架中主要包括以下几个事件要素：［动体］、［运动］、［路径］、［背景］。他通过跨语言的比较认为，各种语言都普遍表达这些概念，只是由于各种语言使用者不同的民族文化观察视角、注意力传统以及语言系统的差异，会出现概念词化模式的差异，以及句子建构中语言单位组合方式和组织次序上的差异。本节从内省和语料库实例角度讨论英汉运动事件表达句中的概念语义结构配置的异同，着重关注［路径］概念中有界和无界类别语言单位的分布情况，同时为下一节讨论［路径］单位的概念结构语义特征打下基础。

一、英汉运动事件概念语义配置结构

泰尔米（Talmy 1985, 2000a, 2000b）通过跨语言分析，认为运动事件概念结构对应于英语语言单位的构成情况是：［动体］由名词（短语）（N/NP）或者代词（Pronoun）表达，［运动］由动词（短语）（V/VP）表达，［路径］由动词（V）、介副词（Preposition/Particle）和副词性结构（Adverbial）表达，［背景］由名词（短语）（N/NP）表达。英语运动事件的表达在句子层面主要有以下语义配置结构。

```
a.           A soldier    walked       in           the garden.
  词类范畴：  NP           V            PP/Pt        NP
  事件概念：  ［动体］     ［运动］     ［路径］     ［背景］

b.           A soldier    entered      the house.
  词类范畴：  NP           V            NP
  事件概念：  ［动体］     ［运动+路径］              ［背景］

c.           He           laughed his way    into         the hall.
  词类范畴：  NP           VP                 PP           NP
  事件概念：  ［动体］     ［方式+运动+路径］ ［路径］     ［背景］

d.           The hunter   ran          through      the forest    for two hours./in two hours.
  词类范畴：  NP           V            PP           NP            Temporal
  事件概念：  ［动体］     ［运动］     ［路径］     ［背景］      ［时间状语］

e.           Out          walked       an old lady.
  词类范畴：  PP/Pt        V            NP
  事件概念：  ［路径］     ［运动］     ［动体］
               From         the cave     out          jumped        a monkey.
               ［路径］     ［背景］     ［路径］     ［运动］      ［动体］
```

如果按照表达的运动路径概念在空间边界构形特征是有界还是无界来考察，就可以发现英语对有界和无界路径运动事件的表达在语义结构配置上没有什么的区别。尽管［路径］概念语义可以由各种形式的单位来表达，但是在英语表达句中通常都是由动词或者动词卫星成分来表达的。除了在倒装句中［路径］成分一定要位于句首之外，其他情况下［路径］成分总是位于动词之后。

与英语相比，汉语运动事件表达式的概念语义配置结构似乎比较灵活。汉语运动事件表达中，［动体］由名词短语（NP）表达，［运动］由动词短语（VP）表达，［背景］由名词短语（NP）表达，但是［路径］概念的表达似乎比较复杂，不但有动词之后的趋向补语动趋词成分（Direction Complement），还有介词结构（Preposition）和方位词，有的时候多个词汇成分要共同作用才能表达一个［路径］概念语义。如果对有界运动事件的表达语句进行分析，就可以发现汉语运动表达句至少有下面几种概念语义配置结构。

a.　　　　　一个女孩子　从房间里　　　走　了　出来。
词类范畴：　名词短语　　介词结构　　　动词　　　趋向补语
事件概念：　［动体］　　［路径＋背景］　［运动］　　［路径］

b.　　　　　一个女孩子　慢慢　　走　　出　了　房间。
词类范畴：　名词短语　　副词　　动词　　趋向补语　　名词
事件概念：　［动体］　　［方式］　［运动］　［路径］　　［背景］

c.　　　　　他　　　到　　　　　屋里　　　去　了。
词类范畴：　代词　　路径动词　　　方位词　　趋向动词
事件概念：　［动体］　［运动＋路径］　［背景］　　［路径］

d.　　　　　他　　　走　　到　了　女孩面前。
词类范畴：　代词　　动词　　趋向补语　　方位词
事件概念：　［动体］　［运动］　　［路径］　　　［背景］

e. 　　　　　我　　常常　　经过　　　那间咖啡屋。
词类范畴：　代词　　　动词　　　　名词短语
事件概念：　[动体]　　[运动+路径]　[背景]

f. 　　　　　海上　　升　　　起　　了　　一轮明月。
　　　　　　风中　　传　　　来　　了　　他的声音。
词类范畴：方位词　　路径动词　　趋向补语　　名词短语
事件概念：[背景]　[运动+路径]　[路径]　　　[动体]

g. 　　　　　墙上　　挂着　　一幅画。
词类范畴：方位词　　动词　　名词
事件概念：[背景]　　[运动]　[动体]

上面的例子表达的运动事件概念体现动体与空间背景边界的关系，如动体与起点、终点、中间边界之间的关系。[路径]概念多通过"动词+趋向补语"来表达，同时[运动]动词总是在[路径]表达之前，或者动词本身也可能具有[路径]含义。泰尔米（Talmy 2000a, 2000b）认为汉语和英语一样都属于主要由动词外围成分来表达[路径]概念的卫星框架型语言。但是泰尔米仅仅讨论了汉语[路径]动词和趋向补语与英语[路径]动词和介副词中词化对应情况，他并没有深入讨论汉语在句子层面[路径]词化单位的分布情况。例如，他没有指出汉语介词短语和方位词也参与构成[路径]概念。例如a中"一个女孩子从房间里走了出来。"句子中的"从房间里"和"出来"，c中的"到……里"、"去"共同构成[运动]、[路径]概念语义。

汉语所表达的无界路径运动事件概念语义结构构成主要有以下一些情况：

a. 　　　　　老鹰　　　在天空中　　　盘旋。
　　词类范畴：　名词　　　介词结构　　　动词
　　事件概念：　[动体]　　[路径+背景]　　[运动+路径]

b.　　　　　蒲公英　　　　　飞舞　　　　　在阳光里。
　　　　　　我们　　　　　　走　　　　　　在大路上。
　　词类范畴：名词／代词　　动词　　　　　介词结构
　　事件概念：［动体］　　　［运动］　　　［路径＋背景］

c.　　　　　孩子们　　　　　纷纷　　　　　跑　　　　　向老师。
　　词类范畴：名词／代词　　副词　　　　　动词　　　　介词结构
　　事件概念：［动体］　　　［方式］　　　［运动］　　［路径＋背景］

d.　　　　　孩子们　　　　　纷纷　　　　　向老师　　　跑　　去。
　　词类范畴：名词　　　　　副词　　　　　介词结构　　动词　指示词
　　事件概念：［动体］　　　［方式］　　　［路径＋背景］［运动］［路径］

e.　　　　　海　上　　　　　漂荡着　　　　白色的帆船。
　　词类范畴：名词＋方位词　动词　　　　　名词短语
　　事件概念：［背景］　　　［运动＋路径］［动体］

这些例子说明，汉语表达无界路径运动事件概念语义时，其中的［路径］概念语义主要是由"介词＋处所名词＋方位词"来表达的，动词本身一般也不带空间边界语义特征。

二、基于英汉双语平行语料库的验证

由于泰尔米对英语和汉语运动事件语义配置结构的讨论主要建立在内省基础之上，没有通过语料库进行验证，对汉语的分析也不够详细，因此，为了得出比较客观的比较结论，本书对自建英汉双语平行语料库《哈利·波特与火焰杯》中英对照版中的运动事件表达句进行了考察。这个小型自建语料库有2306个英语运动事件表达句和2306个汉语对应语句。以英语原著中英语路径动词和介副词出现为对象选出的自主自发运动事件和致使运动事件表达句，再以汉语版本中的对应语句进行对照。为了区别有界路径中的起点、中间边界和终点边界情况，同时也方便对英汉运动事件表达中注意力视窗情况进行研究，本书采取"source（起点）、goal（终点）、boundary crossing（中间边界）和 route（无界路途）"四个标签来对空间运动事件语句中的路径概念进行简单标注。其中"source（起点）、goal（终点）、boundary crossing（中间边界）"表示空间有界路径，"route（无界路途）"表示空间无界路径。

1) He was watching, as it fluttered <u>across</u> the room, <u>into</u> a chair with its back to him.

             Boundary crossing, goal

 他看着它飞过屋子，飞到一把背对着他的椅子里面。

2) Hagrid growled, as they strode <u>past</u> the lake. Boundary crossing

 他们大步走过小湖时，海格气呼呼地说。

3) Hagrid emerged <u>from</u> the back of his cabin.   Source

 海格从他的小屋后面回来了。

4) The maid had run screaming <u>down</u> the hill <u>into</u> the village.

               Route, Goal

 女仆一路尖叫着奔下山坡，跑进村里。

5) Frank could be seen pottering <u>around</u> the flowerbeds in fine weather.

                 Route

 天气好的时候，人们仍然能看到他在花圃里磨磨蹭蹭地干活。

6) and he <u>groped his way towards</u> it.   Route

 他摸索着走过去。

在进行标注的过程中，笔者发现很多介副词出现在非空间位移运动事件表达句中，对这些情况笔者也进行了标注。"change of pose"表达姿态的变化，如 sat down、got up；"change of state"表示状态变化，如身体部位致使某物发生空间位置变化或者性状变化，如 picked up;"fictive"表示假想运动事件,如 The road runs across the field;"metaphor"表示非空间隐喻意义,如 sank into deep thoughts。例如:

7) He pulled <u>out</u> the scarlet Chinese Fireball.

Change of state

8) Malfoy bent <u>forwards</u> to speak to Krum.

Change of pose

9) …, the Ministry was <u>plunged into</u> fresh embarrassment yesterday.

Metaphor

10) …, a silver stepladder <u>led to</u> a circular trap door.

Fictive

根据标注,本书对2306个英语和汉语自主自发运动事件和致使运动事件的表达句进行了分类,尽管人工标注难免有误差,但是基本上能够反映英语运动事件表达概念语义配置结构和路径概念表达情况。研究表明,2306个英汉运动事件表达语句的类型分布情况见表3-2。

基于语料库的考察表明,有界路径无界路径运动事件表达呈现出不对称的情况。

这些数据说明,在2306个运动事件表达句中,有界路径事件语句所体现的路径窗口化(path windowing)以末端窗口化最多,即终点边界表达得最多,一共有818个句子表达到达终点目的地。路径中端省略得最多,表达中间边界的只有113句。如果将指示路径表达作为相对有界路径事件的话,那么表示有界路径事件语句有1290句。无界路径事件语句有475句,都表示动体在某个空间发生的无边界变化运动或者零位移运动,如往复运动、非线性运动或者没有边界变化

表 3-2 《哈利·波特与火焰杯》中英对照版 2306 个英汉运动事件 [路径] 表达句的不同类别

表达句	source (起点)	boundary crossing (中间边界)	goal (终点)	route (无界路途)	deictic (指示)	vision path/ fictive path (假想与视觉路径)	metaphor (非空间隐喻)	change of pose/state (姿态变化或者状态变化)	others (状态、姿态)	总例句
数量	211	113	818	475	148	44 + 34	113	316	34	2306
占比	9.15%	4.90%	35.47%	20.60%	6.42%	3.38%	4.90%	13.70%	1.48%	100%

的运动。总的说来，这个双语平行语料库中"有界路径"句是"无界路径"句的近3倍。数据说明，"实际到达终点目的地"或者"潜在终点目的地"对于英汉语言使用者来说都是比较显著的运动路径概念。除了表示实际到达目的地 goal 标注的句子有 818 句之外，在以 route 为标注的 475 个无界运动事件表达句中，还有 96 个语句通过介副词"towards、for、to"表示"朝／往／向……（移动）"潜在终点目的地。可见,[终点]路径概念的表达在绝对数量上远远大于其他类别的路径概念事件表达。这个结论与儿童语言习得和神经心理语言学的实验研究得出的终点边界显著性结论相符合。

通过对这个双语平行语料库的分析，可以看出运动事件概念语义在英语和汉语句子层面的语言结构单位配置情况。为了使英语和汉语运动事件的概念语义配置结构更加明晰，本书将所观察到情况列出如表3-3。

研究表明，英语运动事件概念语义结构配置情况的特点是有界和无界路径事件表达结构一致，都采用"动词＋介副词＋处所名词"语义配置结构。有界路径事件表达中，起点／中间／终点边界路径概念的语义配置结构也没有什么不同。英语概念语义配置结构主要有两种：

A. 动体名词＋路径动词（＋介副词）（＋处所名词）

11）The tip of a wand emerged from the depth of the chair.
一根魔杖的一头从椅子深处露了出来。

B. 动体名词＋非路径动词＋介副词（＋处所名词）

12）He was riding on the back of an eagle owl, soaring through the clear blue sky towards an old, ivy house.

他骑在一只猫头鹰的背上，在蔚蓝明亮的天空中飞翔，一直飞到山上，一座爬满长春藤的老房子面前。①

不论是表达有界路径还是无界路径概念，英语［路径］成分一般都位于［运动］成分之后。［路径］词汇化单位主要表现为［路径］动词和介副词。英语很多介副词可以表示多个路径概念含义，在具体句子内语境中通过词汇语义的动态识解来区别。例如：

13）They walked through the wood for twenty minutes, ...
他们在森林里穿行了20分钟，……

14）... said hermione, as they walked through a door concealed behind a tapestry.
赫敏说着，和他们一起穿过挂毯后藏的一扇门。

汉语运动事件概念语义结构配置情况比英语复杂，有界和无界路径运动事件的配置结构各不相同。有界路径运动事件的表达中起点与中间边界路径的表达与终点边界路径的表达结构也有所差异。汉语运动事件表达中有界路径和无界路径概念的区别对立体现在词汇化单位的形式和句法建构的语序上。有界路径成分对应于词类结构，主要是路径动词和趋向补语。无界路径成分主要对应于介词结构、路径构式和方位词，汉语方位词主要有：上、下、里、外、内、面、中、旁、边、左、右、东、西、南、北、后、前。以下是汉语运动事件语义配置结构类型。

---

① 这是马爱新所翻译的《哈利·波特与火焰杯》中的原文，为了忠实于语料，笔者没有对译文进行改动。但是这个译文实际上与英文原文有些不符，towards 表示"朝"或者"向"，不表示到达。笔者将英语原文的翻译如下：他骑在一只猫头鹰的背上飞翔，穿过蔚蓝明亮的天空，朝一座爬满长春藤的老房子飞去。

表3-3 英汉有界和无界路径运动事件表达句的语义配置结构

路径类型	英语运动事件概念语义配置结构	汉语运动事件概念语义配置结构
起点边界	1. 动体名词+起点路径动词（如 depart/leave）+处所名词 NPM + PV + NPL They left the campsite as quickly as possible. 2. 动体名词+非路径动词+from/out of +处所名词 NPM + V + PP/PPt + NPL Harry, Ron, Hermione and Neville jumped down from their carriage.	1. 动体名词+起点路径动词+处所名词+方位词 NPM + PV + NPL + L 他们赶紧离开营地。 2. 动体名词+从+处所名词+方位词+非路径动词+趋向补语（出来／出去／下来／来等） NPM + PP + NPL + L + V + DC 哈利、罗恩、赫敏和纳威他们从马车上跳下来。
中间边界	1. 动体名词+中间路径动词 cross/pass +处所名词 NPM + PV + NPL Hedwig flew inside, soared across the room and landed on the table on the top of Harry's predictions. 2. 动体名词+非路径动词+across/through/past/over +处所名词 NPM + V + PP/PPt + NPL He slipped past her with a whispered thanks and set off through the castle.	1. 动体名词+非路径动词+趋向补语（飞过／经过／越过／跑过）+处所名词 NPM + V + DC + NPL + L 海德薇飞了进来，掠过房间，落在桌上哈利的预言作业上。 2. 动体名词+从+处所名词+方位词（旁边）+非路径动词+趋向补语（过） NPM + PP + NPL + L + V + DC 哈利轻声说了句谢谢从她身边闪过，出发穿过城堡。

续表

路径类型	英语运动事件概念语义配置结构	汉语运动事件概念语义配置结构
终点边界	1. 动体名词+路径动词（+处所名词） NPM + PV（+ NPL） They had reached a large stone reindeer now. 2. 动体名词+动词+介副词（+处所名词）（+ NPL） NPM + V + PP/PPt （+ NPL） Professor Grubbly-Plank's voice carried over to the boys.	1. 动体名词+路径动词（+处所名词+方位词） NPM + PV（+ NPL + L） 弗雷德，回去。 2. 动体名词+动词+趋向补语（+处所名词+方位词） NPM + V（+ DC + NPL） 格拉普兰教授的声音传到男生们耳朵里。 3. 动体名词+路径动词+介词+名词短语+方位词 NPM + PV + PP + NPL + L 他们 来到了一个很大的石雕驯鹿旁边。
无界路径	1. 动体名词+无界路径动词+处所名词 NPM + PV + NPL It circles overhead like a vulture, ever lower over the castle. 2. 动体名词+非路径动词+介副词+处所名词 NPM + V + PP/PPt + NPL The ferret flew through the air.	1. 动体名词+介词+名词短语+（方位词）+无界路径动词／非路径动词 NPM + PP + NPL + L + V 它像一只兀鹰在城堡头顶上盘旋，越来越低。 2. 动体名词+介词+名词短语+方位词+（上／下／中／边）V 来 V 去／V 上 V 下／V 出 V 进 动体名词+介词+处所名词+非路径动词+一圈又一圈 NPM + PP + NPL + L + VAVB 小小的猫头鹰 在 哈利头顶上飞了一圈又一圈

说明：

NPM 表示动体名词短语（noun phrase of motion figure）；PV 表示路径动词（Path verb）；NPL 表示处所名词（noun phrase of location）；L 表示方位词（location）；DC 表示汉语趋向补语（directional complement）；PP 表示介词（preposition，如 into，从）；Pt 表示小品词（particle，如 away）；VAVB 表示 V 上 V 下、V 进 V 出。

1. 起点与中间边界概念表达式的语义结构配置一致，有三种配置结构：

A. 处所名词 + 动词 + 趋向补语 + 动体名词
15）嘴里 只 冒 出 一个很大的水泡。
B. 动体名词 + 从 + 处所名词（+ 方位词）+ 非路径动词 + 趋向补语
16）不时会有火来 从 它的尾部 喷 出来。
C. 动体名词 + 路径动词 + 处所名词
17）他 大步 穿过 房间，朝楼梯走去。

2. 终点边界路径表达的概念结构配置不同于起点和中间边界路径表达，有两种表达方式：

A. 动体名词 + 路径动词 + 趋向补语 + 处所名词 + 方所词
18）哈利 退 到 沙发 前。
动体名词 + 动词 + 趋向补语／（介词"在" + 处所名词 + 方位词）。
19）他 走 到 壁炉跟前，隔着壁板朝里面喊话。

其中，"趋向补语 + 处所名词／介词 + 处所名词"只能位于动词之后，介词结构不能提前。

3. 汉语无界路径表达式概念配置结构不同于有界路径运动事件。基本结构是：

A. 动体名词 + 介词 + 名词短语 +（方位词）+ 路径动词／非路径动词 +（来／去）
20）黑色的人影 在 森林 里 东跑西撞。
B. 动体名词 + 介词 + 名词短语 + 方位词 + V来V去／V上V下／V出V进
21）他 在 一片黑乎乎蒙眬眬的奇景 中 游来游去，（耳边一片寂静。）
C. 动体名词 + 介词 + 处所名词 + 方位词 + 非路径动词 + 一量词又一量词
22）小小的猫头鹰 在 哈利头顶 上 飞 了 一圈又一圈

无界［路径］概念表达一般先用介词将处所名词提前，用"介词 + 处所名词 + 方位词 + PV/V（来／去）/VAVB"的结构，表示［路径 +

背景],位于[运动]动词之前。

对语料库的数据分析表明,从句子层面[路径]概念的词化单位的分布情况来说,英汉自主自发路径表达中以"运动动词+路径成分(英语介副词/汉语趋向补语)+背景名词"的结构最为常见。但是,英语[路径]概念与[背景]概念分别由独立词类来表达,汉语[路径]概念和[背景]概念常以"介词+处所名词+方位词"的组合形式出现,不能完全区别为单一独立词汇。此外,如果动词不表达[路径]概念,则英语[路径]成分的位置必须位于动词之后。汉语[路径]成分的位置可以位于[运动]动词成分之前(如介词短语)。

语料库的数据还表明,在表达连续运动路径时,英语和汉语有语义结构配置上的不同。

本书对双语平行语料库中264个连续路径表达语句进行分析,发现英语表达连续运动路径时,可以通过同一动词连续与多个介副词匹配,其结构可以有三种,分别是:

a. 运动动词+介副词$_1$+背景名词+and+运动动词+介副词$_2$+背景名词。例如:

> 23) He slipped past her with a whispered thanks and set off through the castle.
> 哈利悄声说了句谢谢便从她身边闪过,出发穿过城堡。
> 24) Hedwig flew inside, soared across the room and landed on the table on top of harry's predictions.
> 海德薇飞了进来,掠过房间,落在桌上哈利的预言作业上。

b. 运动动词+介副词$_1$+背景名词+介副词$_2$+背景名词。例如:

> 25) The map flew up into the air, slipped through Snape's outstretched fingers, and soared down the stairs into Moody's hand.

地图嗖地蹿到空中,从斯内普张开的手指间滑过,接着飞下楼梯,落在穆迪手里。

26) He led harry, ron and hermione <u>through</u> the crowd and <u>back into</u> the campsite.

他领着哈利他们穿过人群进到营地。

c. 运动动词+介副词$_1$+介副词$_2$+背景名词。例如:

27) The maid had <u>run</u> screaming <u>down</u> the hill <u>into</u> the village.

女仆一路尖叫着<u>奔下</u>山坡,<u>跑进</u>村里。

a、b、c 这三种结构可能同时出现在一个连续运动路径中。例如:

28) Harry and Ron <u>edged out of</u> the kitchen and they <u>set off along</u> the narrow hallway <u>and up</u> the rickety staircases that <u>zigzaged through</u> the house <u>to</u> the upper storeys

哈利和罗恩小心翼翼地<u>侧身溜出</u>厨房,和赫敏、金妮一起,<u>穿过</u>狭窄的过道,<u>踏上</u>摇摇晃晃的楼梯。那楼梯<u>曲里拐弯</u>,<u>通向</u>上面的几个楼层。

汉语通常不用"动词+趋向补语$_1$+趋向补语$_2$+背景处所名词"或者"运动动词+趋向补语$_1$+背景名词+趋向补语$_2$+背景名词"表示连续路径的结构,而是要求每段路径的表达都要有各自的"动词+趋向补语+处所名词"结构。例如:

29) 海德薇飞了进来,掠过房间,落在桌上哈利的预言作业上。

30) 女仆一路尖叫着奔下山坡,跑进村里。

31) 地图嗖地蹿到空中,从斯内普张开的手指间滑过接着飞下楼梯,落在穆迪手里。

本书基于《哈利·波特与火焰杯》中英对照版双语平行语料库得出的结论是:在表达连续路径时,汉语倾向于在每个趋向补语前使用动词,英语通过一个动词接续多个连续介副词表达路径概念的区别,与邵志洪(2006)对《红楼梦》汉英双语平行语料库中得出的观察结果一致。

三、英汉[路径]词化模式比较

双语平行语料库表明,英语和汉语各种界态路径运动事件表达结构在对译时有如下的对应关系。

A. 英语无界路径表达句对应于汉语时,英语"动词+介副词路径成分+处所名词"对应于汉语的结构"介词(在/向/往/朝)+处所名词+方位词(上、里、边、下、中等)+动词短语"。例如:

32) Something was slithering towards him along the dark corridor floor.
   什么东西悉悉梭梭地滑过漆黑的走廊地板朝着他过来了。

33) It was hopping up and down in a small cage and twittering madly.
   它在一只小笼子里跳上跳下,唧唧喳喳叫个不停。

B. 英语有界路径表达句对应于汉语时,有好几种对应方式。

表示[终点路径]时,英语"动词+介副词路径成分+处所名词"仅对应于汉语的"动词+趋向补语/介词+处所名词+方位词"的结构。例如:

34) He approached the fireplace and called through the board.
他走到壁炉跟前，隔着壁板朝里面喊话。

35) Harry retreat to the sofa.
哈利退到沙发前。

36) His walking stick fell to the floor with a clatter.
拐杖啪嗒一声掉在地上。

37) He managed to make a fly zoom straight right into his hand.
他总算使一只苍蝇一头飞进了他的手心。

表示[起点路径]或者[中间边界路径]时，英语"动词+介副词路径成分+处所名词"可以对应于汉语中两种结构："动词+趋向补语+处所名词"或者"从+处所名词+方位词+动词+趋向补语"。例如：

38) The owl spread her enormous wings and soared out of the open window.
猫头鹰展开巨大的翅膀，发出轻轻的嗖嗖声，轻盈地飞出了敞开的窗口。

39) The heavy book soared out of Hermione's hand.
沉重的书本从赫敏的手中腾空而起。

总结英汉运动事件[路径]表达对译情况，列表并举例如表3-4。

这些对应情况表明，英语和汉语在表达有界和无界路径概念时在句子层面表现出很大的不同，这种不同主要表现在动词与动词外围[路径]成分在句子中的语序不同上。

首先，英语可以通过同一种"动词V+介副词PP/PPt+背景名词NPL"的语序来表达有界和无界路径概念，而汉语则需要通过不同语序来区分有界和无界路径概念表达。在汉语无界路径运动事件表达句中，路径概念主要通过"介词短语+动词"结构来表达。介词短语

表 3-4　英汉有界无界路径运动事件表达对译情况

路径类型与举例	英　语	汉　语
起点／中间边界路径	V + PP/Pt + NPL V + NPL	V + DC + NPL + L PP + NPL + L + V + DC
举例	She burst into tears, which <u>spilled out of</u> her brown eyes ... Every time he <u>passed</u> the ship on the lake ...	她开始放声大哭，眼泪从她那对棕色的大眼睛里滚<u>出来</u>。 每次哈利<u>走过</u>停在湖面的大船时……
终点边界路径	V + PP/Pt + NPL V + NPL	V + DC + NPL V + P + NPL + L
举例	We'll just <u>lead</u> them <u>in</u> there. When they <u>entered</u> the Gryffindor common room it exploded with cheers and yells again. Snow <u>was falling</u> thickly <u>upon</u> the castle and its grounds now.	我们把他们<u>领进去</u>。 当他们<u>走进</u>格兰芬多公共休息室时，里面又一次爆发出一片欢呼声。 大雪纷纷<u>飘落在</u>城堡和场地上。
无界路径	V + PP/Pt + NPL V + NPL	P + NPL + L + V VAVB
举例	It <u>circles overhead</u> like a vulture, ever lower over the castle. The ferret <u>flew through</u> the air.	它像一只兀鹫<u>在头顶上盘旋</u>，越来越低。 雪貂在空中飞着。

说明：
V 表示动词；PP 表示介词；Pt 表示小品词；NPL 表示背景处所名词；L 表示汉语方所词；DC 表示汉语趋向补语；VAVB 表示 V 上 V 下、V 进 V 出。

只能位于动词之前，而不能在动词之后；表示有界路径运动事件时，汉语当中主要通过"动词＋趋向补语＋介词短语"的结构来表达，这时介词短语和趋向补语一般都位于动词之后。

其次，在英语[有界路径]概念表达中，起点、中间边界、终点路径概念通过介副词来表示时，与动词匹配没有出现句子层面语序和分布方式的区别，都表现为"动词+介副词"的结构。而汉语则不然，起点／中间边界路径与终点边界路径的表达体现出介词短语与动词语序的差别。虽然趋向补语的位置都在动词之后，但是表达起点和中间边界路径时，介词短语在动词之前；表达终点路径概念时介词短语必须在动词之后。

四、英汉语［路径］词化多样分布

泰尔米（Talmy 2000b）认为，英语和汉语运动事件［路径］概念的表达主要由路径动词或者介副词小品词／趋向补语来词汇化表征，他没有考虑动词和介副词之外的其他可能形式。根据空间语义多样分布的理论，空间语义不仅仅由词类，如动词、介副词来表达，也可能由其他词类、短语、句式来表达，还可能由多种单位共同组合表达。因此，可以推断，作为运动空间关系的［路径］概念在语言中也必然以多种形式单位来表征。本书基于双语平行语料库对两种语言运动事件句子中概念语义配置结构进行分析，研究表明，英语和汉语中不仅仅由英汉自主自发和致使运动动词、英语介副词、汉语趋向补语来表达［路径］概念，还存在其他表达形式。［路径］概念可以通过词汇、短语和构式三个层次的多种语言单位来表达，也可以通过这些单位的组合来共同表达。下面对英汉［路径］概念的词化分布情况进行总结。

（一）英语［路径］概念的词化分布

在英语中，［路径］概念以词汇形式、短语形式或者以构式形式表达，至少有五种表达方式。

第一，［路径］由词汇形式来表达，包括至少三类。一是通过介词短语来表达；二是通过介副词来表达，或者也可以由多个介词短语和介副词共同表达；三是通过路径动词来表达，包括自主自发运动动词和致使运动动词。例如：

40) He stuffed the parchment <u>into</u> his pocket and dashed <u>out of</u> the kitchen again.（路径介词短语）
41) He drove <u>down</u> the road <u>to</u> school.（路径介副词）
42) The owls <u>circled</u> the tables.（路径动词）

第二，[路径]可以由短语构式来表达（如 all the way、up and down）。例如：

43) They <u>made their way</u> slowly through the rows, staring eagerly around.
44) The dot moved <u>round and round</u> the room.

第三，[路径]概念还可能由句子构式表达。例如：

45) They <u>flew the Pacific</u> yesterday.
46) They <u>ran five miles</u>.

尽管例45)、例46)中没有出现"across"这样表达[路径]的词化单位，但是人们能够理解出"飞越"这样的全程终点路径的含义，可见构式表达了[路径]语义。

对上述英语[路径]概念表达模式总结如表3-5。

（二）汉语[路径]概念的词化分布

汉语文字系统是音形义的结合体，与英语字母系统不同。汉字的部首并不像英语的词缀那样表达[路径]语义信息。汉语通过多种

表 3-5　英语［路径］概念的词汇化多样分布

词汇单位			词汇以上单位		
路径动词 自主自发 运动动词与致 使运动动词 come、enter、 rise、arrive、 put、evacuate	介副词： up、in、east、 down、into、 indoors	短语： in the direction of...； all the way/ one's way； up and down； in and out	距离路径 结构： 方式运动动 词+距离 短语，如 walked five miles、ran the length of	方式运动词+ 处所宾语，如 jump the fence、 sail the ocean、 双宾语构式： pass sb. sth. NP V one's way PP 构式： 如 cry one's way back	

方式表达［路径］概念语义，至少有三个层次的语言单位都可以表示［路径］概念——由字构成的词、词组或者短语结构，并且都可能表达［路径］信息。

第一，在词的层面，汉语有自主自发［路径］动词和致使［路径］动词、作趋向补语的动趋词、指示词"来／去"，这些词类单位都可以表示［路径］概念，如上、下、到、来、去、出、进等。例如：

47）金蛋滚<u>到</u>楼梯底部，<u>从挂毯下面</u>钻了<u>出去</u>。

48）我们要把你们带<u>到</u>她的办公室<u>去</u>。

第二，在短语层面，介词结构、方位词结构、副词结构以及一些动词短语如 V 上 V 下、V 来 V 去都可以表示［路径］，例如朝……（走）去；在……上，（跳）桌上；到处（跑）；飞来飞去等。例如：

49）哈利蹑手蹑脚地<u>往楼下</u>走。

50）穆迪那只带魔法的眼睛<u>在地图上</u>飕飕地<u>来回</u>扫动。

51) 我可不愿意脑袋上支棱着一个潜水望远镜走来走去。
52) 克鲁克山掉到地板上。

第三，在句子层面，有些构式含有[路径]意义，如存在句、动词+处所宾语、动词直接+距离。这些单位也可能相互组合，共同作用表达[路径]概念。例如：

53) 嘴里冒出了一个大气泡。
54) 他已经徒步行走了10公里。
55) 你应该把信件送给收件人。
56) 送他一匹马。

从汉语[路径]词化模式来看，除了[路径]动词、趋向补语与英语的[路径]动词和介副词十分相似之外，其他的词化形式就有很大的不同。英语主要由单一动词或者介副词表达[路径]概念，汉语常常通过多个不同词类词汇单位共同组合表达[路径]概念。例如：

57) ... as they struggled towards her through the snow.
他们深一脚浅一脚地在雪地里穿行，朝她走去。
"在……里"、"穿行"、"朝……去"共同表达[路径]概念。

58) The maid had run screaming down the hill into the village.
女仆一路尖叫着奔下山坡，跑进村里。
"一路……(奔)下"，"(跑)进……里"共同表达从起点到中间路途到终点的[路径]概念。

59) A heavy rock seemed to fall through Harry's chest into this stomach.
似乎有一块沉重的大石头从哈利的胸腔落进了胃里。
"从"、"落进"、"里"共同表达[路径]概念。

对汉语[路径]概念表达的多种形式列表总结如表3-6：

表3-6 汉语[路径]概念词汇化多样分布

词化单位				构式单位		
路径动词（包括自主自发动词和致使动词）		趋向补语动趋词		介词结构	V趋1V趋2 VN1N2	距离路径构式、其他路径构式
单字词：上、回、绑、捞、掏	二字词：盘旋、灌注	简单趋向补语动趋词：V来/进	复合趋向补语动趋词：V出去；V下去	介词短语+动词（+处所方位）：朝……V来/在……中穿行	V来 V去；V上 V下；例送他一匹马	数量名词短语/方式动词+处所宾语；例跑了五十里地、走水路

（三）英汉[指示路径]概念"来/去"的词化表达

"来/去"和其他路径成分不一样，因为它们是相对参照系下的指示[路径]词化单位（Levinson 2003, 2006）。"来/去"表达动体相对于说话者或者观察者运动的指示信息，不表达空间客观存在的物理路径信息。由于"来/去"与众不同，本节将它们单独讨论。从内省的角度来说，汉语表达指示信息的词化单位有：动词"来/去、回"，趋向补语"来/去"，方位词"这里（边、儿）/那里（边、儿）"，指示词"这/那"；英语中主要有动词"come/go"、副词here/there、hither/thither、home、back等；还有一些动词也表达指示信息，如bring/take、fetch、return等。本节将对英语和汉语运动事件表达中的参照系表达，特别是英汉"来/去"的分布对应情况进行探讨。

1. 内在参照系与相对参照系

莱文森（Levinson 2003: 53）认为世界上的语言都采取三种空间参照系方式，以参照物物体本身作为参照的内在参照系、以地球引力或者地平线作为参照物的绝对参照系、以观察者观察到的物体作为参照的相对参照系。前两种涉及动体和背景两个成分的关系,后一种则涉及观察者自己、运动动体以及背景物体三个成分的关系。例如:

He's in front of the house.　　[Intrinsic 内在参照系][1]
He's to the left of the house.　[Relative 相对参照系]
He's north of the house.　　　　[Absolute 绝对参照系]

(Levinson 2003: 40)

　　莱文森认为世界上的各种语言似乎都最多使用上述三种空间参照系系统,但是并非所有的语言都是用全部三种参照系。有些可能主要只是使用其中一种参照系,如绝对参照系或者内在参照系;有些则使用两种,如内在参照系+相对参照系或者内在参照系+绝对参照系;也有些语言使用三种参照系统。莱文森认为相对参照系是内在参照系的次级系统,因为一种语言当中如果有相对参照系表达成分就蕴含内在参照系。语言表达可能同时使用多种不同参照系的语义单位。莱文森的三分法也有一定局限性,即他所描述的参照系只是适用于在水平方向相对静止的方位关系。

　　兹拉特夫(Zlatev 2008: 329)将垂直方向也归纳入这个三分系统,提出了"视角中心"、"物体中心"和"地缘中心"三分参照系统。其中"视角中心"参照系统是包括参照物和观察者在内的相对参照系统,"物体中心"参照系统则总是具有背景陆标的参照系,"地缘中心"参照系统是不依赖于物体或者观察者角度的地理绝对参照系,相当于莱文森所说的绝对参照系。但是兹拉特夫的系统除了水平维度空间还包括垂直维度空间。兹拉特夫认为可以不需要分开讨论"指示性"这样

---

[1] 中文是笔者译的,用方括号括起,后同,不再标注。

表 3-7　双语平行语料库中英汉来去的绝对数量比较

对　象	来	去	come	go
总　数	592	449	167	208

的因素，指示性成分是视角系统的一部分。但是兹拉特夫的划分方法也有局限性。按照他的划分，则句子"The picture is above the sofa."所表达的参照信息可以说是以物体为参照物的，而不是以地理方位为参照物，因此他的分类容易让人感到困惑。

莱文森（Levinson 2003: 96）指出，虽然运动的方向可以不通过参照物进行描述，但是参照系仍然经常被运用到运动事件的描述当中。对于运动事件的参照系情况，他并没有进行详细的描述。本书仍然采用莱文森对相对静止方位关系的参照系划分系统，只是在运动事件框架中考察英语和汉语运动事件表达当中的参照系统表达情况，特别是相对参照系指示信息"来／去"的对应情况。

2. 英汉"来／去"的句子语义结构配置对应情况

本书以自建的双语平行语料库为搜索对象，查找在英语 2306 个例句中有多少个 come/go 的各种形式（包括 come、comes、came、coming；go、goes、went、gone、going）例子，同时在汉语 2306 个句子中查找"来／去"的数目，结果如表 3-7。

从绝对数量来看，汉语"来／去"的使用频率分别是英语"come/go"各种形式总和的 3.54 倍和 2.16 倍，可见汉语在进行运动事件表达时有对相对指示参照系描述的偏好。

英语可以同时使用相对和内在两种参照系，主要是以"come"或者"go"这两个指示性动词和其他动词以及表示内在参照系统的介副词来表示的，可以有"come/go doing sth."或者"come/go and do sth."两种情况。汉语使用者则有更多的选择，可以单独使用某一种参照系，也可以同时使用两种或者两种以上的参照系下的语义单位，如"向小李迎面走来"、"朝东面疾驰而去"、"从屋子里跑出来",其中"向、朝、从"都是表示相对参照物移动的方向,"外、里、进、出"表示内在参照系下的空间方位,"去/来"则表示相对参照系下的指示性成分。如果说,在英语叙述文体当中运动事件的表达以内在参照系的描述为主,那么在汉语当中相对参照系使用的频率则比较高。

粗略进行英汉对应的观察,可以发现英语运动事件表达句中可能并没有相对参照系的指示成分,但是平行汉语译文中却可能出现"来/去"这样的指示成分。例如:

60) I'm not supposed to come into your bathroom, am I?
我不应该进你那个盥洗室的,是不是?

61) A gurgling song was coming out of it.
金蛋里发出汩汩的歌声。

62) Olive Hornby came into the bathroom.
奥利夫走进盥洗室。

63) He <u>walked towards</u> the door and stopped halfway.
他朝门口走<u>去</u>,半路却停住了脚步。

一方面,尽管英语当中并没有出现相对于说话人或者观察者的指示信息,汉语译文中却加入,而且不能删除,因为如果没有"来/去"则不合语法习惯,结构上也不完整。另一方面,英语中的 came/went + 运动 Ving + 趋向介副词的结构对应于汉语的表达有时却没有译出"来/去"。例如:

64) Next moment Dudley <u>came flying into</u> the hall, looking terrified.
接着,达力一头<u>冲进</u>门厅,看上去吓坏了。

而 "came/went" 单独出现在倒装句中时对应的汉语译文还需要增加其他的运动方式动词。例如：

65）There came the chink of a bottle being put down upon some hard surface.
房间里传来一只瓶子被放在某个坚硬东西上的当啷声。

初步可以认为，汉语和英语运动事件在对译时由于各自描述参照系的偏好而出现非一一对应的情况。本书在双语平行语料库中查找过来、过去、上来、上去、下来、下去、回来、回去、出来、出去、进来、进去一共12个复合趋向补语出现的运动事件表达与英语原文的对应情况。见表3-8。

表3-8 汉语复合趋向补语与英语原文的对应情况

汉语复合趋向补语	英汉来去对应情况	英语原文动词结构形式
进去：31	31例不对应，占100%；0例对应，占0%	V + inside, V + in, entered, V in there
进来：32	22例不对应，占68.75%；10例对应，占21.25%	enter 后续无名词, through the hole、flew inside/in, 后无名词；fell in/into came in、come in、ome daring inside、bring in
出去：22	20例不对应；占90.91%；2例对应，占9.19%	going after, take out
出来：81	71例不对应，占87.65%；10例对应，占22.35%	emerge from, out of, from, protruding, fight one's way out of, spilt out, lead out, shot out, pushed out to …；came out of, out came, brought out, came from

续表

汉语复合趋向补语	英汉来去对应情况	英语原文动词结构形式
回来：21	11 例不对应，占 52.38%；10 例对应，占 47.62%	get back, back, retraced, emerge from the back, hold back, come back, returned
回去：17	12 例不对应，占 70.59%；5 例对应，占 29.41%	back to, retreat, crept back, go back, go back to bed
过去：41	35 例不对应，占 85.37%；6 例对应，占 14.63%	towards, to, rolled over, through, followed, passed, alongside; went to do, went and hanged, had gone over to, turned back to, went right though …
过来：57	39 例不对应，占 68.42%；18 例对应，占 31.58%	towards, around, pass, over to, through, across; came/come doing, come here, will be here, come and join, come to do
上去：20	18 例不对应，占 90%；2 例对应，占 10%	trudged up the field, walked up the … ; go down to, go back to
上来：9	6 例不对应，占 66.67%；3 例对应，占 33.33%	emerge from, from, come up to
下去：18	13 例不对应，占 72.22%；5 例对应，占 27.78%	knelt down, dive, dived in; go down, went down
下来：56	50 例不对应，占 89.29%；6 例对应，占 10.71%	stop, fell, down, sit down, and then copy down, write down; come next, come down

数据表明，被译为带有"来／去"的复合趋向补语的汉语译文所对应的英语原文至少有 55% 本身没有"come、go、here、there、take、bring"等相对参照系标记。也就是说，英语原文只是表达了内在参照系［路径］概念，而汉语译文则增加了英语原文中不存在的相对指示参照系［路径］信息。比较英汉在描写运动事件时参照系信息的表达，可以认为：英语倾向于单独表达内在参照系路径信息，而汉

表3-9 英语"come"与汉语译文的对应情况

come 短语汉译情况	增译动词	基本对应	不对应	译为"去"	总 数
例子分布	22	75	60	9	166
百分比	13.25%	45.18%	36.15%	5.42%	100%
译文举例	传来	赶来、来看	产生、恢复、发出、走进、冒出	去	—

语倾向于在内在参照系路径信息之后增加相对指示参照系信息。

为了进一步明确相对参照系路径信息成分在英语和汉语运动事件表达句中语序对应的情况，本书还对come/go的各种屈折形式所对应的汉语译文进行了统计，看英语明确的相对指示参照系标记是如何被译为汉语的，结果如表3-9。

如果将"增译动词"和"基本对应"的情况相加可以看出，英语"come"的各种形式在这个双语平行语料库当中58.08%的对应于汉语中的"来"。但是从语序上来说，在表达运动事件时，英语中的"come"作为动词可以位于内在参照系介副词之前，但是汉语的"来/去"作为动词则不能用于内在参照系路径趋向补语之前。英语表示将来动作的"come and do"或者"come do sth."被译为"来做某事"，语序上完全一致；然而英语表示自主自发运动事件路径信息的结构"come + 介副词"或者"come + Ving + 介副词"对应为汉语的"动词 + 趋向补语 + 来"；有时"come"不被译出；还有时候被译为"去"。例如：

66) From the other side of the living room came the sounds ...
从客厅门的后面，传来……的声音。

67) He put them (the glasses on) and his bedroom came into clearer focus.
他戴上眼镜，卧室里的景物慢慢变得清晰起来了。

68) Fred and George came back into the room, carrying Harry's school trunk.

弗雷德和乔治搬着哈利上学的箱子回到了客厅。

69) The ginger cat came pelting out of the garden.

那只猫正从花园里跑出来。

数据显示，"come and do sth."一般用于对话当中表示将要进行的动作，对应于汉语"来+动作动词"的结构，例如"come and see/come to see"对应为"来看"。英语"come + 介副词"或者"come + Ving +介副词"的结构主要用于对已经或者正在进行的运动事件进行描写。汉语中没有以"动词来+其他趋向补语"表达相应概念的用法，只有将"来"作为趋向补语用在"动词+来"的结构中或者"动词+趋向补语+来／去"结构中的用法。也就是说，在同时出现相对参照系和内在参照系的表达需要时，汉语要将相对参照系成分后置于内在参照系成分。例如：

70) come pelting out of the garden（英语：相对+内在）

* 来跑出花园

从花园里跑出来（汉语：内在+相对）

71) come towards them

* 来朝他们

朝他们跑来

由于"go"常常出现其他语义，例如"be going to"表示将要，"gone"表示离开、消失，"went"常常后续形容词表示变化，因此仅对"go"的原形形式进行查找，看英汉对应的情况，如表3-10。

表 3-10　英语 "go" 与汉语译文的对应情况

go	对应出现汉语 "去"	不出现汉语 "去"	总　数
例子分布	37	35	72
百分比	51.39%	48.61%	100%
对应译文举例	去	走、离开、返回、到	—

由此可见，英语 "come/go" 动词与汉语 "来/去" 做动词的用法有很大的差别。汉语 "来/去" 作为动词不能后续其他的趋向补语，要表达其他内在参照系的路径概念，则需要将 "来/去" 后置于其他内在参照系的路径概念。英语 "come/go" 则与其他运动动词一样可以自由搭配各种介副词形式，同时表示的语义以内在参照路径为主，"come/go" 的参照系语义功能常常被忽略，[运动]概念的语义成分被凸显。

3. 英汉 "来/去" 的词化分布对照总结

总结内省和语料库的验证研究，可以得出以下结论：

①表达运动事件时，英语倾向于表达内在参照系[路径]信息，汉语倾向于在内在参照系[路径]信息之后增加相对指示参照系信息。

②英语运动事件表达句的路径成分表达参照系信息的情况主要是以下几种：

　　内在/绝对：walk down/along/across/north；
　　相对+内在/绝对：come down/go across、come running across、go pelting towards、go eastbound；
　　相对：come/go、walk here/there、come to do/go and do sth.。

汉语运动事件表达句路径成分表达参照系信息的情况主要是以下几种：

内在：走过／穿越／跑下／向上跳；

内在＋相对：走过来、跑回去、上来／下去、朝……飞去、到这里／那儿来；

相对：来／去、走来／飞去、来／去做某事；

绝对：朝南追、走向东方；

绝对＋相对：向东而来、到南方去；

相对＋绝对：去西边。

③对比英汉[路径]概念参照系信息的表达情况，英语和汉语在涉及两个参照系[路径]概念信息的表达时，具有不同的语序习惯。同时表达内在和相对参照系路径信息时，汉语由趋向补语表达的内在参照系路径在前，而英语则通常是相对参照系路径在前。在汉语中作为趋向补语的"来／去"必须要出现在内在参照系[路径]表达之后。这也可以解释为什么汉语中处所宾语一定要位于趋向补语"来／去"之前，这是因为汉语内参[路径]信息需要先于相对参照信息表达。这个基于语料库得出的结论与陈忠（2007）内省法得出的结论一致。

本节小结

本节通过内省与自建双语平行语料库的实际观察数据，对英语和汉语[路径]概念的词化模式以及在句子层面的分布情况进行了比较详细的分析，明确了以下语言事实。

1. 英语和汉语对[路径]概念的词化模式确实有很多相似之处。

从词汇层面来说，汉语和英语都可以通过动词和／或直接与动词发生联系的动词外围成分来表达[路径]概念，如英语介副词和汉语趋向补语。但是，语料库的数据研究表明，[路径]概念的表达不仅仅限于泰尔米提出的英汉自主／自发运动动词词根、动词外围卫星成

表 3-11 英汉[路径]概念语义词化模式对照表

英语[路径]概念的词汇化模式				
词汇单位		词汇以上单位		
路径动词、自主自发运动动词、致使运动动词	介副词	副词性结构	距离路径结构：方式运动动词+距离短语	方式运动动词+处所宾语、双宾语构式

汉语[路径]概念的词汇化模式						
词汇单位				词汇以上单位		
路径动词（包括自主自发动词和致使动词）		动趋词		介词结构	VAVB	句子构式
单字词	二字词	简单趋向补语动趋词	复合趋向补语动趋词	介词短语+动词（+处所方位）	V来V去V上V下	距离路径构式、双宾语句VN1N2；存在句；其他路径构式；数量名词短语/方式动词+处所宾语

分，还包括英汉致使运动动词、介词短语、路径名词短语、副词短语、句式等不同语言结构类别。英汉[路径]词化模式比泰尔米所提出的还要丰富多彩。

2.研究表明，尽管在词汇层面两种语言有相似之处，但是汉语的[路径]概念表达情况与英语仍然有很大的不同，主要表现在词以上单位的[路径]表达上。

英语小品词和介词在形式上没有区别，被称作"介副词"。汉语介词结构与趋向补语结构分属于不同的范畴，而且还有一些路径单位是英语没有的，如VAVB。另一个重要的不同点在于：汉语句子中[路径]概念常常不能只由一个词来表达，英语可以由一个介副词表达的[路径]概念，很可能要对应于汉语的介词、方位词、路径动词和趋向补语共同组合。

此外，在句子层面，英汉［路径］成分的分布情况大不相同。虽然泰尔米认为汉语趋向补语成分与英语介副词类似，但是，在实际句子中，汉语趋向补语通常还要与多个其他不同语法范畴的语言单位共同表达［路径］概念，例如表示背景的处所方位词（上、下、里、外）等，或者介词短语。有界和无界路径概念的表达体现出介词短语与动词语序的不同，以及词汇表达的不同。无界路径主要由"介词短语＋动词"来表达，或者"介词短语＋VAVB"的结构来表达，而有界路径概念主要由"动词＋趋向补语＋背景名词"或者"动词＋介词短语"来表达。此外，汉语趋向补语不能像英语介副词一样连续并列使用，通常不用"动词＋趋向补语$_1$＋趋向补语$_2$＋背景处所名词"或者"运动动词＋趋向补语$_1$＋背景名词＋趋向补语$_2$＋背景名词"的结构来表示连续路径概念，而是要求每段路径的表达都要有各自的"动词＋趋向补语＋处所名词"结构。

3. 研究发现，英语相对参照系［指示路径］动词"come/go"可以后接表示内在参照系［路径］概念的介副词，汉语"来／去"作动词却不能后续趋向补语。汉语"来／去"作为复合趋向补语的用法在英语中没有复合介副词的对应。英语"动词＋介副词"后续无背景名词的用法常常对应于汉语的"动词＋复合趋向补语"。汉语在进行运动事件描写时对相对参照系信息的关注度要大于英语。

4. 研究表明，英汉有界路径和无界路径运动事件的对译情况呈现出系统性的不同。这种不同主要表现在动词与动词外围［路径］成分在句子中的语序不同上。

首先，英语可以通过同一种"动词V＋介副词PP/PPt＋背景名词NPL"的语序来表达有界和无界路径概念，汉语则需要通过不同语序来区分有界和无界路径概念表达。汉语无界路径运动事件表达句中，路径概念主要通过"介词短语＋动词"结构来表达。介词短语只能位于动词之前，而不能在动词之后；表示有界路径运动事件时，汉语当中主要通过"动词+趋向补语+介词短语"的结构来表达，这时介词短语和趋向补语一般都位于动词之后。

其次，英语[有界路径]概念表达中，起点、中间边界、终点路径概念通过介副词来表示时，与动词匹配没有出现句子层面语序和分布方式的区别，都表现为"动词+介副词"的结构，而汉语则不然，起点/中间边界路径与终点边界路径的表达体现出介词短语与动词语序的差别。虽然趋向补语的位置都在动词之后，但是表达起点和中间边界路径时，介词短语在动词之前；表达终点路径概念时介词短语必须在动词之后。

第三节
英汉[路径]语言单位的界态类别

通过语料库的考察，本书明确的语言事实是：英语和汉语[路径]概念表达有多种形式——词汇、短语和构式层次的语言单位都可能表达[路径]概念语义，也可以相互组合共同表达[路径]概念。前文已分析了运动事件认知图式[路径]的重要构形特征，即空间边界特征，并认为表达[路径]概念的语言单位也可以按照语义所反映的这种构形特征来分类。本节对各种英汉[路径]单位进行[空间界态]语义的分类。这样分类的目的有两个：一是可以明确[路径]概念的空间边界结构特征与语言表达的界态语义特征之间的对应关系，二是为研究[空间界态]语义作为重要的句法–语义接口的作用进行的准备。

一、英语[路径]单位的有界与无界

（一）英语介副词的[空间界态]语义类别

由于英语介副词是最常见的[路径]单位，本书首先对英语介副词在运动事件表达句子中所表达[空间界态]语义特征进行分析。很多英语介副词都是多义性的，如 through、up、to、in 等，既可以表示有边界的空间路径，也可以表示无边界的空间路径（Talmy 2000）。例如：

1) a. I walked through the tunnel for 10 minutes.
   b. I walked through the tunnel in 10 minutes.

（Talmy 2000a: 55）

表达运动事件路径的介副词"through"在例1)a 中表示穿越隧道中的部分，没有边界特征；而例1)b 则表示穿越隧道的整个长度，有边界特征。对于这种"through"可以与"in + 一段时间"短语和"for + 一段时间"短语搭配分别表示有界路径运动事件和无界路径运动事件的情况，他提出了界段重合原则（Talmy 2000a: 55）来判定句子表达的动作是有界还是无界。当然，英语中也有一些介副词只能表达一种空间边界特征的[路径]概念，例如 into、onto、inside、downstairs、towards、along 等。这样看来，英语路径介副词的[空间界态]语义类别可能有三种：有界、无界、双重界态。那么如何通过一种简单的方法来判断一个英语路径介副词是属于哪一种类别呢？

1. 已有的英语介副词界态语义分类

卡佩勒和德克莱尔（Cappelle & Declerck 2005）曾以介副词表达路径的"空间延展性"（±extended space）和是否具有"终点界限"（±end boundary）的两级标准来划分英语路径趋向介副词。卡佩勒和德克莱尔将其称为方向介词和小品词的路径介副词分为几类，如表 3-12。

卡佩勒和德克莱尔对英语介词和小品词的分类是从[路径]特征

表 3-12 英语方向介词和小品词分类表（Cappelle & Declerck 2005: 902）

	Extended path 延展性路径		Non-extended Path 非延展性路径	
	−specified for having or lacking an end boundary 不明确表示具有终点界限	True Path prepositions 真正的路径介词	Basically locative items 基本上属于方位介词
+ Specified for having or lacking an end boundary 明确表示有无终点界限	+ / − end boundary 有 / 无终点界限			
−end boundary 无终点界限		by, down, downhill, uphill, up (to a higher position), (home)	from, into, onto	aboard, above, against, apart, aside, at, away, off, back, behind, below, beneath, between, in, in front, inside, indoors, out, on top, on (surface support), outside, near, under, overboard, together, underground
+ end boundary 有终点界限	About (random direction), after, ahead, along, around (random direction), (away), (back), backwards, forwards, downwards, on (continuation), round (randowm direction), towards, upwards			
about (encirclement)[①], about (rotation around), across, around (encirclement), around(rotation), from, ... to ..., over, past, round (encirclement), through, to, upstairs				

---

① 圆括号是原表中有的，表示介副词的具体意义或者表示括号中的介副词可能不仅仅属于该类。

进行的有益尝试,然而这种分类似乎存在一些问题。主要问题在于多重分类标准和重复归类,以及如何解释有些被他归类为"有终点边界"介副词也可以表示无界路径概念的现象。

首先,卡佩勒和德克莱尔的分类标准值得探讨。他们采取两级分类标准,以[路径]单位是否表达"空间延展性"(extendedness)和"具有终点边界"(end boundary)来划分英语介副词的类别。按照他们的划分标准,有许多介副词被同时划分到两个类别之下,见表3-12。比如"around、round、about"被同时归于"延展性空间终点边界"和"延展性无终点边界"两种类别之中,而"away"又同时归于"延展性无终点边界"类与"非延展性路径"类。这样的分类让人困惑:既然同时出现在两种类别之下,为什么不都归于"终点界限不明确"类别呢?此外,在"非延展空间路径介副词"类别中,他又分出"真正的路径介词"和"基本处所成分"两种类型。这样的标准似乎又与"有无终点界限"的次级分类标准不相符合。

其次,卡佩勒和德克莱尔所划分的"延展空间终点界限"类中的介副词,有的也可以被理解为"延展性无终点界限路径"概念语义,如"through、across、over"。因此,这个"延展性空间终点界限"的分类有待商榷。此外,"past"表达的[路径]概念其实是"经过、路过",表示动体在运动途中的某个中间界标,更应该被归入"中间边界跨越类",却被归于"终点边界"类别。同时,两位作者自己也承认可以在所使用的互联网语料中可找到"through、across、over"表示"无终点界限路径"概念语义的例子。例如:

2) On one occasion, she walked across the desert for seven days.
   有一次,她在沙漠里行走了七天。

3) He ran through the forest for hours and finally met with her.
   他在森林里跑了好几个小时,最后与她会合。

(Cappelle & Declerck 2005: 909)

对于这样的情况，他们解释说，"through、across、over"虽然属于表达终点边界概念的介副词，但在表示"无界空间"概念的名词作用下可以被识解为"延展性无终点边界"路径概念。这种识解是因为"through、across、over"的"终点有界"概念被无界［背景］概念名词所表达的"无界空间"概念语义抵消了。根据他们的观点，由于名词表达的无界态概念可以将"through、over、past、cross"的空间路径有界态概念抵消，因此表达［动体］和［背景］概念的名词会影响介副词语义的识解。

但是这样的解释并没有回答以下的问题：如果上述［终点边界］介副词表达的［有界路径］概念语义可以为名词表达的［无界空间］语义所抵消，那么为什么像"along、round、upward"这些无界路径语义不能为背景名词的有界空间语义特征或者其他语言成分的有界语义特征所抵消，从而使句子被理解为有界运动事件呢？又是为什么 walked into 的［终点有界路径］语义不能为表达［无界空间］意义的名词"desert、trees"所抵消呢？例如：

4) Getting quickly to her feet, she walked along the tiny hall to the back room. As she leaned in the doorway she surveyed the gloomy door. The walls and ceiling were a sort of depressing brown.

她沿着小厅向里间走去。……

（BNC: H9V）

5) I don't know why I walked into the trees.

我不知道我那时为什么走进了树林。

（BNC: CBT 1438）

这样看来，介副词的界态语义识解规律似乎并非仅仅由名词界态语义决定，而是十分复杂，且需要进一步深入研究。尽管卡佩勒和德克莱尔也承认这种事实（Cappelle & Declerck 2005），但是他们没有说明名词之外其他成分对［路径］语义识解的影响，也没有分析其他介副词词义识解是否受名词表达空间界态的影响。现在我们面临的问题是：这些表达运动事件核心的［路径］介副词表达的［界态］特征分类到底如何呢？在句子层面，影响多义介副词所表达路径概念界态识解的词汇和语法要素到底有哪些呢，有何规律可循？

2. 英语介副词［空间界态］类别判断与分类

泰尔米（Talmy 2000: 55）通过"in + 一段时间"和"for + 一段时间"来测试"through、up"表达的［路径］概念语义，从而说明他的"终点界段重合"原则。例如：

6) He climbed up the ladder in five minutes.
   他 5 分钟内爬上了梯子。
7) He climbed up the ladder for five minutes.
   他沿着梯子往上爬了 5 分钟。

这就说明"up"既可以表示运动路径与背景边界重合的有界路径概念，也可以表示运动路径与背景边界不重合的无界路径概念。

本书认为，根据这样的测试方法确实可以对英语［路径］介副词进行分类。但是，由于英语动词也可能表达［路径］概念，因此短语中的动词语义可能会影响到介副词的界态判断。基于这个原因，本书引入"walk"作为固定测试动词。这样做的原因是："walk"是最常见的自主运动动词，概念语义构成为［运动 + 方式］，词义中没有［路径］语义，与介副词搭配用于测试介副词［路径］界态类别就不会出现偏差。当一个介副词与"walk"的过去式匹配用于运动事件表达语句时，如果只能与"for + 一段时间"短语搭配，那么这个介副词就是只能表达无界路径概念的介副词；如果只能匹配"in + 一段时间"，那么它就是有界路径概念介副词；如果能匹配"in/for + 一段时间"，那它就是双界态介副词。本书使用这个方法来测试介副词表达的空间路径概念[界态]语义。例如：

8）He walked over the field in two hours./for two hours.

（over——有界/无界）

9）He walked through the forest in two days./for two days.

（through——有界/无界）

10）He walked past the shop in two minutes./*for two minutes.

（past——有界）

11）He walked along the beach for two hours./?*in two hours.

（along——无界）

12）He walked in the garden in a minute/for a while.

（in——有界/无界）

根据这种测试方法，本书尝试对51个常用英语[路径]介副词进行界态特征分类，如表3-13。

在对这些英语介副词进行空间边界语义特征的分类之后，可以发现，这51个介副词中至少有18个可以表达双界态路径概念，占上述

表3-13 英语路径介副词的[空间界态]语义分类

双界态[±有界]	单一界态[+有界]或者[-有界]	
有界/无界	单一有界	单一无界
about, across, after, around, back, behind, by, downhill, down, home, in, on, over, round, to, together, through, up, uphill, under, beneath	apart, at, away, aside, aboard, into, from, onto, indoors, outdoors, past, upstairs, downstairs, outside, inside, off, overboard, underground, out	along, ahead, against, among, backwards, between, downwards, towards, upwards, below, above

51个介副词的35.29%。剑桥国际语料库(CIC)词频表所列50个最常用词汇中出现的7个介副词(to、in、on、by、up、at、from),有5个是双界态介副词,可见双界态介副词在日常使用中十分重要。

因为双界态介副词既可表达有界和无界路径概念语义,所以相同的"[动体]名词+[运动]动词+[路径]介副词+[背景]处所名词"结构的语言表达式有两种路径概念语义识解可能。有趣的是,在具体语境中语言使用者总是只识解其中一种意义,或者是有界或者是无界,不会混淆。对于说出或者写出一个表达语句的人来说,他们在使用双界态介副词时很清楚自己要表达哪一个具体[路径]概念。对于听者或者来说,对于这种双界态介副词是表达哪一种[路径]概念语义,就需要根据一些语境信息才能判断了。双界态介副词在具体语境中只能被识解为一种界态意义。有时被识解成"有界"路径语义,有时被识解为"无界"路径语义,但不是同时表达两种路径概念语义。

显然,这里出现了一些问题:人们在理解句子中某个双界态多义介副词的时候,到底是怎样判断它们到底表示哪一种空间边界特征的[路径]概念语义的呢?英语双界态路径介副词在什么情况下被语言使用者识解为"有界"路径意义,什么情况下被识解为"无界"路径意义?单一界态介副词所表达[路径]概念是否会由于其他成分的影响会被有界化或者无界化?

如果能够对同一多义介副词在表达有界和无界路径概念语义时所在的句子内语境各成分进行观察,就可以对句子层面的词汇和语法手段对界态语义的影响进行分析。这样的考察也将为本书进一步研究"空间界态"语义的句法-语义接口作用打下基础。本书首先从内省法对影响介副词语义动态识解的句子内语境成分进行初步考察,然后通过BNC进行实际语料验证。

3. 英语双界态介副词的动态语义识解

第一,单一界态的介副词在运动事件表达句中基本上不受[运动]动词、[背景]名词和其他因素的影响,总是被识解为单一可能的

有界或者无界意义。例如:

13) He walked into the desert for */in five minutes.

他五分钟后走进了沙漠。

14) He drove towards the forest for/in * half an hour.

他朝森林方向行驶了半个小时。

15) a. She ran indoors, past the old servant, and hurried into the drawing-room.

她跑进屋,从老仆身边跑过,匆匆进了起居室。

b. * She ran indoors for five minutes.

* 她跑进屋跑了五分钟。

c. ? She went indoors for five minutes.

? 她到屋里去了五分钟。

(FS1 524)

即使例15)c可能成立,它表示的也不是无界路径意义,而是动作完成后的状态,即有界路径完成。因此"indoors"表达的[路径]概念语义的仍然是有界的。有一种运动情景的表达比较特殊,虽然是有界路径运动事件,但是可以表述为在时间维度上持续进行,因为这个有界路径运动由多个主体反复或者重复进行。例如:

16) a.*A soldier marched into the house for five minutes.

一个士兵进屋进了五分钟。

b. The soldiers marched into the house for five minutes.

士兵们进屋进了五分钟。

17) a.* The passenger walked aboard the ship for a minute.

乘客上了船上了一分钟。

b. Passengers walked aboard the ship for nearly half an hour.

乘客们上船上了将近半个小时

"into"和"aboard"是单一有界路径介副词，一般情况下识解[＋有界]。主语是单数有界名词的例16）a 和例17）a 都不成立，因为"into"和"abroad"都表示有界路径，不能与表示无界的"for＋一段时间"匹配。但是，例16）b—例17）b 都成立。这两个例子特殊。单从"动词＋路径成分＋背景名词"的部分结构来看，表达的运动情景是一个有界路径情景。由于[动体]主语名词表达"多个连续动体"概念，使整个表达式被理解为"重复性有界路径"运动事件。[动体]名词表示多个运动主体，各个主体都陆续发生相同的运动。虽然单一动体的路径有界，但是多个动体重复同样的有界路径。在视觉上，这种运动的动体反而同时也是背景，而真正的背景则被忽略。"一个士兵进屋"是有界运动事件，在时间上不能持续，但是"士兵们进屋"的过程则由于动作的重复而可以持续进行。对于每个士兵来说，他们的空间运动仍然是空间有界的，仅仅是因为多个士兵动作的重复使时间持续。

因此，本书认为单一有界和无界介副词在句中并无歧义，总是被识解为单一有界或者无界路径概念。

第二，双界态介副词的语义理解则要看具体的句子内语境。本书通过内省考察，认为至少有以下一些词汇和语法成分会影响双界态介副词语义在句中的识解，它们是：[运动]动词、[背景]名词、时间状语和从句、其他介词、小句和语法体标记。分别举例说明如下：

（1）时间状语不同，[路径]概念语义的有界与无界识解不同。例如：

18） a. He walked through the forest for an hour.

他在森林里穿行了 1 个小时。

b. He walked through the forest in an hour.

他1个小时后穿过了森林。

例18)a 中的 "walked through" 被识解为无界路径 "在森林里穿行"；而例18)b 被识解为有界路径 "穿过了森林"。因此，时间状语可能对介副词语义的识解有影响。

（2）动词不同，[路径]概念语义的有界与无界识解不同。例如：

19） a. He jumped in the lake.

他跳进了湖里。

b. He swam in the lake.

他在湖里游泳。

例19)a 被识解为有界路径 "跳进湖里"；而例19)b 则被识解为无界路径 "在湖里游泳"。可见动词对介副词语义的识解有影响。

（3）动词短语后面的背景名词不同，[路径]概念语义的有界与无界识解不同。例如：

20） a. He turned his horse and rode under St John's gate.

他调转马头，从圣约翰门出去了。

b. She rode under the Arctic sky, a very black sky.

她在充满艺术感的黑色天空下行驶。

例20)a 中的 "rode under" 表示有界路径 "从圣约翰门出去"，而例20)b 中的 "rode under" 则表示无界路径 "在充满艺术感的黑色天空下行驶"。由此看来[背景]名词可能对介副词语义的识解有影响。

（4）动词短语之后其他的介词短语、并列或者转折复合从句不同，[路径]概念语义的有界与无界识解不同。例如：

21）a. Willie climbed up the ladder but the enormous socks kept making him slip.

威利沿着梯子向上爬，但是硕大的袜子总是让他打滑。

b. Willie climbed up the ladder into the attic.

威利爬上梯子进到阁楼里。

22）a. He walked through the forest for 72 hours.

他在森林里穿行了 72 个小时。

b. He walked through the forest and came to a small village.

他穿过了森林来到了一个小村庄。

"climb up"与"walk through"都有两种语义理解的可能，例 21）b 中后续介词短语"into the attic"使"climb up"被理解为"爬上"，而例 22）b 中"and came to"使"walked through"被识解为"穿过"，后续的介词短语和小句对介副词的句中语义理解也有影响。

（5）谓语动词时态体标记形式不同，[路径]概念语义的有界与无界识解不同。例如：

23）a. He had walked through the forest.

他已经穿过了森林。

b. He was walking through the forest.

他一直在森林里穿行。

例 23）中的"through"的语义受到动词屈折体标记的影响。完成体（perfect）"had walked through"表示有界路径"穿过"，进行体（progressive）"was walking through"表示无界路径概念"穿行"。

通过内省法的考察可以初步认为，双界态介副词语义在句中需要动态识解，介副词周边的词汇和语法成分都对句中[路径]概念语义的确定发生作用。对介副词词义动态识解发生影响的成分有词汇成分和语法成分,如运动动词、背景名词、时间状语成分、后续小句、其他介词成分,以及"体"。

  为了验证内省得出的识解规律,本节对 BNC 中双界态介副词在句子中的[空间界态]语义识解情况进行研究。由于 BNC 是具有 1 亿词的平衡语料库(书面语 90%,口语 10%),并且同来源和不同文体的真实语料构成,因此应该可以得出对英式英语比较全面的观察数据。本书选择常用运动动词"walk"的过去时形式"walked"与"through、across、over、in、to"等双界态介副词搭配,在 BNC 中用短语查找方式得出"walked + 双界态介副词"所出现的实际语句,再对句中介副词周围词汇和语法成分进行分析,包括:[动体]名词、[背景]名词、[时间]状语等。选择动词"walk"的原因是:这个动词是表示空间移动的自主位移动词[运动+方式],虽然有隐喻性用法,但是相对于"come/go"来说其多义性和隐喻用法较少,同时"walk"本身是自主动作类持续性动词,内化时间维度分布特征为无界,因此不会对介副词语义的理解发生影响。这里以"walked through"为例,说明 BNC 考察的实施过程。在 BNC 中查询"walked through",共 295 例匹配项,排除 5 例重复项,有效例句为 290 例。各语句的句子结构配置情况主要有以下六种:

  a. [动体]名词短语 + walked through + [背景]名词短语;
  b. As (as)[动体]名词短语 + walked through + [背景]名词短语……;
  c. [动体]名词短语 + walked through;
  d. [动体]名词短语 + walked through + [背景]名词短语 + to/into/onto + [背景]名词短语;
  e. [动体]名词短语 + walked through + to/into + [背景]名词短语;
  f. [动体]名词短语 + walked through + [背景]名词短语 + and did sth.。

表 3-14 "walked through" 在 BNC 中出现的句子结构与语义识解

分　类	walked through NP（多为复数名词）	as ... walked through NP	walked through sp., doing sth; with some manner	walked through (sp.) to/into + NP 或者 NP to/into/onto NP	walked through and did sth.	walked through NP（单数名词有界）/ as ... walked through NP	总　数
数　量	54	21	33	117	| 24 + 41	290
路径类型	108　在……里穿行、无界路径			182　有界、穿过、有界路径			290
占　比	37.24%			62.76%			100%

"walked through" 出现的各类句子结构频率和 "through" 在其中的语义识解情况如表 3-14。

总结双界态介副词 "through" 被识解为有界和无界语义时句中的词汇和语法组合内语境情况如下：

（1）a、b 两种句子构成类型中的 "through" 既可能被识解为有界路径概念 "穿过，穿越"，也可以被识解为 "无界" 路径，表示 "在……中穿行"；

（2）c、d、e、f 四种句子结构类型当中的 "through" 必然被识解为 "有界" 路径，表示 "穿过 / 穿越"，即跨越中间边界路径概念；

（3）影响 "through" 意义识解的词汇和语法成分有 [背景] 名词的隐现、[路径] 名词的概念语义、介副词 + [背景] 名词之后的其他介副词（to、into、onto 等）、后续并列动作小句 "and did sth."。例如：

①如果 [背景] 名词不出现，或者 [背景名词] 表示无延展性空间概念（如 the door 大门、the entrance 入口、the window 窗口），那么 "walked through" 识解为 "穿过"。在 as 时间状语从句中的识解情况也是以 [背景] 名词为主。例如：

24) She walked through the open window to the balcony.
她穿过开着的落地窗走到阳台上。

(JYA 3902)

25) He looked at me as I walked through the door and looked to the Gendarme as if to say, is this him?
我穿过大门的时候他看了看我，……

(EE5 226)

如果[背景]名词表示无限延展空间概念（如 one room after another、water、snow、sunshine、drizzle 等），且名词之后没有其他的介词或者其他小句表示连续位移，那么"through"被识解为无界路径概念"在……中穿行"。例如：

26) Feeling oddly remote, detached, Luce walked through the various rooms as though on automatic pilot, weighing up the pros and cons: accessibility, what space was needed, how the lighting could be arranged, the desirability of an exit at either end ...
带着一种奇怪的疏远而被隔绝的感觉，露丝在各种各样的房间中穿行就好像是自动导航员……

(JY2 1627)

27) As we walked through a network of pipes and valves we realized that this was what Hinkley C would look like before its radioactive inventory took over and no human beings could enter where we were standing.
我们在如蛛网密布的管道和阀门中间穿行时，我们认识到……

(AN9 1295)

但是，当表示运动事件背景的名词是房间、街道、山谷、房子、办公室、厨房、美术馆、森林、树林、博物馆、拱廊、走廊、花园、公园等有一定延展空间，但有时也可以理解为无边界空间的概念时，"through"所表达的路径意义不明确，可能表示"穿过"，也可能表示"穿行"。其语义要根据句中其他的词汇手段和语法手段来动态识解。语料库的例句表明，"through"在与这些名词搭配时被识解为"穿过"的情形是"穿行"的 2 倍。例如：

28) All night he walked through the streets of London.

整个晚上他都在伦敦的街道上穿行。

（GUS 464）

29) She watched as he walked through the branches of the apple tree and strode off towards the house.

她望着他穿过苹果树林朝着房子大步而去。

（G1S 1443）

② 如果 "walked through +［背景］名词" 之后出现 "to、onto、into" 等其他介副词成分，那么识解为 "穿过"。例如：

30) A door slammed, footsteps approached, and Dieter Erdle walked through the archway onto the terrace.

关上门，脚步声越来越近，戴尔特·俄德穿过拱廊上到阳台。

（GVP 1294）

31) In a daze, Carlson walked through the crowd and up to his senior officer.

恍惚中，卡尔森穿过人群走到长官面前。

（HTY 1758）

③如果介副词"through + [背景]名词"之后有"and did sth."并列动作小句,那么识解为"穿过"。例如:

32) Having walked through the wood, she emerged on to a small, high plateau, from which a wide sweep of the countryside below was visible.
穿过了森林,她来到了一个小小的高地。

(CB5 2329)

33) The two boys walked through the now dark and deserted stage, and pushed the half open heavy plank door.
两个男孩子走过了已经黝黑一片又被废弃的舞台,推开了半掩的门。

(B3J 1506)

按照这样的方法,本书共对 17 个英语双界态介副词进行了 BNC 的搜索验证(见附录一①)。研究表明双界态介副词与"walked"匹配时,出现的句子结构配置情况主要有以下 10 种,画线部分说明这一类型句子结构中与其他类型的不同之处。

(i)[动体]名词 + walked + 介副词 + [背景]名词;
(ii)<u>When/as 从句</u>[动体]名词 + walked + 介副词 + [背景]名词……;

---

① 附录一除了双界态语义的介副词之外,还包括几个单一有界或单一无界语义介副词的内语境要素分析。作者一共考察了 23 个介副词。这些介副词包括 through、across、over、by、past、in、to、up、down、under、after、around、round、about、beneath、on、behind、aside、between、among、downstairs、upstairs、inside。

(iii)[动体]名词 + walked + 介副词 + [背景]名词 <u>+ 时间状语成分</u>；

(iv)[动体]名词 + walked + 介副词 + [背景]名词<u>, -ing 伴随状态 / where ... /with some manner ...</u>；

(v)[动体]名词 + walked + 介副词 + [背景]名词 + <u>to do sth.</u>；

(vi)[动体]名词 + walked + 介副词 + [背景]名词 + <u>and 其他介副词 + [背景]名词</u>；

(vii)[动体]名词 + walked + 介副词 + <u>其他介副词</u> + [背景]名词；

(viii)[动体]名词 + walked + 介副词；

(ix)[动体]名词 + <u>had/have/has</u> walked + 介副词 + [背景]名词；

(x)[动体]名词 + walked + 介副词 + [背景]名词 + <u>and did sth.</u>。

总的来说，如果从运动框架事件概念构成成员[动体]、[运动]、[路径]、[背景]的词化配置结构来说，那么这些句子的结构并没有什么区别。然而，双界态介副词却被识解为不同的语义。可见，双界态介副词在句中的语义动态识解受到周围其他词汇和语法成分的影响。谓语动词的体标记、[背景]名词的隐现和选择、其他介副词成分的出现、后续动作并列复合小句结构、非谓语伴随状态结构等词汇和语法成分对双界态介副词的语义识解都发生作用。

本书通过语料库的实际语料情况，观察双界态介副词在被识解为有界或者无界概念时，周围的词汇和语法成分语境有什么特点，从而确定动态识解的规律。研究表明，上述 10 种句子结构类型中,(v)—(x)类中的双界态介副词都识解为[有界]概念语义,(i)—(iv)类句子结构中的双界态介副词语义识解要考察具体句子内语境。

一方面，双界态介副词在句中被识解为[无界路径]概念时，周围的词汇和语法成分语境有以下特点：

①词汇成分方面,[动体]名词或者[背景]名词表示无定延展性无界事物，同时[背景]名词后没有其他表示有界概念的词汇和语

法成分作用。处于 as、when、while 从句中，如果［背景］名词短语（NP）表示无界事物或延展性空间则表达无界路径概念语义。

②语法成分方面，动词短语后有 -ing 伴随动作或者其他伴随状态结构；后有 "for ＋ 一段时段" 或者 "all day long" 等表持续的时间状语。

另一方面，双界态介副词被识解为［有界路径］概念时，句中介副词周围的词汇和语法成分语境有以下特点：

①词汇成分方面，［背景］名词表示非延展性有界空间，同时没有其他表示无界的词汇和语法成分作用；处于 "as、when、while" 从句中时，如果背景名词表示有界事物则表达动体跨越某边界瞬间。介副词或者介副词 ＋［背景］名词短语后有其他介副词，如 "to、into、onto" 等。

②语法成分方面，介副词后面没有［背景］名词；介副词后有其他动作 ... and did sth. 等其他动作小句；谓语动词是完成体形式；时间状语成分表示包含性有界时间概念，如 "in a minute、all of sudden、in the end"。

要说明的一点是，虽然用 "for ＋ 一段时间" 和 "in ＋ 一段时间" 的方法测试介副词的界性特征，实际语料库中却几乎没有 "in ＋ 一段时间" 与短语搭配的例子，可见 "in ＋ 一段时间" 或许并非人们用来表达有界识解的常用语法手段。

本节的讨论说明双界态介副词在句子当中语义的识解是一个动态过程。虽然在语言使用者说出或者写出一个语句时，他十分清楚对自己要表达什么概念。例如 "The bottle floated through the pipe." 说话人明确知道自己到底是要表达 "瓶子从管道里漂了出来" 还是 "瓶子在管道里漂浮" 的意思。但是，对于听者或者读者来说，情况却不一样。如果没有其他的句子内语境、上下文语境或者非语言语境的帮助，人们就将面临一个如何理解 "through" 意义的问题。当然，母语使用者常常会根据 "缺省语义" 得出一个在自己语言中最常见的理解（Jaszczolt 1999, 2005, 2006）。母语使用者不会对这个动态识解的过程有太多感受。可是，非英语母语的外语使用者在理解过程中、计算机在识别多义词汇过程中都会遇到如何确定意义的问题。在这种情况下，研究表达式中语义的识解因素和规律对解决这个问题是有益的。

4. 动态识解因素的优先作用次序

上节已经说明，双界态路径介副词的词义识解较为复杂，受到多种要素的影响。词汇成分、语法成分以及句子结构都可能对路径介副词表达的空间路径界性的识解发生影响。为了使本书讨论的英语双界态介副词在句中有界和无界路径意义的识解规律对外语学习者与计算机识别和翻译起到可行的帮助作用，本节提出一个句子内语境词汇和语法成分对双界态介副词语义动态识解的优先作用次序假设①。这种语义识解的内语境因素优先次序可能不适用于母语为英语的使用者，因为对他们来说母语已经内化为一个自动自主的系统，所以很多表达式中词汇语义都是默认的缺省语义，在理解过程中也不一定需要按照这样的顺序。但是，如果能够确定句子层面影响双界态多义介副词的[路径]语义动态识解的词汇和语法成分优先作用次序，那么对母语为非英语的使用者理解英语句子，对计算机识别和机器翻译也许会有一定帮助。本书讨论的是句子层面语句内环境，包括词汇组合和语法成分匹配，但没有涉及语用和社会文化知识。由于本书主要建立在对书面语料库的考察之上，因此主要是对视觉语句而非听觉语句进行的讨论，但是听觉语句至少在句子层面的识解是和视觉语句相似的，因为视觉语符和听觉语符的排列都是按照线性次序排列的。在这里，本书尝试提出一个 ABC 三段式判别法。

由于语句的写出和说出都是按照线性次序有先有后进行词汇和语法成分组合的，因此非母语使用者可以尝试按照下面的"线性 ABC

---

① 对句中各成分对介副词语义识解发生作用的优先性次序进行研究的想法，是在一次讨论中由金立鑫教授最早提出的。

程序"来判断识解双界态路径单位在某个运动事件表达句中的语义。这是一个三段式的推断过程。当遇到英语运动事件表达句中介副词有两种[路径]概念语义识解可能时，可以按照以下的次序来判断理解[路径]概念语义：

　　A. 首先观察谓语动词；
　　B. 然后考察介副词后[背景]名词的情况；
　　C. 再看[背景]名词后其他结构成分的情况，如是否有其他介副词或者介词结构、副词性状语、时间状语、复合小句、非谓语动词结构等。

这种顺序符合句子的线性排列组合次序，也可说明词汇语义的非自足性和词义理解的动态过程。对于上面的三段式识解次序具体解释如下。

　　A. 首先观察谓语动词。

这里主要是两个步骤：一是看动词词义，二是看动词语法屈折形式。

　　a. 一看动词词义，是看动词是否表达[路径]信息。

如果动词表达无界路径概念，那么与双界态介副词连用的时候，介副词识解为无界路径概念意义。如 hover、stroll、roam、wander 等动词直接加背景名词时都表示无界路径。例如：

34) The river wanders among the rocks.
　　这条河在岩石间蜿蜒流淌。

35) Vultures hovered overhead.
　　秃鹫在头顶盘旋。

36) The helicopter hovered over the crowd for a few seconds before inching away.
　　直升机在人群头顶盘旋了几秒钟之后慢慢飞走了。

37) The shy children hovered around their mother.
　　这些害羞的孩子逗留在母亲身旁。

如果动词表达有界路径，或者具有时间维度"内在终结点"[体]信息，如 jump、flash、arrive、depart、reach、leave 等，那么双界态介副词语义识解为有界路径概念语义。例如：

38) He jumped in the river.
    他跳进了河里。
39) He jumped over the small tree.
    他跳过那株矮树。
40) They arrived in Shanghai.
    他们到了上海。

除了[路径]动词之外，对大多数自发或者自主运动动词不表达[路径]概念，也不表达时间维度内在终结点。如 walk、swim、flow、drift、drive、ride 等。当这些动词出现时，由于我们无法从动词判断介副词的界态语义，因此要结合介副词之后的名词短语来确定。

b. 二看动词的屈折形式，不同时体标记的动词后的介副词词义可能有不同识解，光看时体标记不能确定双界态介副词的语义。

如果屈折形式是进行时，则句子表达的可能是无界路径或者是边界变化瞬间。例如：

41) The children were running in the garden at the moment.
    这时孩子们正跑进公园／正在公园里跑。（跨越边界瞬间／无界路径）

如果动词形式为一般过去时，双界态介副词语义识解较为复杂，受到多种因素的影响，包括词汇和语法因素。一般过去时可以被用在各种界态构形的运动事件的表达句中，如没有边界变化、边界变化瞬间、边界变化达成等的运动事件情景。例如：

42）He walked through the forest for 2 days.
他在森林里穿行了两天。(无界运动路径过程)

43）He walked through the forest in 2 days.
他两天之后穿过了森林。(有界路径跨越终点边界实现)

44）I was doing my homework when he walked in.
他进来的时候我正在写作业。(跨越边界瞬间)

45）They talked happily with each other as they walked in the garden.
他们在花园里散步的时候愉快地交谈着。(无界路径)

B. 然后考察介副词后[背景]名词的情况。

除了与动词相邻之外，介副词与[背景]名词相邻。因此[背景]名词的语义对介副词语义识解也有影响。在动词不是有界路径动词，也不是有内在终结点的动词时，要考察介副词后面的[背景]名词。

a. 如果是光杆的介副词，也就是在没有[背景]名词的情况下，双界态介副词识解为有界路径意义。例如：

46）He walked in.（in——进来，有界路径概念语义）
他走了进来。

b. 如果名词表达延展性无界背景概念，而之后再没有其他有界化识解成分，如介词、小句或者时间状语，则双界态介副词识解为无界路径意义。如 the sky、the water、the air、forest、the darkness、desert、the rain、the light 等。例如：

47）They ran in the rain.（in——在……中，无界路径概念语义）
他们在雨中跑。

c. 如果名词表达没有延展空间的有界背景概念，如 the door、the window、the line 等，那么双界态介副词识解为有界路径意义。如果名词表达的概念具有一定的延展性空间，但是也有明确边界，如 the room、the garden、the river、the street 等，那么双界态介副词仍然无法确定到底是哪种界态路径意义。从人类的认知完形心理来说，双界态介副词的有界路径概念意义是较为常见或者典型的识解语义。例如：

48）He walked in the room and sat down.（有界）
他走进了房间坐了下来。

49）He kept walking in the room.（无界）
他一直在房间里走。

C. 再看［背景］名词后其他结构成分的情况。

如果通过 A、B 两个步骤依次看过动词、介副词后名词，仍然还不能判断双界态介副词的界态语义，就需要再通过其他结构成分如其他介词结构、副词性状语、时间状语、其他小句等成分来判定这个介副词的语义。例如：

50）He walked in the garden.
语义识解可能一：他在花园里走。
语义识解可能二：他走进了花园。

例 50）"walked in the garden" 有两种语义识解可能。在判断"in"

这个双界态路径介副词所表达的路径语义时,首先要看动词的词义和屈折形式。由于"walked"是方式运动动词"walk"的一般过去时,本身不包含路径信息,因此无法判断"walked in"的界态类型;这样就需要再观察动词短语后面出现的名词,而"garden"所表示"花园"既可以被识解为延展性空间概念,如花园内的空间,也可以识解为有空间边界的概念,如有边界的花园。因此"walked in the garden"不能确定是"在花园里走"还是"走进花园"。这时要判别运动事件的路径意义就还需观察其他该语句层面的其他词汇和语法成分,或者上下文语篇信息。

a. 如果"动词+介副词+名词(短语)"之后有其他介词结构,如 to/into/onto + NP,那么该双界态介副词识解为有界路径语义。例如:

51) He walked in the garden to my side.(有界路径)
他走进花园来到身边。

b. 如果"动词+介副词+名词短语"之后有其他小句,如 and did sth.,那么识解为有界路径。例如:

52) He walked in the garden and started doing some gardening.(有界路径)
他走进花园开始做园艺。

c. 如果"动词+介副词+名词短语"之后有其他伴随状态形式,或者有表示无终结的持续时间状语或者副词短语,如 all day long、all afternoon、Ving、for + 一段时间、on end 等,那么识解为无界路径。例如:

53) He walked in the garden, enjoying the fresh air in the morning.（无界路径）

他走在花园里，享受着早晨的清新空气。

54) He walked in the garden for a few minutes.（无界路径）

他在花园里走了几分钟。

例52)中"and + 其他运动"小句使"walked in the garden"被识解为有界路径，例53)中的非谓语动词"-ing"形式，例54)中的"for + 一段时间"的状语成分都使"in"被识解为无界路径概念。由此可见，对双界态介副词在句子当中表达路径概念的识解受到[运动]动词、[背景]名词和其他句子成分，如时间状语成分、小句成分的影响。

现在通过BNC中的实际语料句子来验证上面的次序判断原则。首先查找出"walked in"语句。例如：

55) I walked in the front door of the Department and the receptionist said "Good morning, Mr Illingsworth," which she never normally did.

我一走进部里的大门，接待员就说，"早安，义林华斯先生"。她从前并不是这样的。

（BNC: AOR 625）

56) She and I walked in the ancient garden, talking quietly about our childhood meetings.

我和她在古老的花园里走着，轻声谈论着我们的童年时光。

（BNC: FR6 1187）

按照上面的ABC线性判断原则，可以很明确地判断出"walked in"是表示"在……里走"，还是"走进"。必须说明的是，除了上述影响语义识解的句子层面词汇和语法成分的因素之外，语篇成分也可能

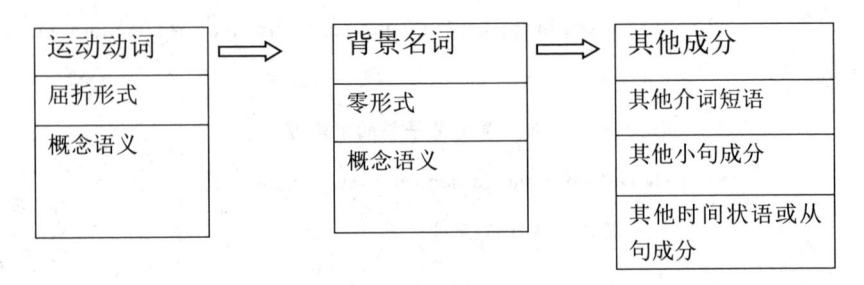

```
┌─────────────┐      ┌─────────────┐      ┌─────────────────┐
│  运动动词    │ ───▶ │  背景名词    │ ───▶ │   其他成分       │
├─────────────┤      ├─────────────┤      ├─────────────────┤
│  屈折形式    │      │  零形式      │      │  其他介词短语    │
├─────────────┤      ├─────────────┤      ├─────────────────┤
│  概念语义    │      │  概念语义    │      │  其他小句成分    │
└─────────────┘      └─────────────┘      ├─────────────────┤
                                          │  其他时间状语或从 │
                                          │  句成分          │
                                          └─────────────────┘
```

图 3-9　介副词语义动态识解动因的线性作用次序

对路径单位的概念意义发生识解影响。但语篇成分不属于单句层面成分，因此在本书中不做考察。

综上所述，为了确定双界态介副词在句中的有界或者无界［路径］概念词义，可以按照 ABC 线性次序进行判定（如图3-9）。

　　　　［运动］动词 >［背景］名词 > 其他结构成分（如副词性短语和状语、时间短语和状语、介词短语、并列小句）

5. 双界态语义识解

本节主要对英语"介副词"所表达［路径］空间边界特征进行分析，提出可以通过"walked + 介副词 + NP + for/in + 一段时间"的测试方法对介副词的空间界态特征进行分类。按照这个方法，本书对 51 个英语常用介副词进行了词义特征分类，发现英语介副词在表示［路径］概念时可以分成单一有界、单一无界和双界态类别，其中双界态介副词既可以表示有边界路径，也可以表示无边界路径，在句子当中的词义理解要受到句子内语境词汇和语法成分的影响。

基于语料库的实例，本书发现英语双界态介副词，如 through、up、down、around、across、in 等在运动事件表达句中的语义识解受到句中其他词汇和语法成分的影响。由于表达［路径］概念结构的有界和无界语义不同，句子结构呈现出组合形式的区别。这也说明概念结构与语言组织结构之间的像似性特点。本节提出一个三段式的双界态介副词语义识解因素的优先作用次序。当遇到英语运动事件表达句中介副词有两种［路径］概念语义识解可能时，可以按照以下的ABC次序来判断理解［路径］概念语义：

A. 首先观察谓语动词；

B. 然后考察介副词后［背景］名词的情况；

C. 再看［背景］名词后其他结构成分的情况，如是否有其他介词或者介词结构、副词性状语、时间状语、复合小句、非谓语动词结构等。

通过这样的ABC线性顺序判别，基本上可以对双界态介副词在句中的语义做出判断。对于计算机识别来说，实际包括词汇语义和结构分布两方面的描述识别。不仅要将英语双界态介副词的［路径］语义按照有界和无界来分类，用0、1编码，还要将其他能够表达［路径］成分的词化单位也进行有界和无界的分类，用0、1编码，同时对双界态介副词句中词汇和语法成分的分布进行描述，这样才能通过一定计算机算法进行分析就可以比较准确地对句子进行翻译，或者采用大量实际语句例子为输入语料，通过较大数据量的深度学习对AI进行训练。

（二）英语［路径］动词的［空间界态］语义类别

对动词词化表达的概念语义进行分析后，泰尔米（Talmy 2000b）仅列举了17个表示自主自发运动的路径动词。事实上，英语自主自发运动动词和致使运动动词，有很多动词的概念语义都包括［路径］成分。例如英语自主自发［路径］动词有enter、depart等，致使运动［路径］动词有put、load、pass等。本节将以莱文（Levin 1993）对英语动词的分类为基础，考察有哪些动词带有［路径］概念语义，又具有哪些路径动词的空间边界界态语义特征。

1. 英语自主自发［路径］动词的有界和无界

英语自主自发运动动词主要是指表示由动体本身发出运动动作的动词。发生运动的动体可能是有生命动体，如人和动物，也可能是无生命动体，如自然界的液体、固体、气体。这种自主自发运动动词的运动框架概念语义构成为［运动+方式］，如 walk、flow、fly；或者［运动+路径］，如 enter、exit、reach、arrive。如果动词概念语义构成为［运动+路径］那么就可以称为［路径］动词。本文对莱文（Levin 1993）运动动词类别（motion verbs）中共 289 个自主自发运动动词（见附录二）进行概念语义考察之后，发现表达［路径］概念的运动动词有 83 个，占 28.72%，也就是说有五分之一的自主自发动词都带有［路径］概念语义。例如：

> advance, arrive, ascend, climb, come, cross, depart, descend, enter, escape, exit, fall, flee, go, leave, plunge, rise, tumble, recede, return, plummet, decline, soar, skyrocket, surge, leave, coil, revolve, rotate, spin, turn, twirl, twist, whirl, wind, stroll, wander, whiz, zigzag, zoom, march, meander, proceed, wind, follow, near, roam, stroll, hover, part, reach, emerge, emanate, insinuate, pass, penetrate, belch, bleed, bubble, dribble, drip, drool, emanate, exude, foam, gush, leak, ooze, pour, puff, radiate, seep, shed, slop, spew, spill, spout, sprout, spurt, squirt, stream, soak, sweat ...

这些动词的共同特点是，动词的运动事件概念语义特征有［运动］、［路径］，在表示运动事件的语句中不需要其他的［路径］成分就可以单独表达运动动体在空间运动时与背景之间的关系。

由于英语［路径］动词同时具有［时间］和［空间］界态特征，界态语义比较复杂，为了专注于［空间界态］特征的考察，本书将在一

表3-15 英语自主自发路径动词[空间界态]分类

单一有界路径概念类	单一无界路径概念类	双界态路径概念类
enter, exit, escape, arrive, depart, leave, return, part, reach, emerge, emanate, insinuate, cross, pass, penetrate, come, go ...	advance, proceed, wind, follow, near, roam, stroll, hover, fall, rise, wander ...	approach, ascend, descend, circle ...

般过去时的情况下通过"V(+ NP) + for/in + 一段时间"的测试方法来对动词的[空间界态]类别进行测试（Talmy 2000a: 55）。例如：

57) He entered the room in a minute./*for a minute.

58) She escaped the fire in five minutes./*for five minutes.

59) We approached door for a minute/ in a minute.

60) The girl strolled the street for the whole afternoon./*in the whole afternoon.

61) The water spouted in a minute./*for a minute.

通过这样的测试，可以初步将英语[路径]动词分为三类：单一[＋有界]、单一[－有界]、双界态参数[±有界]，具体分类与举例见表3-15。

2. 英语致使[路径]动词的有界与无界

英语致使动词一般表示动作对受事对象发生作用而产生某种结果。如使受事的空间位置、所有权、形状姿态、聚散状态、物理性状等发生变化。莱文（Levin 1993）认为致使动词分属各种事件概念类别：有些属于状态变化框架事件，表示施事发出的动作使物体的物理形状发生变化，例如cut、saw；或者表示施事发出的动作使受事物体的聚合、混合、离散形态发生改变，例如 blend、cluster；有些属于运动框架事件，表示施事发出的动作使物体发生位置变化，也就是致使位移运动，例如 put、carry 等。本书研究的就是致使位移运动动词，表示施动者的动作使受动物体的空间位置发生变化。泰尔米认为致使位移动词的概念词义特征可以分解为：[致使方式／原因]、[运动]（Talmy 2000b: 43），如 blow、squeeze、slide。此外，很多致使动词也可能带有[路径]含义。例如杰肯道夫认为，"put" 由于有"到达"意义，因此不能与"to"相匹配（Jackendoff 1990）。莱文也认为"put" 不能与"to"相匹配（Levin 1993: 111）。他举的例子是：

62） *I put books to Sally.

尽管杰肯道夫和莱文都认为"put"不能与"to"相匹配，但是他们的研究是内省法的结论，没有经过实际语料的验证。如果对 BNC 语料进行分析，就可以发现"put"实际上可以与"to"匹配。"put sth to someplace"的实际语料有 168 例。例如：

63） She rolled her eyes at him, put the glass to her lips and drank the brandy, a small nip.
她朝他看了一眼，把杯子举到嘴边，小小抿了一口白兰地。
（CKE 529）

可见，致使运动动词和自主自发运动动词一样，也可能表达[路径]概念。只是学界对致使运动位移动词的分类和描写还有待深入和统一。本书对莱文（Levin 1993）列举"send 类"、"carry 类"、"slid 类"、"throw 类"、"remove 类"、"putting 类"、"spray 类"等十几个动词类别共 476 个[致使位移运动]动词（见附录三）进行运动框架事件域的概念语义分析，考察是否有动词表达[路径]概念。结果发现很多动词当中都含有[路径]意义，例如：

> forward, hand, pass, return, smuggle, transfer, drop, immerse, install, lodge, mount, place, position, prick, put, set, lay, lean, perch, nest, sit, stand, suspend, lift, lower, raise, hoist, drop, cloak, clog, clutter, coat, contaminate, cover, situate, sling, stow, stash, inlay, glue, hinge, hitch, hook, tie, tape, delete, discharge, disgorge, dislodge, dismiss, disengage, draw, eject, eliminate, eradicate, evict, excise, excommunicate, expel, extirpate, extract, extrude, remove, separate, subtract, uproot, detach, disconnect, unlatch, untie, fill, soak, deliver ...

显然，英语致使位移动词中也有[路径]动词。致使[路径]动词的概念语义特征可以分析为[致使]、[运动]、[路径]，如 put、take、load、bring、deliver。这些动词不能够与趋向补语任意匹配。如"put"一般不与表示起点的"from"连用。"put sth from one's mind"仅见4例，且"put"在这个结构中表示"说"，而"from"短语是名词的定语。

比较而言，非路径致使运动动词概念语义可以分析为[致使原因/方式]、[运动]。如 carry、move、push、slide、kick 等。这些动词词义中没有[路径]意义，因此可以和各种介副词匹配。例如：

> 64) He carried the bag/ moved the car across/ along the field for a while./in a while.

本书将延续对英语介副词和英语自主自发[路径]动词的测试方

法对英语致使[路径]动词的类别进行判断。由于致使运动动词主要表示"使受事发生空间位移",因此[动体]也是受动物体,采用"V + NP + for/in + 一段时间"的结构来进行测试。有界致使路径动词与"in + 一段时间"相匹配,但与"for + 一段时间"不相匹配,甚至与"for + 一段距离"结构也不相匹配。非路径致使位移动词仅表示致使受事动体运动的[方式],没有表达运动空间边界特征,可以与"for/in + 一段时间"匹配。例如:

65) He removed the cover in a minute./*for a minute./*for a mile.

(remove——有界)

66) He fetched the bottle in a minute./*for a while./*for a mile.

(fetch——有界)

至于到底是起点、终点还是中间边界路径,则要看这些动词是否可以与"from"和"to"这样的起点和终点边界路径介副词匹配。例如:

67) a. Did you deliver my message to your father?

b.*Did you deliver a message from your father?

68) a. What do you advise for removing ink stains from the clothes?

b.*What do you advise for removing ink stains to the water?

经过测试,本书发现致使运动动词表达[路径]概念的情况和自主自发运动动词相似。[路径]致使动词可以分为有界和无界两种类别,共四种具体情况:

第一,动词表示使受事动体从某个起点开始运动,或者使受事的一部分从整体脱离,路径概念为起点边界[+ 有界]。如 fetch、

表 3-16　英语致使运动动词[空间界态]语义类别

英语非路径致使运动动词	英语致使运动路径动词			
非路径动词	受事路径有界			受事路径无界
可以用于有界也可以用于无界路径的表达	起点边界	中间边界	终点边界	非线性路径
carry, take, move ...	bring, remove, fetch, extract, elicit, expel, detach, uproot ...	pass, transfer, pour, hand ...	dip, insinuate, load, put, insert, tie ...	coil, swirl ...

extract、elicit、pour、remove、spout 等。致使[起点边界]路径动词主要与"from"匹配，有时也可以与"to"匹配，特别是在动词处于被动态形式时。

第二，动词表示使受事动体运动到某个终点，如 put、insert、load、insinuate、dip、stab 等，与英语终点边界介副词（如 to、onto）相匹配，不能与起点边界介副词（如 from）相匹配。

第三，动词表示受事动体跨越某个中间边界运动，例如 pass、transfer、pour、squirt 等。

第四，表达非线性运动无空间边界的无界路径概念，例如 coil、circle、swirl 等。

英语致使[路径]动词的[空间界态]分类列表见表 3-16。

总结对自主自发运动动词和致使运动动词中表达[路径]概念的动词分类情况可以看到：英语[路径]动词既可能是自主自发运动动词，也可能是致使运动动词。[路径]动词都可以归于三种类别，单一有界、单一无界和双界态参数。见图 3-10。

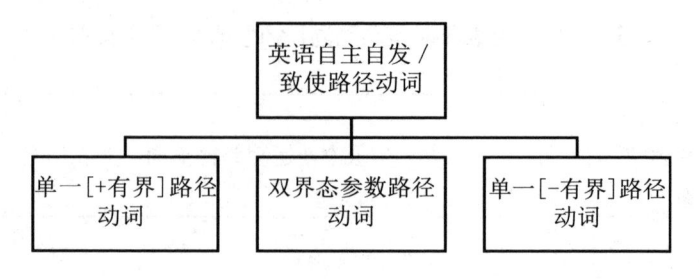

```
                    ┌─────────────────┐
                    │ 英语自主自发/   │
                    │ 致使路径动词    │
                    └────────┬────────┘
         ┌───────────────────┼───────────────────┐
┌────────┴────────┐ ┌────────┴────────┐ ┌────────┴────────┐
│ 单一[+有界]路径 │ │ 双界态参数路径  │ │ 单一[-有界]路径 │
│     动词        │ │     动词        │ │     动词        │
└─────────────────┘ └─────────────────┘ └─────────────────┘
```

图 3-10　英语[路径]动词界态语义分类

(三) 英语[路径]其他构式单位的[空间界态]语义

除了路径动词和路径介副词之外，英语还有很多短语和构式都表达[路径]概念，如 in and out、round and round、on and on、in circles、everywhere、in the direction of、here and there、up and down、运动动词 + all the way、运动动词 + 处所名词、双宾语构式。根据"in/for + 一段时间"的测试方法，也能够判定这些路径单位的空间边界类别。英语中的这些构式类[路径]单位主要分为有界和无界两种类别。例如：

69) He walked in and out * in half an hour./for half an hour.

（V in and out 无界路径）

70) He drove seventy miles in 15 minutes./*for 15 minutes.

（V seventy miles 有界路径）

71) He delivered her the mail in no time./* for a while.

（VN1N2 有界路径）

72) He swimmed the channel in 7 hours./*for 7 hours.

（VNPL 有界路径）

以上的分析说明，英语[路径]概念的各种词化形式单位都可以按照[空间界态]分类。不论是动词、介副词，还是短语形式和构式

表 3-17　英语[路径]单位[空间界态]语义分类总表

介副词	[+有界]	[-有界]	[±有界]
自主自发动词	[+有界]	[-有界]	[±有界]
致使动词	[+有界]	[-有界]	无
构　式	[+有界]	[-有界]	无

表达的[路径]概念，语义都可以分为有界和无界两类，英语介副词和自主自发路径动词还可能出现双界态类别。在英语运动事件表达这些[路径]语言单位在相互组合时，必然需要满足一定的语义特征相容条件。一旦两个[路径]单位的概念界态相矛盾则不能组合。例如有界路径动词"arrive"就不能与"along、towards、northbound"等表示无界路径的介副词匹配。英语运动事件表达句当中为什么会出现动词与介副词的匹配限制，为什么会出现有些构式对运动动词有所选择的问题，可能都与[界态]作为概念结构语义特征对句子组织结构的影响有关。总结本节对英语中各种[路径]词汇成分和结构成分的[空间界态]类型如表 3-17。

二、汉语[路径]词化单位的有界与无界

在对英语各种[路径]词化单位进行[空间界态]类型的测试和分类之后，也要对汉语[路径]词和词以上单位进行分析。本节将对汉语趋向补语、汉语自主自发运动动词和致使运动动词、短语和构式[路径]单位的[空间界态]类型进行分析。

（一）汉语趋向补语的[空间界态]类别

汉语趋向补语分为简单和复合趋向补语两类，例如"出、进、

上、下、来、去、回、过、开、出来、进去、上来、下去"等。趋向补语被认为是与英语介副词相对应的[路径]卫星成分（Talmy 2000b: 109；严辰松 1995，2005；邵志洪 2006；沈家煊 2002；刘正光 2007）。但是也有学者认为汉语趋向补语属于动词类别（Slobin 1996, 2004）。在按照"路径"概念"空间边界"结构构形特征进行分类时，本书认为汉语趋向补语是动词外围成分，与同形动词形式的趋向动词分开讨论。

由于学界并没有对趋向补语进行过有界和无界的分类，因此也没有现成的[空间界态]类型测试方法。本书采用考察汉语"时间段"短语是否能够置于"非路径动词+趋向补语"前后，以及"动词+趋向补语"是否能够与持续体标记"着"匹配来测试该趋向补语是否表达空间有界路径概念。这种方法的理据是基于对运动框架事件域中[动体]在[空间]运动和时间之间关系的认识。对于一个动体与背景之间存在空间边界关系的[有界]路径事件来说，不论是到达边界、离开边界，还是跨越边界，这运动时间概念总是有终点的。因此，有界路径对应的时间必定有界。在语言表达中，持续体标记"着"表示动作无限持续，因此不能与有界动作短语相匹配。汉语时间短语如果位于谓语动词之前，表示有终结点的时间概念，如果位于谓语动词之后，表示无终结点的时间概念。例如：

73）他五分钟穿过隧道。
他在隧道里穿行五分钟。
＊他打破着杯子。

（沈家煊 1995）

通过这种测试方法，本书对汉语 23 个简单趋向补语与非路径动词搭配后进行界态类型考察。例如：

74) 他五分钟走下了楼梯。

＊他走下了楼梯五分钟。

＊走下着楼梯。

75) 五分钟游回来。

＊游回来五分钟。

对于"动词＋着＋动趋词"的结构，如跑着回家、跳着下楼，本书认为，其中的"回、下"属于趋向动词而不是趋向补语。判别方法在下节讨论。通过这种"时间段短语语序"和"着"标记测试方法，本书发现：汉语简单和复合趋向补语都表达［有界］路径概念，表达与起点、终点、中间边界有关的各种［有界路径］。复合趋向补语和简单趋向补语一样，表示有界路径。但是符合趋向补语由于后面加上了"来／去"，因此还有时间参照的意思，表示运动位移实现可以被观察到。在现在说话时间或者参照时间和运动事件时间相重合的时候，表达路径以及方向意义。例如：

76) 里面的人放下武器，慢慢走出来。

至于这种通过运动路径结果表示行动的用法的成因，有学者认为是语言转喻机制的结果（李勇忠 2004: 435）。由于不是本书研究的重点，在这里不再讨论。在过去时间的叙述性运动事件表达中，"动词＋趋向补语"的结构表示运动事件的路径得到实现并且完成，也就是说，跨越边界、到达边界、从边界出发的运动事件已经完成。例如：

77) 他看到他们从房间里匆匆跑出来。

总之，汉语当中的趋向补语都表示［有界路径］概念，类别单一。

汉语趋向补语和英语介副词的区别在于，英语介副词表达的[路径]概念可以是[无界]和[双界态]类别，而汉语的趋向补语全都表达[有界]类别的路径概念。汉语通过其他语法范畴的词类，比如动词、介词短语和动词结构来表达[无界]路径概念。

(二)汉语[路径]动词的[空间界态]类别

汉语表达运动的动词也分为自主自发动词(如飞、出)和致使动词(如捞、运)。和英语一样，这两类动词中都有[路径]动词。本节对汉语运动框架事件类型动词表达[路径]概念的情况进行分析并按照[空间界态]语义对[路径]动词分类。

1.汉语自主自发[路径]动词与[空间界态]分类

汉语自主自发运动动词表示动体在自身或者媒介作用下发生运动，如走、跑、跳、飞、游、流、上、下、盘旋、飘等，动词有单字和二字等多种形式。

为了对汉语自主自发位移动词进行比较全面的考察，本书对《现代汉语分类词典》(董大年1998)的运动类动词进行考察，包括有生动体运动类、运输类、无生动体运动类、身体姿态类动词，其中包括单字动词和二字动词，以及四字成语。由于汉语当中的很多二字词都是由单字词组合而来的，而汉语单字词通常又具有很强的组合产词能力(董秀芳2005)，因此本书仅以其中的331个单字动词进行考察(动词见附录四)。这些动词包括有生命体自主自发运动动词(如走)、无生命体自发运动动词(如飘)、身体部位动作动词(如踢)，还有一些单字动词表达物体在空间的姿态、排列情况、形状聚散变化，如站、散、并、凹、鼓。如果对动词进行运动框架事件概念语义特征分析，汉语自主自发运动动词有的表达[运动+方式]概念，有的表达[运动+路径(+方式)]概念。粗略分析这331个单字动词可以发现[路径]动词有很多。例如：

上、下、升、降、落、起、进、出、退、入、返、回、到、至、抵、达、穿、过、来、去、回、转、掉、扭、落、坠、堕、摔、倾、升、腾、起、涨、降、沾、附、巴、沾、漏、渗、透、沁、冒、发、越、藏、滴、溅、迸、溢、喷、射、弯、绕、兜、靠、挨、凑、贴、沉、淹等。

对于如此多样化的词化单位，如果从概念内容来分析，恐怕无法一一涵盖。本书根据[路径]概念结构构形特征"运动空间边界关系"来将它们进行[空间界态]语义分类。那么采用什么样的方法对这些动词进行界态类别测试呢？本书尝试通过 V 进 V 出、V 上 V 下和 V 来 V 去的结构来判断这些动词是否表达[路径]概念。这种方法的理据是：本身不含有[路径]概念的位移动词从理论上来说可以与任何趋向补语匹配，而含有[路径]概念的位移动词则会受到匹配限制。由于汉语 VAVB 结构，如 V 上 V 下、V 进 V 出、V 来 V 去都表达往复运动事件概念，运动事件中动体与背景之间无边界关系特征，属于无界路径概念，因此，如果一个自主自发运动动词能够进入这个结构，就说明这个动词仅表达[运动]、[方式]意义，如跑、掠、飘。如果一个动词含有[路径]意义，如上、着、出，那么就很难进入这个 VAVB 结构。例如：

78）跑进跑出、飘上飘下、*落上落下、*出来出去

这样，就可以比较快地区别出[路径]动词。再通过时间段名词短语的语序和"着"来判定动词是否属于有界路径动词。初步判定这些自主自发[路径]动词有三种界态类别情况。

a.[＋有界]路径动词：

汉语表达空间起点、终点或者中间边界的[路径]动词不能够增

加后续否定达成分句。例如：

79）＊他回家了五分钟，但是还没到。
　　＊他到家了五分钟，但是还没到。
　　＊他来学校五分钟，但是还没来。
　　＊他出门了五分钟，但是还没有出门。
　　＊他进教室了五分钟还没有进去。
　　＊他路过／经过那个咖啡屋一个小时，但是还没有路过／经过。
　　＊他离开学校了五分钟，但是还没有离开。

在下面的句子当中，虽然表达了延展性的空间路径，但是这个路径仍然是有边界的。例如：

80）他经过那间咖啡屋的时候没看到她。
　　我们的车子经过了大片田野。
　　火车穿过隧道用了五分钟。

b. 界态不明确的路径动词：

汉语中有一些[路径]动词属于双界态动词，如上、下、过。它们不可以用于VAVB中，如上上上下、上来上去，但是可以与"着"匹配，在具体语境中既可能被理解为无界路径，也可能识解为有界路径。例如：

81）他上山上了一个小时还没有上去。
　　他上了楼。／他上楼了。
　　他下楼下了半天还没有下来。／他下了楼梯。
　　他过河过了一个小时还没有过去。／他过了河。

表3-18　汉语自主自发路径动词的[空间界态]语义分类

空间有界路径动词	空间双界态路径动词	空间无界路径动词
到、达、出、进、来、去、回、抵、离、越、经、着、发、传等	上、下、过等	升、降、落、绕、上升、下降、盘旋、徘徊、蜿蜒、逡巡、巡逻、盘旋、横渡、跋涉、穿行等

c. 无界路径动词：

有一些路径动词本身含有一定[路径]意义，不能用在 VAVB 中，但是可以与"着"匹配。此外，汉语二字动词也属于无界路径动词，例如徘徊、盘旋、蜿蜒。这些无界路径动词表示无界路径时要与介词结构"在 + 处所"一起连用。例如：

82）红旗升了五分钟还没有升到旗杆顶。
　　他徘徊了一个小时还没有进去。
　　飞机在空中盘旋了一个小时。

总结汉语自主自发运动动词中[路径]动词的界态类型如表3-18。

2. 汉语致使[路径]动词与[空间界态]分类

从概念事件语义来说，汉语致使动词和英语致使动词一样可以划分出多种框架事件类别。有的动词属于运动框架事件，主要表示动作使某个受事物体发生空间位置变化的位移运动，如运、搬；有的属于状态变化框架事件，表示动作使物体的形状和性状发生改变，如捏、刻、碾、剁、团、开；有的表示使多个物体聚合或者排列，如并、拢、聚、列。陆俭明（2002: 7）曾经按照动词表达概念语义是否包含"位移"概念对汉语当中的致使运动动词进行了讨论。

A. 送、运、传₁（传来一个球）、扔、搬、寄、拉、拖、拽、带、

扛、抬、牵、交、还(huán)、借、抢、偷、买

B. 拿、端、找、抱、搞、写(写来一封信)

陆俭明指出，A组动词都表示受事的位移；B组动词表面看似乎不含有位移的语义特征，但它一旦带上趋向补语，位移的语义特征就显示出来了，通常表示受事的位移。陆俭明认为A组和B组动词都可以表示动作使受事发生位移。他还提出一类"非位移类动作动词"，如切、剥、撕、炖、洗。如果从动词表达的动作对受事发生致使作用的结果来看，本书认为汉语致使动词至少可分为四类。

（1）表示受事物体在动作作用下发生空间运动：在空间发生延展性路径运动，或者是非延展性空间位置发生变化。例如：

送、运、传(传球)、抱、扔、搬、端、拉、拖、拽、带、扛、抬、牵、寄、递、掏、放、卸、采、摘、捞、种、贴、涂、绑、挂等。

（2）表示受事物体在动作作用下发生所有者改变的类别。例如：

还、交、借、抢、偷、买、卖、给等。

（3）表示受事物体在动作作用下发生空间形状、物理聚合状态的变化，与空间有关而位置变化不是这些动作直接作用于作用对象的结果，有学者称这类动词为"非位移动词"（陆俭明2002）。例如：

切、剥、砍、凿、撕、剁、合、拢、撒等。

（4）表示受事物体在动作作用下产生、毁坏、消灭、发生性质改变、改善或者变坏等。例如：

杀、造、制、改、溶、编、写、煮、炒、搞、找等。

本书认为（1）组动词是比较典型的受事物体位移动词，因为动词表示的概念语义是使受事发生空间位置的变化，属于致使运动动词。而（2）组和（3）组都不能被认为是典型的致使运动动词，因为它们唤起的主要是状态变化框架事件，而不是运动框架事件。例如（2）组动词还带有"主观意愿所有权转换"的概念，而（3）组动词主要表达动作对受事作用使之发生某种状态变化，如物理性质、聚合状态、物理形状、生成、消失等变化结果。尽管（3）组动词也可以与趋向补语词匹配，描述受事的运动，如写来一封信，但是动词表达的动作"写"并不是使受事"信"发生位置变化的原因。因为"写"的直接作用是产生"一封信"，而"来信"则是发信人将写好的信通过邮局寄来的，不是"写"的直接作用。"写来一封信"是"写信"和"寄信来"的复合事件表达句。因此"写"不能算是典型的致使位移动词。再以"切"为例，"切"的直接作用结果不是使受事发生空间位移，而是状态变化。尽管"切下"可以用来表示用刀具将某物的一部分从整体分离，也可以表示刀具的运动方向，但是不表示受事物体在空间进行线性位移运动。例如：

83）切下一小块萝卜放进嘴里。
84）他一刀切下去，把西瓜切成了两半。

"切下"在例83）、例84）两例中都不表示受事的空间运动。例83）表示受事"萝卜"受动作作用发生的形状变化"有一块从整体脱离"；例84）表示工具"刀"在使用者作用下的发生运动，不是表示"西瓜"的运动。"切"这个事件当中，"切"这个动作和"人"、"刀"和"菜"相关。人通过手作用于工具使工具发生运动，如"切"的动作使"刀"发生运动，"刀"再对"菜"发生作用，使"菜"的形状发生变化。

人对"刀"施加动作,"刀"对"菜"发生作用,尽管"切菜"使"菜"发生形变,但是不直接使"菜"发生空间位置变化的运动,因此"切"也不是典型的致使位移动词。即使可以与趋向补语相匹配,也只是表示动词唤起的概念事件框架中受事之外的其他相关的动体发生位移的[路径]概念。如受事的一部分或者动作涉及工具的运动。

由此可见,致使动词表示使受事物体发生运动,也可能同时涉及施事者、施事工具和受事都发生空间运动的情况,情形比较复杂。例如"运"唤起的运动事件中,施动者和受动者都发生运动。还有很多致使运动动词的[路径]含义都可能是隐含的,只有在与受事宾语,或者表示工具或者材料的名词匹配后再加上表示[路径]的词化单位才能明确表达[路径]意义。例如:

85) 从那个萝卜上切下一小块来。

不论动词表达的动作是使哪种动体发生空间位置变化,这些致使动词都可能表达潜在[路径]概念。一旦带有[路径]含义。致使动词就会在与汉语趋向补语组合时受到限制。例如:

86) a.把馒头装进包里。
b.*把馒头装出包外。

那么如何对汉语致使动词的[路径]概念进行分析和分类呢?本书通过"把 NPVAVB"结构来判断致使动词是否表达起点或者终点路径。VAVB 表示往复运动,属于无界路径结构。如果一个致使动词没有表达[路径]概念而是只表达运动[方式]信息的话,那么该动词可以和各种[路径]趋向补语成分搭配,可以用于 VAVB 中。表示受事受动作作用发生[无界]路径运动的致使动词可用于 VAVB 结构中。表示受事受动作作用发生离开某个源点位置或者到某个终点位置的有界致使动词，不能用于 VAVB 结构当中。例如：

87) 送进送出、抬进抬出、带进带出、拖进拖出、搬进搬出、送上送下、抬上抬下、拖上拖下、递上递下、带上带下

88) *放进放出（放置之义）、*卸进卸出、*装进装出、*浸进浸出、*抽进抽出、*掏进掏出

如果还要进一步考察动词是否在垂直空间维度是有空间边界特征，可以使用 V 上 V 下结构的测试。有些动词一般不能使用在垂直维度，有些则是不能使用在水平维度的运动事件表达。例如动词"倒"表示（倾倒液体）时，"倒进倒出"可以说，而"*倒上倒下"则是不可以的，只能用"倒下"，如把一杯酒倒下肚。这就说明，一方面"倒酒"中的受事"酒"发生了容器边界的变化，跨越某个中间间隔的边界，属于有界动词；另一方面，这个动词不能用在垂直维度的起点路径的致使运动事件表达。

总结致使动词[空间界态]语义类别如表 3-19。

3. 汉语其他[路径]单位与[空间界态]分类

前文对双语平行语料库的考察说明，除了自主自发运动动词、致

表 3-19　汉语致使位移动词[空间界态]语义分类

非路径致使动词	路径致使动词		
没有表达受事发生位移运动的[路径]信息，仅表示动作方式	跨越中间边界	起点边界	终点边界
搬、拖、送、拉、运、拽、驮、举、端、寄、拿、抱、扔、传、扛等	倒（倾倒液体）、捞、掏、塞等	抽（使受事从容器中出来）、拆、采、摘、拔、解等	放（放置）、搁、卸、灌、交、浸、泡、挂、悬、绑等

表 3-20　汉语[路径]单位[空间界态]语义分类总表

自主自发路径动词	[＋有界]	[－有界]	[±有界]
致使路径动词	[＋有界]	无	无
趋向补语	[＋有界]	无	无
介词短语	[＋有界]	[－有界]	[±有界]
构　式	[＋有界]	[－有界]	无

使运动动词、趋向补语动趋词之外，汉语中还有其他可以表示[路径]词汇成分、短语、构式成分，例如介词短语与运动动词搭配，如走在前面、在天空中飞翔、朝城堡跑去；往复运动短语VAVB，如跑上跑下、飞来飞去；自主自发动词/致使运动动词+距离，如跑了五百里；动态和静态存在句，如冰河上跑着三套车、地里种着庄稼。这些语言结构表达的概念都和运动事件有关，也都表达[路径]概念。同样，这些语言单位也可以按照语义表达的[路径]概念空间界态特征分为有界和无界两种类别。

（三）汉语[路径]语言单位的界态分类总结

本节对汉语趋向补语、自主自发运动动词和致使运动动词、汉语介词结构、VAVB结构、汉语动态和静态存在句等表达[路径]概念的语言单位进行概念结构语义特征的分类，总结汉语[路径]单位的空间界态语义的分类情况如表3-20。

三、英汉"来/去"的有界与无界

（一）"来/去"的认知图式

很多研究者都对"来/去"的认知图式进行过描述，国外主要有（Lakoff 1985; Lakoff & Johnson 1999; Levinson 2003, 2006），国内主

要有刘月华（1998）、李明（2004：299）、文旭（2007：92）等。尽管各家使用的认知图式各有不同，但是都具有以下几个共同特点：一是"来/去"的判断涉及以说话人为代表的认知主体参照中心，二是"来/去"的认知涉及进入或者离开认知主体的认知辖域。

为了说明"来/去"表达的运动空间关系概念构形特征，在这里尝试提出综合已有讨论特点的"来/去"的认知意象图式。○表示运动动体，大长方形表示运动事件发生的认知域，小长方形表示背景，⊙表示观察者，X 表示运动动体发生运动的背景参照物。"来"的图式可以表示：①背景参照物与观察者视野重合，动体向观察者运动趋近并进入观察者可观察的视野范围边界；②背景参照物与观察者视野不重合，也就是动体相对某个参照物运动，同时被观察者观察，进入观察者可观察的视野边界。总的来说，"来"的认知图式表示动体运动进入观察者视野范围。

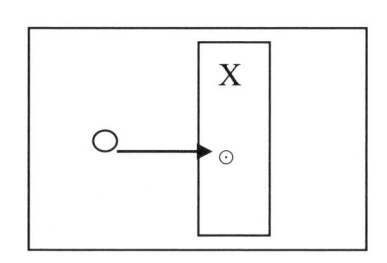

图 3-11 "来"的认知图式

89）我明天来。

90）小李来上海两天了。

"去"的图式表示：动体离开观察者视野范围，向超出视野边界的方向移动，可能有目的地也可能没有目的地。即使有目的地，这个目的地也没有到达。

图 3-12 "去"的认知图式

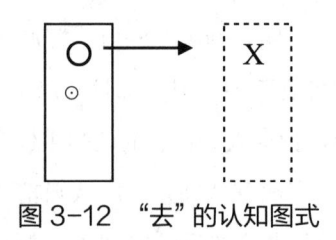

91) 我吃过饭就去。
92) 他没吃饭就去学校了。

根据图式分析,"来/去"总是与观察者视野有关的,也就是以观察者为参照系的。由于涉及观察者所在的空间和时间,因此这个参照不仅是空间上的也是时间上的。本书的观点是,"来/去"作为相对参照系下的路径词化单位,表达运动动体相对于观察者或者说认知主体的相对运动路径。由于[路径]总是相对[背景]而言的,因此"来/去"虽然只是"指示"路径,仍然应该有其背景成分,这个背景就是指示中心。

本书认为:①"来/去"在空间意义上表示向靠近或者远离观察者方向运动,进入或者移出观察者可观察到的范围。虽然没有实体空间物理路径,但是"来/去"表达的路径概念也是有参照背景的,这就是"观察者视野空间",具有抽象边界。②英汉"来/去"动词单位还表达时间维度的分布特征[体]。具有时间参照性,表示进入观察者所在时间范围。而汉语的"来/去"作为趋向补语时,[运动]信息不再突显,而[体]信息仍然起作用。在考察作为动词的"来"与"去"的界态时需要考虑时间和空间两个范畴的界态构形特征。

(二)英语"来"与"去"的[空间界态]分类

英语"来/去"概念可以由动词"come"来和"go"去来表达,也可以由表示指示的方向副词"here、there"与"hither、thither"来表达,此外一些动词当中也带有指示成分,如"bring、take、fetch"。

"here、there"与"hither、thither"的意思一样，只是文体用法不同。英语"here、hither"表示"这里"，"there、thither"表示"这里、那里"相当于汉语当中的趋向补语"来／去"。只是英语"hither、thither"这两个副词已经不再是活跃的词汇，在英语运动事件表达中很少使用，BNC 中只找到了"hither"的 34 个匹配项，"thither"相匹配的 23 项，"hither and thither" 34 项，可见这些表达已经是不常使用的词项了。"hither"或者"thither"单独用在动词短语之后，表示"V 到这里来"或"V 到那里去"与汉语的趋向补语来去一样表示"可以观察到的与观察者视野有关的"相对参照系下"有界"路径，但是现在"hither and thither"这样的结构则表示"V 来 V 去"，表示往复运动无界路径。例如：

93) The waves that rush hither from Kahiki ...
从 Kahiki 涌来的水流……

（ASV 72）

94) I was led thither by the fiscal, who knows them well and is kind to them.
我被财务领到了那里，他和他们都很熟，对他们都很好。

（B1N 611）

95) As punishment they were turned into leaves and blown hither and thither: some down chimneys, some into stables, others into newly turned earth.
他们被变成了树叶，被吹得到处都是：有的吹到了烟囱下，有的吹到了马厩里，有的被吹到新翻的泥土中。

（CAC 703）

对"come"和"go"的界态特征判断，也可以用"for/in + 一段时间"的测试方法。例如：

96) a. He came in a minute.
?b. He came for a minute.（表示来到以后的逗留时间，而不是表示"来"的过程时间）

97) a. He went for a while.*
b. He went in a while.

可见"come"与"go"都是相对参照系下有界构形的路径动词，在过去时间范畴内表示描述运动的情形时一般表示可以观察到的实现位移的有界路径运动。

英语当中的"go doing"已经成为语法化的结构，表示"去做某事"，例如"go shopping"去买东西，"go fishing"去钓鱼，"go swimming"去游泳，其中"go"表示的意义有起始体意义。在 BNC 中"come swimming"仅见 6 例，"came swimming"仅见 9 例，"go swimming"有 78 例，"went swimming" 29 例。可见"go"与"come"的用法有不对称性。查找"came running"的用法，得到了 114 个匹配项，而"went running"仅见 15 例。这种不对称性的现象有待研究，估计与"来/去"图式中观察者时间参照有关。从路径概念结构的构形特征来说，"come"和"go"都是表示有界路径的动词。BNC 中的例子都表示有界路径运动事件，从下面的例子可以看出这一点。

98) We were just wondering what to do next when Elinor came running in waving a letter.
我们正在想接下来要做什么，这时候艾力诺挥舞着一封信跑了过来。

（ACK 476）

99) Two policemen came running up and tried to grab him but he was stabbing furiously at them.

两个警察跑上前来，想要抓住他，但是他却疯狂地举刀向他们乱刺。

（CBF 3907）

100) I walked out of the hospital and was going down the path and a nurse came running out and shouted at me to stop.

我从医院走了出来，正要走上小路，忽然一个护士跑了出来大声叫我停下。

（CFB 1097）

101) A huge dog came running towards me.

一条大狗朝我跑了过来。

（H9U 1489）

102) John went running around the airport, banging into old ladies.

约翰跑去在机场四处乱跑，撞上了不少老太太。

（HGU 1667）

103) My son went running to Irene's house to see what was the matter.

我儿子跑到艾瑞家去看发生了什么事。

（HH3 6437）

104) Last Sunday I went running, expecting Hank home in the evening.

上周日，我去跑步了，以为汉克晚上才会回家。

（AC4 1634）

由于"来／去"表示相对参照系指示路径，与内在参照系物理路径不相冲突，因此"come"与"go"可以与各种表达物理路径的介副词匹配。例如：

105）He came towards her quickly.
　　他朝她飞快地走来。
　　　　　　　　　　　　　　　　　　　　（C85 1511）

106）She poured Scotch for them both, then went towards the bathroom to add water.
　　她给他们每人倒了一杯酒，然后朝浴室走去，前去加水。
　　　　　　　　　　　　　　　　　　　　（FP7 406）

（三）汉语"来/去"的[空间界态]分类

通过"来/去"与表示无界空间的介词结构"在……"和表示无界时间体标记"在、着"搭配的情况来考察"来/去"的空间界态类别。例如：

107）我在街上走着。/* 我在街上去着。
108）他在森林里奔跑。/* 他在森林里去。
109）* 救兵正在来阵地。/？救兵在朝阵地来。
110）他搀扶着爸爸慢慢下着楼。/* 他搀扶着爸爸慢慢来着医院。

路径动词"来/去"与表示无界成分不匹配，表达的是空间有界路径。

在对话当中的路径动词"来/去"，如果没有体助词"了、过"等表示完结的标记，都表示没有结束的运动。例如"明天来我办公室"、"他去买东西了"。

"来"的另一种用法"来人、来个节目、来个下酒菜、来点儿水"，都处于祈使句中，是要求听话人将受事宾语移动到说话人观察到的视野范围边界以内，表示跨越一定的抽象空间边界，因此除了"来人"的用法比较特殊之外，其他的都因为"来"表示的是空间[＋有界]路径，因此必须要和[＋有界]动体名词共现，没有有界化的名词不能够表示有界空间运动的动体。例如"来一瓶上海石库门金标黄酒"就不能用"来黄酒"的说法。"来水"、"来电"这样的表达当中的"来"表示非空间运动的意义，如"出现"，不是作为趋向动词的意义，表示状态变化。

李和汤普森（Li & Thompson 1989: 412）提出，与"飞"、"跑"这样的动词不同，"来"和"去"用在其他动词之后表示到达目的地。"来"和"去"放在句子之后表示是朝说话者移动还是离开说话者方向移动的目的地。他们认为，当"运动动词＋趋向补语是"句中唯一的动词结构时，都表示到达目的地。作为简单趋向补语的"来／去"编码相对参照系下的有界路径，表示"进入／离开"观察者视野范围边界。在动词之后表示运动结果，例如"上来、下去、回去、出来、跑去、走来……"这些动词短语结构也不能与表示无界路径的结构和表示无终结性体标记相匹配。例如＊跑去着、＊在走来。而"朝森林跑去"则是可以的，因为"朝＋处所跑"表示向某个目的地的无界运动，但是"去"表示相对参照系被观察到的有界路径，因此"朝森林跑去"变成了"有界"构形，不能与"在／着"相匹配，也不能与持续性的时间相匹配。例如：

111) a. 他们朝门口跑了几秒钟。

　　　b.＊他们朝门口跑去了几秒钟。

112) a.＊他们一起在朝门口跑去。

　　　b.＊他们一起朝门口跑去着。

由此可见，简单趋向补语与"来/去"搭配时，表示的都是有界路径。

作为复合趋向补语一部分的"来/去"具有的界态类型也是有界的。"跑上去、游过来"等"动词+趋向补语"都是表达有界路径运动，由于作为趋向补语的"上、过"等本身已经是编码了有界路径，因此"来/去"的[指示]和[体标记]意义在这种情况下更加突出。例如：

113）血从裤子里浸出来。

（CCL）

如果没有"来"，那么"血从裤子里浸出"就不能成为独立的句子。这说明"来"在句子当中使句子结构完整，是结构有界化成分。

这种复合趋向补语的结构还被认为是可以分成两部分的，也就是说，"来/去"可以被分离出来置于句尾，特别是在致使运动事件表达当中。例如：

114）从书包里拿出一串香蕉来。/拿出来一串香蕉。
115）把香蕉从书包里拿出来。

"VD+受事名词短语+来/去"、"把+受事名词+VD来"这两种结构出现的频率最高，都是表示受事有界运动路径运动事件。

总之，作为动词的"来/去"表示相对参照系下相对观察者运动方向的[+有界]路径动词；作为补语时和其他简单趋向补语一样，表示[+有界]空间路径。由于是相对参照系下的趋向补语，因此与其他内在参照系下的简单趋向补语不同。"来/去"可以与其他各种路径成分匹配，因为相对参照系下的路径与内在参照系的路径成分相互补充。

本节小结

本节的内容较多,主要是对英语和汉语各种表达[路径]概念的词汇和其他结构单位进行[空间界态]语义特征的分析和分类。

研究表明,英汉[路径]词汇单位和其他结构单位所表达的[路径]概念虽然五花八门,但是总是能够按照概念结构空间构形系统[界态]特征分成"有界"和"无界"两类。英语和汉语自主自发运动[路径]动词、[致使路径]动词,英语介副词、汉语趋向补语,英语[路径]构式、汉语[路径]构式等成分都能够按照所表达[路径]概念结构的有界和无界进行分类。具体情况见表3-21。

由于研究发现很多英语介副词可能表达两种界态特征的[路径]概念语义,根据句子内语境词汇和语法成分的不同,同一介副词可以被动态识解为有界或者无界[路径]概念语义,因此在 BNC 的支持下,本书尝试对句子层面影响英语双界态介副词在词义动态识解的词汇和语法成分动因进行了分析,并提出了影响双界态介副词词义动态

表3-21 英汉[路径]单位[空间界态]语义分类总表

汉语[路径]单位[空间界态]语义分类			
自主自发路径动词	[+有界]	[-有界]	[±有界]
致使路径动词	[+有界]	无	无
趋向补语	[+有界]	无	无
介词短语	[+有界]	[-有界]	[±有界]
构 式	[+有界]	[-有界]	无
英语[路径]单位[空间界态]语义分类			
介副词	[+有界]	[-有界]	[±有界]
自主自发动词	[+有界]	[-有界]	[±有界]
致使动词	[+有界]	[-有界]	无
构 式	[+有界]	[-有界]	无

识解的句子内语境词汇和语法成分线性作用次序，表述为一个三段式的推断过程。当遇到英语运动事件表达句中介副词有两种[路径]概念语义识解可能时，可以按照以下的次序来判断理解[路径]概念语义：

A. 首先观察谓语动词：看动词词义，看动词屈折形式；

B. 然后考察介副词后[背景]名词的情况：看是否有[背景]名词，看名词语义；

C. 再看[背景]名词后其他结构成分的情况：看是否有其他介副词或者介词结构、副词性状语、时间状语、复合小句、非谓语动词结构等。

这既是通过语料库的实际语料对介副词多义动态识解问题进行的初次探索，也是从语料库的角度对认知语义学词汇语义动态识解问题进行的实证研究（Croft & Cruse 2004）。

本章还对英汉相对参照系指示路径成分的界态语义进行了分析，在相对参照系中，英汉"来／去"都表示相对观察者视野空间[有界]路径概念。

由于多种词汇和结构成分都表达[路径]概念语义，各种语言单位表达的[空间界态]语义的有界和无界有可能各不相同，因此在这些成分相互匹配过程中自然要遵守语义相容的原则。本节的讨论为下一章提出以[路径]为核心的界态语义匹配原则奠定基础。

第四节
以[路径]为核心的[空间界态]语义一致原则

前三节已经证明[路径]概念在英语和汉语中以多种词类和其他

语言结构来表达，动词、介副词、副词短语、构式等语言单位都可能表达[路径]概念。如果按照[空间边界界态]语义来分类，就可以将这些表达[路径]的语言单位分为"有界"和"无界"类别，其中[有界路径]单位还可以具体划分为与起点边界、终点边界、中间边界有关的细类。但是本书的最终目的并不是描写英汉运动事件表达的语义配置构成情况、明确英汉[路径]单位词化分布情况并对它们进行"界态"语义分类。本书希望探索概念结构和词汇语义对句中词汇和语法成分组合关系的影响。杰肯道夫（Jackendoff 1990）认为句子表达的整体概念结构语义[界态]也是由词汇和语法成分的[界态]语义相互作用合成而来的。那么各种语言单位的[界态]语义是怎样相互作用最终形成一个整体的句子[界态]语义呢？杰肯道夫认为应当探求一套[界态]语义运算规律（Jackendoff 1990: 31）。本书认为，可以从框架事件概念结构对句子成分组织的要求，以及词化单位的概念结构词汇语义之间的关系两个角度来对这个问题进行讨论。

一、以路径为核心的界态语义匹配原则

根据泰尔米的分析，框架事件概念的表达决定句子表达大事件概念的整个空间和时间框架，从而决定句子的体特征，同时也决定全部或者大部分论元结构和语义角色，决定所有的或者大部分的补语结构（Talmy 2000b: 219）。对于运动框架概念事件来说，[路径]概念是核心。因此[路径]概念结构特征决定运动框架事件的空间和时间框架特征。结合前文对[路径]词化模式和词化单位界态类型研究的基础，本书尝试提出一个以运动路径概念空间界态特征为核心参照的概念结构"界态特征一致匹配原则"，以及这个原则在语言表达式词汇和语法成分组合关系中体现出来的以[路径]表达为核心的"界态"语义一致匹配原则。具体表述如下：运动框架事件的核心概念[路径]

的空间界态构形特征决定框架事件的时间和空间界态特征。由于［路径］是动体运动与空间背景之间的关系，因此［路径］概念有界则蕴涵［运动时间］概念有界，蕴涵［运动动体］概念有界，蕴涵［运动背景］的空间边界与［路径］边界界段重合。

这个概念界态匹配原则映射到语言表达式中，体现在［路径］词化单位与其他概念单位的结构形式匹配组合关系上。运动事件表达句在句法建构中很可能存在以"路径"概念为核心的"界态语义一致"匹配原则，即在英汉运动事件表达句的句法建构中，各种词汇和语法成分自身所表达的"界态"语义要与核心概念［路径］"空间界态"特征的语义表达保持一致。这种一致性原则可以具体表述为具体三个次则，分别涉及［路径］单位与［运动时间］单位、［路径］单位与［背景］单位、［路径］单位与［路径］单位之间的"界态"语义一致匹配关系。具体体现在三个次则：

1. 一个运动事件表达句中，如果语言单位表达［有界路径］概念，那么句中表达［运动时间］维度特征的词汇和语法单位的"界态"语义识解为有界；

2. 一个运动事件表达句中，如果语言单位表达［有界路径］概念，那么句中表达［背景］概念语言单位"界态"语义识解为有界；

3. 一个运动事件表达句中，如果［路径］概念由多个语言单位共同表达（如词汇和构式单位），那么不同语法范畴的［路径］单位匹配时，各单位的概念界态语义要遵循"同态相容，异态相斥"的原则，同类范畴的［路径］单位匹配时，要遵循符合核心［路径］概念语义表达要求的原则。

次则 3 主要是指［路径］动词与［路径］介副词（或者趋向补语），［路径］动词与短语或者句子构式之间的匹配关系。实际上各种［路径］单位的匹配就是句中路径动词以及非动词路径单位之间的语义匹配关系。如果动词词义表达有界路径语义，则不能与无界介副词或无界构式匹配，例如 *enter along、*enter in and out。无界路径动词也一般不能用在或者很少用在有界构式中，例如 *circle into。

二、"界态"语义匹配的三个具体次则

下面对"以[路径]为核心的界态语义一致匹配原则"的三个次则进行说明。

（一）[路径]与[时间]的界态特征关系

人们认知的运动事件概念包括运动空间和运动时间特征。菲尔莫（Fillmore 1982）认为如果要讨论物体运动，就是要讨论物体在运动开始时位于某个位置，再讨论后来的时间里运动到不同于开始或之前位置的新位置。米勒（Miller 1976）与菲尔莫的观点相似，认为语言中有丰富的语词表达在时间 T1 的位置 P1 的物体经过运动，在时间 T2 移动到 P2。菲尔莫与米勒对运动事件的定义与亚里士多德（Aristotle 1960）对运动的定义一脉相承——位移（locomotion）被认为是第一性的，同时强调运动事件是涉及时间和空间分布特征的空间线性位移变化。由于不论空间运动如何进行，人们可以观察到的都只是空间变化，因此时间的认知总是相对空间来说的。运动事件中的动体运动的时间不能被直观看到，而是要相对某个空间参照点来认知，这个空间参照总是和运动的路径有关。下面对运动事件概念框架中的运动路径和运动时间之间的关系进行描述。

如果将路径理解为动体与空间背景之间的动态边界关系，则各类

图 3-13　典型线性运动事件的路径图式

[路径]运动事件中相关的时间概念分析如下：

　　A. 边界到达类：

　　a. 即将到达边界的时间，如还要15分钟才能到家。

　　b. 到达边界的时间点，如上学走到学校门口刚好八点钟。

　　c. 到达边界之后的时间，如到了学校以后逗留的时间是5个小时。

　　B. 从某个边界出发类：

　　a. 从边界离开的时间点，如五点钟从家中出发。

　　b. 从边界出发之后的时间，如离开家以后5分钟。

　　C. 跨越相对边界：

　　a. 发生边界跨越运动的瞬间时间点，如运动员冲刺的瞬间。

　　b. 越过边界之后的时间，如运动员冲过了终点之后的时间。

　　D. 空间无界类：

　　空间无界路径概念事件中可以被观察或认知的时间概念是相对于运动过程中任何一个空间参照点来说的任何时间点、时间段。

　　a. 在某个空间运动，没有任何边界变化，运动的任意时间点和时间段，如5点时在花园里走、在花园里走了5个小时。

　　b. 向某个边界移动，向边界移动的任意时间点和时间段，如5点钟朝学校走、朝学校走5分钟。

　　从上面的分析可以看到，人们对运动事件时间概念的认知是以空间路径概念为参照的，对空间边界关系的认知决定了时间概念的认知。有界路径概念总是对应于与空间边界有关的时间概念。可以说，[路径]概念的有界特征蕴涵运动[时间]概念有界。

　　由于这种概念结构关系反映在语言结构中，因此可以推断：一个运动事件表达句中，如果[路径]词汇单位表达概念结构有界，则蕴涵表达[运动时间]概念的词汇和语法成分界态语义特征为有界。这样就能对运动事件表达句中的时间成分匹配现象进行解释。例如：

1） a. All of a sudden, he walked in the garden.

　　b.*All of a sudden, he walked along the beach.

2） a. I walked through the tunnel for 10 minutes.

　　b. I walked through the tunnel in 10 minutes.

（Talmy 2000a: 55）

例1）a中时间状语"all of a sudden"之所以不能与"walked along"组合，主要是由于"all of sudden"表示突然，这是一个有界时间概念，因此不能与表达无界路径概念的"along"匹配。"walked through"由于"through"是双界态介副词，因此可以与有界和无界时间成分匹配。汉语中路径界态语义对时间成分的选择匹配限制作用也体现这个界态匹配原则。例如汉语趋向补语都表示有界路径，因此"动词+趋向补语"不能与时间纬度无终结边界的进行体标记"在、着"匹配，但是可以与时间点进行体标记"正"匹配。趋向补语结构也不能与表达无界时间概念的时间状语匹配，如一整天、整个下午等。例如：

3） a.我看见他的时候，他正走出校门。

　　b.*我看见他的时候，他在走出校门。

　　c.*我看见他的时候，他走出着校门。

（二）[路径]与[动体]、[背景]的空间界态特征关系

运动事件框架元素中具有空间特征的概念有[动体]、[路径]和[背景]。其中与[路径]直接相关的是[背景]。因为运动路径是动体在空间运动过程中与背景参照物之间发生的关联，所以运动路径的空

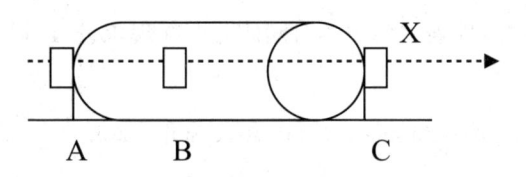

图 3-14 [路径]与[背景]界段重合图式

间界态特征的认知是与背景边界特征的认知密不可分的。例如一只帆船在大海上行驶，帆船的运动路径可以认识为是在空间看不到任何边界的路程。这个路径也可以认为是帆船驶过一片海域，即通过一个有边界的海面。泰尔米（Talmy 2000）提出了一个以界段是否重合原则来判断运动路径的有界无界：如果一个运动动体的运动路径起终点与参照背景的边界重合，则运动事件为有界；如果路径边界与背景边界不重合，则运动事件为无界。如图 3-14。

泰尔米认为运动路径概念被识解成空间有界还是无界都只是与参照物有关（Talmy 2000a: 55）。一个人 X 在隧道中穿行，他的运动路径与隧道的终点没有重合（A—B），隧道被认识为无界事物；当他穿过了隧道，则他的运动路径与隧道的终点边界有所重合（A—C），隧道被认识为有界事物。如果运动路径边界与背景边界不重合则为无界路径，如果运动路径边界与背景边界重合则为有界路径。这种[路径]与[背景]概念之间的关系反映在语言系统句子当中[路径]词化单位与[背景]词化单位空间界态的一致性匹配上。例如：

4） a. *In one hour we flew over water.

b. In one hour we flew over a sea/the water.

如果一个运动事件表达句要表达有界路径概念，则[路径]和[背景]成分都应表达空间有界语义；如果要表达无界路径概念，那么[路径]与[背景]词化单位都应表达空间无界概念。

（三）［路径］单位之间的概念语义匹配关系

一个运动事件的路径一般只有一种界态特征：不是有界路径，就是无界路径。一个运动事件表达句中［路径］不论由多少种词化成分来表达，这些词化成分都需要共同表达具有最终唯一界态特征路径概念。由于英语和汉语都可以通过多种语法和词汇手段来共同［路径］概念，因此在同时应用于一个表达句中时，各种不同词类的［路径］单位之间或者［路径］构式和［路径］词汇之间要满足"界态"语义要相容的条件才能组合使用。例如：

（1）有界路径动词不能与无界路径介副词匹配。

  5） a.* arrive along/around/towards

    b.* 穿行过森林

  6） ? 老鹰盘旋过雪山／到雪山

"come"和"go"之所以可以与"all the way"匹配是由于这两个路径动词是相对参照系指示路径，与内在参照系的物理路径不排斥。

（2）有界路径动词不能用在表示无界路径的短语或句子结构当中。

例如汉语中的"V 来 V 去"不能与"到、回、出、进"等有界路径动词匹配。英语中"reach、exit、arrive、leave、enter"等动词由于词义表达明确边界，都不能用在"all the way、up and down"等无界路径结构当中。在 BNC 中没有找到任何如"leave/enter/arrive/reach/exit ＋ all the way/up and down"的匹配项。例如：

  7） * People arrived in and out.

  8） a. 我们在落叶中跑来跑去。

    b.* 我们在落叶中出来出去。

9）*He entered all the way into the house.

（3）表示无界路径的动词一般不能用于表达有界路径语义的短语构式当中。

10）* The hawk hovered into the house.
11）*我们穿行过落叶。

"hover、stroll"由于表达非线性无界路径运动，一般只能与无界成分匹配，不能与"to、into"相匹配。在 BNC 中没有查到"hovered to"的例子，而"strolled to"的句子只有 16 例。汉语中非线性无界路径动词，如"穿行、徘徊、蜿蜒、逡巡"只能与无界路径成分匹配，不能与"过、进、上、下、出"等趋向补语相匹配。

（4）相同词类范畴的路径单位的联合使用要符合运动事件表达句中路径概念语义表达的概念内容的要求。例如，如果说话人要表示一个既有起点又有中间路径又有终点的运动路径，那么他可以选择多个相关的介副词进行组合共同来表达这个概念。

本书通过对英汉双语平行语料库语料的分析发现英语当中多个介副词可以连续使用，各介副词排列顺序受到起点—中间—终点经典路径图式的影响。例如"walk over to ..."、"climb up into/onto"。下面举一个例子说明英语中多个路径介副词连续使用的情况。

12）Get off, cross over again and come on in to the Meinhof.

（GW9 32）

与英语各种介副词可以连续使用的情况不同，汉语中只有表示相对参照系路径概念语义的"来／去"可以与大多数趋向动词和趋向补语匹配。而"来/去"之外的趋向补语不能连续使用。如果表达连续运动路径则一般要通过"一动一趋一背景名词"的形式，例如：

13）哈利三步两步<u>登上</u>石阶，<u>穿过</u>两扇橡木大门，<u>蹿上</u>大理石楼梯，<u>朝</u>三楼<u>跑去</u>。

总结[路径]单位相互匹配的情况，本书认为这些现象体现了"界态"匹配的要求。基本上可以归纳为这样的原则：同性相容，异性相斥，缺失互补，冗余互斥。

本节小结

本书在前三节通过对语料库呈现的运动事件表达的语言事实进行观察的方法，明确了运动框架事件在英语和汉语中的基本概念语义配置结构，并对核心图式[路径]在英语和汉语中的词化单位分布情况进行了描写。在明确语言事实的基础上分析运动事件的概念语义构成框架，探讨核心概念"路径"的意象图式结构特征。根据"路径"图式所体现的运动动体在空间中运动与背景之间的动态边界关系进行详细分析，然后对相应[路径]语言单位进行概念结构语义[空间界态]的分析和分类。以解释运动事件概念表达句中语言单位的匹配组合关系问题为目的，本节提出了一个句子层面的词汇和语法单位的组合原则，即运动事件表达句中各成分的匹配组合要满足两方面的需要：一是概念事件内容语义配置的需要，二是概念事件结构语义配置的需要。这种概念结构构形特征表达的需要体现在"以'路径'为核心的[界态]语义一致匹配"的原则上。本书认为，运动框架概念事件的核心[路径]构形系统的特征——"空间界态"特征决定了整个框架事件的时间和空间界态特征。"路径"有界则运动事件的时间和空间构形特征为有界。这个概念界态特征一致的匹配原则映射到语言表达式中，体现在［路径］词化单位与其他概念单位的结构形式匹配组合关系上。具体体现于三个次则。

①一个运动事件表达句中，如果语言单位表达有界［路径］概念，那么句中表达［运动时间］维度特征的词汇和语法单位的［界态］语义识解为有界。

②一个运动事件表达句中，如果语言单位表达有界［路径］概念，那么句中表达［背景］概念语言单位［界态］语义识解为有界。

③一个运动事件表达句中，如果［路径］概念由多个词汇化单位共同表达，那么各种表达［路径］的语言单位匹配时，不同语法范畴的语言单位之间（如动词与介词、动词与构式）在组合时要遵循概念界态语义一致的原则，各单位的界态语义"同态相容，异态相斥"；同种语法范畴的［路径］语言单位匹配时（如多个英语介副词连续使用时），要符合运动事件表达中核心路径概念内容语义表达要求。

下一章开始，本书将使用这个"以路径表达为核心的界态一致匹配"原则对一些英语和汉语中的运动事件相关表达现象和问题进行解释和解决，包括英语 WAY 结构中动词的选择适用问题、英汉距离路径表达问题、汉语静态存在句动词适用性问题、英汉双宾语构式动词适用性等。

── 第四章 ──

相关语法问题的应用

在第三章，本书通过语料库的实际语料明确了语言事实，对英汉运动事件表达语句的概念语义内容的构成，特别是［路径］概念的词化模式和［空间界态］语义特征的分类进行了详尽的描述，并在已有理论基础上通过溯因、内省和语料库验证的方法得出了一个以路径为核心的界态语义匹配原则，认为运动事件表达语句中的［路径］概念"空间界态"语义对句子建构有句法–语义限制作用。本章主要是运用理论假设探讨第一章提出的那些英汉运动事件表达句中出现的各种语法建构现象和问题，并通过语料库对结论进行验证。由于语言中的任何一个语句都是为了表达某个概念而构建的，表达式中的语义配置成分的组合情况必然反映概念的内容和结构，因此可以认为，句子中各个词汇和语法成分的组合以及排列顺序都要满足概念内容和结构表达的需要。本书提出的"界态语义一致"匹配原则就是一种概念结构表达所要求的语义匹配原则。本章讨论有关运动事件的一些英汉句子建构表达问题，包括五节，第一节讨论英语 WAY 构式中动词适用问题，第二节讨论汉语静态存在句中动词适用问题，第三节讨论［时间］与［路径］单位的匹配问题，第四节讨论英汉距离路径表达问题，第五节讨论英汉双宾语构式中动词适用问题。

第一节
英语 WAY 构式中动词适用问题

本节讨论英语 WAY 构式中动词的选择限制问题。首先从英语 WAY 构式现象入手，分析杰肯道夫（Jackendoff 1990）和戈尔德贝格（Goldberg 1995）提出的语义限制条件的不足，认为应当对句子构式、短语构式和动词三个层次所表达的概念事件语义构成进行概念内容和结构特征两个方面的描述。英语 WAY 构式 "NP V one's way PP" 句子表达的语义是：动体以某种方式一路运动通过某个路径。这种运动事件具有以下特征：(1) 动体逐渐通过某个物理空间或者非物理空间（如时间、事件、事业、心理等）的路径；(2) 运动是以某种方式进行的；(3) 运动方式和路径是被突显的；(4) 运动方式是非惯常的，运动路径是延展的。由于 WAY 句子构式要通过动词来表达主体运动的[方式]，而动词所在的 "V one's way" 短语构式又表达[路径无界]概念，因此能够适用于 WAY 结构的动词要满足概念内容和概念结构两方面的语义限制。本书首先对 WAY 句子构式的运动事件概念语义构成、"V one's way" 短语的概念语义构成以及动词的语义三个层次的概念语义进行描述，再运用以路径为核心的界态一致语义匹配原则，同时考虑运动事件概念语义构成对动词的要求，进而分析动词适用语义限制条件，并通过 BNC 的实际语料进行验证，并尝试提出一个简单测试方法初步对哪些动词可以适用在 WAY 构式进行判断。

一、英语 WAY 构式中的动词选择限制问题

英语 WAY 构式是指句法结构为 "NP V one's way PP" 的一类句子，例如：

1) a. Bill belched his way out of the restaurant.

比尔一路打着饱嗝走出了饭店。

b. Harry moaned his way down the road.

哈利一路呻吟着沿着马路走下去。

（Jackendoff 1990: 211）

然而人们发现，很多动词都不能用于这样的句子中，动词的适用性似乎受到一定语义条件的限制，例如：

2) a. *The window <u>opened/broke</u> its way into the room.

b. *Bill <u>slept/fell/blushed</u> his way to New York.

（Jackendoff 1990: 213）

3) a. *The explosions <u>occurred</u> their way onto the front page.

b. *She <u>arrived</u> her way to the front of the line.

c. *Andrea <u>appeared</u> her way to fame.

d. *Jill <u>remained</u> her way to a ticket to the show.

（Levin & Hovav 1995: 148, 150, 156）

4) a. *The wood <u>burns</u> its way to the ground.

b. *The butter <u>melted</u> its way off the turkey.

c. *Bill <u>walked/ran</u> his way down the hallway.

d.? Sally <u>drank</u> her way through the glass of lemonade.

（Goldberg 1995: 204）

杰肯道夫、莱文、哈沃夫和戈尔德贝格等学者都认为 WAY 构式中动词受到选择限制（selective constrains）。他们也分别对这种选择限制发生的原因和语义限制条件进行了探讨，然而似乎还没有达成统一的意见（Levin & Hovav 1992; Jackendoff 1990; Marantz 1992;

Goldberg 1995; Levin & Havov 1995; Kuno & Takami 2004）。总的来说，学界主要是对以下问题进行的讨论：

（1）构式中动词的选择限制是由什么原因引发的？

（2）是什么样的语义限制条件限制了动词的适用性？

（3）如何判断一个动词是否适用在带有"V one's way"短语构式的句子中？

目前以认知语义学角度的研究最为热门，以杰肯道夫（Jackendoff 1990）和戈尔德贝格（Goldberg 1995）的研究为代表。他们认为句子的句法-语义结构、词汇语法-语义特征都与概念结构之间存在一定对应关系。这种讨论认知概念结构与句法语义关系的方法为英语构式与词汇匹配关系问题的研究提供了新视角，但是还有一些问题没能得到解决。下面对杰肯道夫与戈尔德贝格的研究进行简要述评。

二、杰肯道夫与戈尔德贝格的认知语义限制条件与问题

（一）杰肯道夫的观点与局限

杰肯道夫（Jackendoff 1990）专门讨论了"NP V one's way PP"类句子的问题（他称之为 WAY CONSTRUCTION）。他从概念语义角度对"NP V one's Way PP"的句法结构进行分析，认为这类语句表达的概念语义是[运动事件]（GO）和[动作作用事件]（AFF）两个概念事件的融合，其中运动事件的主体和动作事件的主体是同一主体。他认为，句中的动词不论是在选择适用条件上，还是在与其他成分的组合条件上都有一定限制（Jackendoff 1990: 212-224）。他认为适用的动词有两类，一是内在过程动词（inherently a processs verb），如 eat、whistle；二是那些可以描述重复性有界事件的动词（verbs describing a repeated bounded event），如 belch、homer（Jackendoff 1990: 211-213）。他提出，这类句子当中动词的语义限制条件（Semantic constraints）可

能至少有两个：

一是动词语义要能被识解为"过程"；
二是动词表达的概念要有"内部结构"（internal structure）。

（Jackendoff 1990: 213）

第一个语义限制条件是指动词表示动作活动（activity）概念语义，且时间维度没有终结点（atelic）。杰肯道夫认为表达活动的动作类动词都可以适用于这个构式，如 eat、whistle、roll、belch、joke。那些不能表示活动过程的动词则不能适用，比如那些表示"状态"的动作动词，如 hide、crouch。此外，他认为本身表达时间终结点的动词（telic）也不能适用，例如达成动词（accomplishement）（如 finish）和瞬成动词（achievement）（如 open、break）；以及体动词（aspect verbs），如表示"起始"（inchoative）的动词（如 start、stop）等等。

但是杰肯道夫认为仅有"过程"这个限制条件的话，并不能够解释有些动词不适用的情况。他认为"sleep、fall、blush"虽然都属于活动动词，但是都不能适用于这个构式。因此他提出了第二个语义限制条件，即动词除了表达的"过程"概念之外，还需要表达"内部结构"概念语义。所谓的"内部结构"是指动作实施或者进行过程中有地点或者事物的变化。他认为"roll、eat"表示有"内部结构"的运动，而"sleep、fall"则表达没有内在结构的动作，动作过程属于均质状态，因此都不能适用在 WAY 句子构式中。

尽管杰肯道夫提出的可能语义限制条件可以解释他举出的动词问题，但是通过对 BNC 的检索可以发现很多反例。例如：

5） We were talking about my career, and how I'm not prepared to have you insinuate that I've <u>slept my way</u> to the top!

（JXX 1056）

6） It fell some way up the street.

（ACE 3773）

"sleep、fall"这样的"均质"动词在 BNC 中都能用于 WAY 构式，如果在网络上查询也能够得出同样的结论。这样看来，杰肯道夫给出两个语义限制条件并不能完全解决问题。事实上，由于人们无法明确判断什么样的动词是表达[＋内部结构]、[＋过程]的动作动词，因此他所提出的两个限制条件似乎值得进一步讨论。

虽然杰肯道夫的语义限制条件不能很好地解决他所提出的问题，但是他提出探讨概念结构与句法建构之间对应关系的思路却带来了新的研究视角。人们开始基于概念结构特征与词汇、句子概念结构语义特征的对应关系角度，对 WAY 构式中动词的适用性问题进行研究。

（二）戈尔德贝格的观点和局限

戈尔德贝格（Goldberg 1995: Chapter 9）在构式语法的框架下分析了"NP V one's way PP"构式，并对动词适用的语义条件进行了讨论。戈尔德贝格认为这类语句存在两种语义解释：

第一种语义表示动体通过某种运动方式通过某种路径，即表达[方式]语义。例如：

7） Joe whistled his way to the street.
　　　[方式]
　　Joe went to the street while whistling.
　　乔一路吹着口哨走到了街上。

第二种语义表示动体通过某种方法或者手段（means）达成某种目的，即表达[方法手段]语义。戈尔德贝格还认为[方法手段]语义是比较基本的语义（basic or prototypical），而［方式］语义是［方法手段］语义的扩展语义。例如：

8) For hours, troops have been <u>shooting their way through</u> angry, unarmed mobs.

［方法手段］

For hours, troops have been <u>getting through</u> angry unarmed mobs <u>by the means of shooting</u>.

几个小时下来，军队以射击的方法穿过了愤怒而手无寸铁的民众。

在区分两种不同的语义类型的 WAY 类句子之后，她提出了动词适用的三个语义限制条件：

（1）动词要能够表示重复的动作；
（2）动词表达的运动是自发的；
（3）动词表达的运动必须有方向，而不是无目的的。

（Goldberg 1995: 212-214）

她指出，限制条件（1）可以适用于［方式］和［方法手段］两种类型的 WAY 构式，而限制条件（2）、（3）只适用于［方法手段］类型 WAY 构式。根据她的语义限制条件她认为以下的句子都不成立。

9) a.*The wood burns its way to the ground.
   b.*The butter melted its way off the turkey.
10) a.*Bill walked/ran his way down the hallway.
    b.? Sally drank her way through the glass of lemonade.

（Goldberg 1995: 204）

11) a. *She wandered her way over the field.

b. *She meandered her way through the crowds.

(Goldberg 1995: 214)

根据戈尔德贝格的限制条件(1)、(2),因为例9)a、例9)b中的动词burn(燃烧)和melt(融化)所表达的动作都不是自发的,所以这两个句子不能成立。根据她的限制条件(3),例10)a、例10)b和例11)a、例11)b中的动词"walk、drink、meander、wander"所表达的动作都是无目的无方向的不符合她所提出的限制条件(3)"运动必须有方向,而不是无目的的",所以这两组句子都不成立。

虽然戈尔德贝格确实是通过对语料库语例进行观察得出的 WAY 构式语义类别分类,但是她所列举出的不能成立的句子只是出自内省的。如果通过 BNC 或者谷歌(Google)网络进行验证,我们就会发现反例。例如:

12) The fire, burning its way through the structures of old Israel, created a new community of faith and love.

(ABV 1061)

13) All her people restored in the sea air while she sits on the bench like a pagan drinking her way into Valhalla.

(H9T 836)

14) He returned their wave and gazed down the sun dappled ribbon of bright water as it meandered its way towards Sharpness docks a couple of miles distant.

(B3J 1700)

15) All went quiet when she walked her way down.

(Lyrics by Crowded House)

很显然，这些实际存在的句子都说明戈尔德贝格提出的语义限制条件需要进一步探讨。

由于杰肯道夫与戈尔德贝格所提出的语义限制条件无法解释上面的现象，因此"NP V one's way PP"构式中动词适用条件问题仍然需要讨论。综观杰肯道夫与戈尔德贝格的研究，可以发现有一些共同点：

一是他们都对句子表达的概念语义和动词表达的词汇语义分别进行分析；

二是他们都认为句子可以表达"运动"概念语义。

然而他们提出的语义限制条件不能完满解决 WAY 构式中动词适用性问题，需要解决的问题仍然有两个：

（1）动词的适用条件是什么？
（2）如何通过比较简便的方法来判断一个动词是否适用？

笔者认为，"NP V one's way PP"构式中动词的适用性问题确实是一个构式语义和动词语义的相容性问题（陈佳 2010）。一个动词是否适用的问题涉及句子表达概念事件语义构成的需要以及动词本身语义之间的互动匹配关系。因此这个问题的解决需要从语义角度来研究。

上述研究者所提出的语义条件之所以常常不能解释实际语料现象，很可能是由于他们都只讨论了概念事件表达对语言成分要求的某个方面，但不足以反映概念内容和概念结构两个方面的要求。

三、界态一致语义匹配原则的运用

由于语言中的任何一个语句都是为了表达某个概念而构建的，表达式中的语义配置成分的组合情况必然反映概念的内容和结构，因此可以认为，句子中各个词汇和语法成分的组合以及排列顺序都要满足概念内容和结构表达的需要。综合杰肯道夫与戈尔德贝格的观点就不难发现，这两位学者都认为"NP V one's way PP"类句子表达"运动事件概念语义"。在这个基础上，本书推断，如果一个动词不能适用于"NP V one's way PP"这样的 WAY 构式，那么很可能是由于动词本身的词义与句子表达的概念内容或概念结构语义不相容。杰肯道夫所提出的"动词表达过程活动"语义条件以及戈尔德贝格提出的"动词表达方向运动、自发运动"等的语义条件属于概念内容语义特征。杰肯道夫提出的"动词表达的动作具有内部异质结构"，以及戈尔德贝格提出的"动词表达的动作可以重复"限制条件虽然属于概念结构特征语义，但是太过抽象不易判断，同时似乎也没有紧扣构式表达的"运动事件"概念内容和结构语义的要求进行探讨。本书将分别对"NP V one's way PP"句子构式、"V one's way"短语构式所表达的运动事件概念语义构成进行分析，进而讨论动词适用的条件。

（一）WAY 句子与短语构式的概念语义构成

由于戈尔德贝格通过语料库得出了具体的句子语义分类，本书就以她的分类来说明这类句子所表达的运动事件概念构成。戈尔德贝格认为 WAY 构式语句表达两种语义，第一种表示动体通过某种运动方式通过某种路径；第二种表示动体通过某种方法或者手段达成某种目的（Goldberg 1995）。第二种语义可被认为是基于空间运动事件源认知域的非空间运动事件隐喻，即人生是旅程，达到目的是达到某个空间目的地（Lakoff & Johnson 1980; Lakoff 1987）。基于这样的理解本书推断，"NP V one's way PP"类句子很可能就是表达一种运动事件概念语义，即动体以某种方式运动通过某个路径。句子表达的概念事件语义构成为［动体］［运动］［方式］［路径］［背景］。例如：

16) Joe　　　whistled his way　　　　to　　　the street.
　　［动体］　［运动＋方式＋路径］　［路径］　［背景］
　　乔一路吹着口哨走到了大街上。

17) Three New Orleans women　walk their way　　to　　health in Audubon Park.
　　［动体］　　　　　　　　　［运动＋方式＋路径］　［路径］　［背景］
　　三个新奥尔良女人在 Audubon 公园里以走路的方式走出了健康。

为了更好地对 WAY 语句进行分析，本书也通过 BNC 进行了实际语料考察，在 BNC 中搜索 "his/her/their/my/its/our way"，在每次搜索时都会随机出现 50 个搜索结果，再对语句进行概念语义进行分析。例如：

18) Pike's bum was in the air as he groped his way forward.
派克一路摸索着向前，屁股撅得老高。

（HR9 1768）

19) A woman tricked her way into an elderly woman's Co Down home and stole money, police revealed today.
警方披露，一女子通过诈骗的方式进入了一位老妇人在道宁郡的家中盗窃钱财。

（K2W 996）

20) We have worked our way directly to a fair, simple and durable solution.
我们通过不懈地工作直接达成了一个公正、简单和具有持久性的解决方案。

（HHW 3723）

21) His resignation was winging its way to Sheppards yesterday afternoon.
昨天下午，他辞职的消息长了翅膀一样一路飞到了薛柏斯。

（A2V 229）

22) Depressed, she leaned back in her seat, resting her head against the headrest while staring unseeingly at the hills and at the Esk River winding its way through the valley.
……看着艾斯克河一路蜿蜒着流过山谷。

（HHB 3542）

23) Following an ancient rhythm people are <u>wending their way</u> home before the light fails.

踏着古老的节拍，人们在火光熄灭之前一路前行回家。

（APC 2241）

24) He couldn't let them down like that, his brave little company who had <u>battled their way</u>, despite enormous odds, into a precarious success.

他不能如此让他们失望，他勇敢的伙伴们曾经一路英勇战斗着终于获得险胜。

（J19 2616）

语料表明，WAY 构式主要表达两类事件，一类是空间运动事件，一类是非空间隐喻运动事件。

如果表达的是空间运动概念事件，那么这些句子表达的语义构成为："动体以某种方式一路运动通过某个路径。"

如果表达的是非空间隐喻运动概念事件，那么句子表达的语义构成为："通过某种方法或者方式达成某个目的。"总的来说，从运动事件概念语义构成角度理解，这些句子的概念事件语义构成为："动体以某种方式一路运动通过某个路径。"本书认为这种运动事件具有以下特征：

（1）动体逐渐通过某个物理空间或者非物理空间（如时间、事件、事业、心理等）的路径；

（2）运动是以某种方式进行的；

（3）运动方式和路径是被突显的；

（4）运动方式是非惯常的，运动路径是延展的。

具体分析这些 WAY 句子构式的概念语义构成为：

[动体][方式][运动][路径][背景]。各概念成分的词汇化模式

如下：

[动体]概念由主语名词短语 NP 表达。

[运动]概念由 "V one's way" 这个短语的构式意义来提供。

虽然有些运动动词也可以提供[运动]概念（如 walk、grope），但是短语构式 "V one's way" 也可提供[运动]概念语义。本书认为当动词本身没有[运动]意义时，这种语义来源表现得更明显。例如，动词 "whistle" 本身并没有[运动]语义，仅提供[方式]语义，但 "whistle one's way" 仍然可以表示 "吹着口哨一路运动"，这就是因为[运动]语义可以是由构式意义提供的。

[方式]由动词 V 来表达。

[路径]概念由 "V one's way" 和 "PP" 中的介词成分共同表达。

[背景]由 "介词短语 PP" 中的名词短语来表达。

本书认为 WAY 句子构式中的 "V one's way" 短语构式作为一个整体，表达[运动+方式+路径]概念语义是句子比较核心的部分，短语表达的概念语义为 "以某种方式运动了一路"。例如 "whistled his way" 表示 "一路吹着口哨运动"。这种[路径]概念是一种没有边界变化的无界路径，也就是没有表达任何与离开、到达或者跨越某个边界相关的路径概念。从概念结构语义特征来说，"V one's way" 表达无界构形特征的[路径]概念。

在明确分析了 WAY 语句构式和短语构式的运动事件概念构成之后，可以根据构式对概念内容和结构特征表达的需要对动词适用的语义限制进行分析。

（二）动词的概念语义分析与适用条件

在明确分析了 WAY 语句构式和短语构式的运动事件概念构成之后，可以根据构式对概念内容和结构特征表达的需要对动词适用的语义限制进行分析。从运动事件路径概念来说，"NP V one's/all the way

PP"WAY 结构表达[无界路径]概念。按照界态一致匹配原则次则 3：

> 一个运动事件表达句中，如果[路径]概念由多个词汇化单位共同表达，那么各种表达[路径]的语言单位匹配时，不同语法范畴的语言单位之间在组合时要遵循概念界态语义一致的原则，各单位的界态语义"同态相容，异态相斥"。

由于 WAY 句子构式要通过动词来表达主体运动的[方式]，而动词所在的"V one's way"短语构式又表达[路径无界]概念，因此可以初步认为，如果一个动词要适用于"NP V one's way PP"构式，那么动词词义需要满足句子和短语表达概念事件内容和概念结构语义两方面的要求。这就需要再对动词语义进行分析。

从英语动词所表达的概念语义角度来说，如果以运动事件表达为参照，则主要有两种情况，一是动词表达运动概念，例如 walk、run、jump、wend、grope；二是动词表达非运动概念，例如 whistle、laugh、sleep、talk、work。下面对运动动词和非运动动词分别进行讨论。

第一，如果动词属于运动动词，则有以下两种情形。

a. 如果动词表达的概念事件语义特征为[＋路径][＋运动][＋/－方式]（如 circle、enter），那么该动词还要满足[路径无界]概念结构特征才能适用。也就是说，表示无界路径的运动动词则可以适用于 WAY 构式（如 circle、wander、meander、wind），因为动词与构式都表达"无界"构形路径概念语义。表示有界构形路径的运动动词不能适用在 WAY 构式中。那些表达有起点、终点或者中间边界的[路径]动词都不能进入该构式，如 leave、depart、arrive、reach、cross、enter 等，因为这些动词表达的路径概念都具有起点、终点、中间边界等有界构形特征，与"V one's way"短语的[路径无界]概念语义特征相矛盾。例如：

25) * He departed/arrived/reached his way to school.

26) He went his way across North Wales, probing as he moved, but he never saw hide or hair of Owen.

（HGG 1652）

b. 如果运动动词概念语义构成是[－路径][＋运动][＋方式]（如 run、roll、jump、walk），那么这一类动词可以适用在"NP V one's way PP"构式中。因为动词语义不表达[路径]概念，自然不会与"V one's way"短语表达的[路径无界]语义发生矛盾。如例 16)、例 17)。

第二，如果动词属于非运动动词，即动词表达的概念语义不属于运动事件概念认知域，那么有以下三种情形：

a. 如果非运动动词的概念语义构成为[－运动][＋方式][时间无界]（如 laugh、cry、sleep、work、moan、joke），那么动词可以适用于 WAY 构式。虽然动词不表达[运动]概念内容语义，但是因为"V one's way"短语构式本身带有[运动]概念语义，所以只要动词表达的是某种方式的动作，如 speak、talk、laugh、push 等，同时动词表达的动作在时间维度无终点边界，那么这个动词就能适用于 WAY 构式。动词的概念结构特征之所以必须是[时间无界]，是因为"V one's way"短语构式表达"无界延展路径"概念语义，所以要求动词满足概念结构特征"无界"的要求。例如：

27) The Sheffield United manager looked like talking his way into referee Phil Don's report after the dismissal of his right-back Carl Bradshaw.

（CEP 11112）

这样的分析思路也能够比较方便地解释这些动词之后加上了同源宾语或者其他宾语之后一般不再适用于 WAY 构式的现象。例如 belch、moan、joke 等动词都适用于 WAY 构式，增加了数量名词之后则不适用。例如：

28）a. Bill belched his way out of the restaurant.

b.*Bill belched a belch out of the restaurant.

29）a. Harry moaned his way down the road.

b.*Harry moaned a long moan down the road.

30）a. Same joked his way into the meeting.

b.*Sam joked many jokes into the meeting.

（Jackendoff 1990: 211）

虽然动词本身是表达无界构形的概念结构特征，但是增加了名词宾语之后就变成了有界事件。这时表达有界动作的"V NP"与表达无界概念的"V one's way"短语构式的概念结构语义相矛盾，于是"V NP"不再适用。这是因为"belch a belch、moan a moan、joke many jokes"短语所表达的动作概念变为有内在终结点而不可重复的有界动作事件，动体没有可能同时在空间水平或者垂直方向进行延展性无界路径运动。

b. 如果非运动动词的概念语义构成为［－运动］［＋方式］［时间有界］（例如 die、break、smash、crush、open、close、burst），那么这类动词不能适用于 WAY 构式。由于这些动词词义中带有［时间有界］的体特征，也就是概念结构有界特征，表达的是具有内在终结点的动作，因此与表达无界构形概念结构特征的"V one's way"短语构式不相匹配。例如：

31）*The window opened/broke its way into the room.

（Jackendoff 1990: 213）

c. 如果非运动动词的概念语义构成为［－运动］［－方式］［时间无界］或者［－运动］［－方式］［时间有界］（如 occur、appear、keep、remain、maintain、start、stop、finish），则这样的动词都不能适用 WAY 构式。这是由于 WAY 构式要求动词表达［方式］概念内容语义。如例 3）中的 a、b、c。

如果对上述分析进行总结，那么英语动词适用与否的概念语义构成情况如下。

（1）当动词词义表达表达的概念事件语义特征为 A、B、C 三种情况时，动词可以适用于 WAY 构式中。

A. 动词词义的概念内容和结构特征为：

［＋运动］［＋方式］［＋路径］［路径无界］

例如 circle、wander、meander、fall、rise、go 等。

B. 动词词义的概念内容和结构特征为：

［＋运动］［＋方式］［－路径］

例如 walk、jump、run、grope、wend 等。

C. 动词词义的概念内容和结构特征为：

［－运动］［＋方式］［时间无界］

例如 laugh、moan、hiccup、sleep、work、melt、feel、smell、talk、think 等。

（2）当动词词义表达的概念语义特征为 D、C、E 三种情况时，动词不可以用于 WAY 构式中。

D. 动词词义概念内容和结构语义特征为：

[＋运动][＋方式][＋路径][路径有界]

例如 enter、arrive、reach、depart、leave 等。

E. 动词词义概念内容和结构语义特征为：

[－运动][＋方式][时间有界]

例如 break、open、close、burst、die 等。

F. 动词词义概念内容和结构语义特征为：

[－运动][－方式][时间有界]/[时间无界]

例如 know、see、do、fail、stop、start、occur、appear 等。

进一步综合上面的分析，可以得出能够适用于 WAY 结构的动词要满足的语义限制条件主要有以下两组：

（1）动词要能表达[＋方式]概念内容语义；

（2）动词要表达[＋运动][＋路径][路径无界]概念语义；

或者[＋运动][－路径]概念语义；

或者[－运动][时间无界]概念语义。

本节小结

本节以泰尔米的概念事件词汇化模式理论为基础，并且运用本文提出的以路径概念为核心的界态匹配原则，对英语 WAY 构式中动词适用的语义限制条件进行了讨论。研究发现，英语 WAY 构式"NP V one's way PP"句子表达的语义是：动体以某种方式一路运动通过某个路径。这种运动事件具有以下特征：

（1）动体逐渐通过某个物理空间或者非物理空间（如时间、事件、事业、心理等）的路径；

（2）运动是以某种方式进行的；

（3）运动方式和路径是被突显的；

（4）运动方式是非惯常的，运动路径是延展的。

由于 WAY 句子构式要通过动词来表达主体运动的［方式］，而动词所在的"V one's way"短语构式又表达［路径无界］概念，因此能够适用于 WAY 结构的动词要满足的语义限制条件有概念内容和概念结构两个方面的语义限制：

（1）不论何类动词都要能表达［方式］概念内容语义；

（2）如果是运动动词，则该动词要么是表达［运动］、［路径无界］概念结构语义，要么是不表达［路径］语义的［运动方式］动词。

如果是非运动动词，则该动词要表达［时间无界］概念结构界态语义。

第二节
汉语静态存在句中运动动词适用条件问题

本节将应用本书对运动事件表达句概念事件语义构成的描写和以路径为核心的界态语义匹配原则，从词汇和构式所表达的运动事件概念语义特征入手，探讨一个动词适用于汉语静态存在句的语义条件和判断方法。本书认为汉语静态存在句表达两种存在状态概念：一是物体惯常自然静止存在状态，二是致使运动结果静止状态。由于静止是运动的特殊情况，因此静态存在句构式可以被认为表达运动事件概念语义。从词汇化模式来说，该构式表达的运动事件概念语义为：

[－致使][＋零位移运动]或者[＋致使][＋运动][＋终点路径]

由于动词词义也可能表达[路径]概念，因此动词与构式要在同一运动事件认知域中概念语义相容才能匹配。本节将首先从静态存在句中动词选择限制现象出发，对已有研究进行简要综述，再应用本书理论假设尝试对学界尚有争议的问题进行解释，提出动词适用的语义限制条件和判别方法，并通过 CCL 对汉语动词进行验证。

一、汉语静态存在句中动词适用性的问题

汉语存在句结构分为动态和静态两种，主要结构都是"处所名词短语＋有/V 着/V 趋（了）＋人或物名词短语"。动态存在句或者隐现句的共同点在于动态存在句中的动词都属于自主自发运动动词。例如：

 1) 冰河上跑着三套车。
   海上生明月。
   天空中飘舞着轻盈的雪花。
   屋里走出了一个老爷爷。

静态存在句中的动词一般不是自主自发位移动词，除了姿态动词之外，一般在静态存在句中出现的是致使动词，如穿戴类动词、生长类动词、执持类动词、成事类动词（马庆株 2005；潘海华、杨素英

2000；田臻 2009）。例如：

2） 山上架着炮。
台上坐着主席团。
手里拿着一本书。
黑板上写着几个字。

二、静态存在句动词适用性研究综述

20 世纪 50 年代以来，我国学者对汉语存在句的类型进行描写分类，对存在句中出现的动词类型和语义特征进行分析，对存在句构式的意义和语法化过程进行了深入的讨论。为了讨论能够进入汉语静态存在句中动词的限制条件，研究者对存在句中动词语义特征进行了深入研究。有的研究动词的论元结构，有的对出现的各类动词的词典释义进行分类，有的从动词的语法功能角度考察动词在时间维度的分布特征语义，有的从认知角度研究动词激发的概念事件语义。从语义特征研究角度来看，研究者从[±附着]、[±置放]、[±动作]、[±状态]、[±完成]、[±持续]等语义特征对这些动词进行分析，然而始终无法完全解决动词适用的问题（朱德熙 1981；沈家煊 1999；宋玉柱 1990，2004；马庆株 2004；齐沪扬 1994；李秋菊 2000；李杰 2003；王红旗 2002；高俊杰 2003；宋仕平 2004；税昌锡 2005；安玉霞 2006）。尽管学界公认静态存在句中的动词具有[+附着]特征，但是单从动词词汇语义出发并不能解释为什么本身没有[+附着]语义的动词，如"运、扔、丢"等，也能够进入这个静态存在构式；而从动词所激发的论元结构角度出发则不能解释为什么姿态动词，如"蹲、坐"等，也可以出现在与动词论元结构差别较大的构式结构中。

为了解决这些问题，近年来有些学者采用认知语言学构式语法理论对汉语存在句进行分析,使存在句研究有了新的突破和进展(陆俭明 2004,2008;袁毓林 2004;石毓智 2004,2006;王葆华 2005;张珂 2007;王建伟 2007;张谦 2007;田臻 2009 等)。研究者认为,汉语存在句是一种构式,静态存在构式语法意义为"表存在、表静态"。尽管从构式角度的分析解决了一些问题,但是对动词与静态存在构式的语义相容问题并不深入。主要问题体现在如下两个方面:

①尚不能对适用于静态存在句的动词进行语义限制条件的统一描写;

②尚不能对一定能适用或者一定不能适用于静态存在句的动词进行明确标准的判断。

这里我们以几个已有研究来说明这些问题。杨素英、潘海华(2000)分析动词所表达的概念内容,提出进入静态存在构式的动词需要满足以下条件:

(1) 动词必须表达某实体在空间内的存在或将实体介绍至空间;
(2) 可表达在某位置上实体的结果状态;
(3) 表达了实体存在的方式;
(4) 具有描述位置的功能。

尽管他们尝试给出了四个动词语义制约条件,但是这四项标准不太容易把握,无法抽象为语义特征条件。同时他们也没有提出一个比较可行的判断方法来对各种动词的适用性进行判断。例如:

3) a. 妈妈把饺子<u>捞</u>到碗里。
   b. *碗里<u>捞着</u>饺子。
4) a. 妈妈把水<u>泼</u>到地上。
   b. 地上<u>泼着</u>水。

如果按照上面的语义条件限制条件来衡量，虽然"捞"符合所有四个条件应当可以适用，但显然不能用在静态存在构式中，如例3)b；而"泼"因为只能表达施事的动作方式，并不能说明受事实体存在的方式，也没有描述位置的功能，所以应属于不能适用的动词，但是事实上这个动词却能进入静态存在句，如例4)b。这样的反例还有很多，"抽、取、挖、剔、掏、摘、搬"等动词都满足这四个条件，但是在CCL或者网络语料中实际并没有这些动词用于静态存在句的例子；"泼、滴、运、扔"等动词不符合这四个条件的要求，在CCL中却可以发现很多静态存在句的例子。因此，杨素英和潘海华提出的这四个语义限制条件值得商榷。

田臻(2009)从认知构式的角度出发研究了静态存在句中动词的概念语义特征。她从泰尔米的词汇化模式理论入手，通过对适用于静态存在句的八类动词(共59个)在CCL中出现的句子类型和存在句的分布情况进行描写分析，认为能够进入静态存在句中的动词需要满足以下三个概念语义条件：

(1)动词具有表达"位移"图式的潜力；
(2)动词具有"非动力"特征；
(3)动词具有"强动作性"特征。

然而，她提出的语义条件似乎也不能很好地剔除不适合的动词。

首先，很多动词可被认为满足上述语义条件，但是这些动词都不能适用于这个构式。如"掏、采、剜、抠、舀、扒、褪、抽、取"等动词都可被认为具有"位移、非动力、强动作性"的特征，但是在CCL中搜索并没有发现这些动词用于静态存在句的匹配实例，可见它们都很可能并不能用于静态存在句。

另一方面，"非动力"这一语义限制条件似乎在判断过程中很难把握。田臻对"动力"进行了一定解释，她认为"力的存在是具备一定时间性的，所以作用力的出现通常会凸显动作过程，动词'跳、飞、搬、推、拉……'都属于这一类（动力动词）……动力动词通常凸显动作过程中力的施加及方向"（田臻 2009: 50）。她进而提出的观点是，由于动力动词具有强动力特征，不符合"非动力"的语义限制，因此动力动词都不能出现在静态存在句中。然而在实际判断中，这种对"动力"标准似乎很难把握。举例来说，"拖、拉、挤、举"等动词都可以被认为具有显著的"动力"特征而被判断为不能进入这个结构式。但是实际上它们在 CCL 中都有静态存在句的用法，而且出现频率大于 20。例如：

5) a. 轮船后面拖着一只驳船。
   b. 梯上拖着一串串怪人。
   c. 一排排土堆上拉着黄色胶带。
   d. 车上拉着服装，道具箱。
   f. 他们手中举着蜡烛，大声唱着赞美诗。
   g. 今天集日，桥头上挤着很多车辆。

（CCL）

动词"拖"和"拉"明显具有"强动力"特征，按照田臻的语义限制条件来判断，那么它们都不能适用，然而例 5) 中的例句说明它们都能够用于静态存在句。虽然田臻认为"挂、钉、压"等动词都能进入这个构式是因为这些动词都符合"非动力"特征，但是人们也可以认为这些动词表达的动作具有强动力特征，这三个动词都属于致使动词，从它们表达的动作来看至少都与"力"脱不开关系。例如"钉"和"压"的动作都需要用力。

由此可见，我们仍然需要对能够进入静态存在句的动词语义限制条件问题进行讨论。现在的问题是：适用于静态存在句的动词到底受到什么样的语义条件限制？是否可以找到一种比较统一而且简便的方法来推断哪一些致使动词可以进入这个构式，哪一些不能够用于这个构式呢？

对于一定能够进入静态存在句的动词，学界公认的有：动词"有"，汉语姿态动词（如坐、趴、睡、躺、靠），生长动词（如长、生、结）。这些动词表示物体自主自发在空间以某种方式相对静止的存在，表达的是物体在某处所的惯常自然存在方式，因此这些动词可以适用于静态存在句构式中。然而汉语静态存在句的特殊之处在于，还有很多其他概念内容种类的致使动词也能够用于这类句子中，例如，成事动词（绣、雕）、穿戴动词（戴、系、穿）、放置动词（放、搁）、执持动词（拿、扛）等。尽管学界对这些动词进行了各种归类讨论，但是不论如何按照动词表达的概念事件内容来分类，总是会出现反例。例如：

6）*网里捞着两条鱼。（放置类）
7）*地上削着很多木头。（成事类）

如果按照哪一类动词可以适用的方法来判断的话又似乎无法穷尽列举各概念内容类别中可以适用的动词。这样看来，试图通过能够进入静态存在句的动词词义所表达的概念事件内容来分类也许不能根本解决问题。

上述按照动词概念事件内容对词义进行分类的方法之所以不能解决问题，很可能是因为对动词的概念语义分析实际上偏离了静态存在句构式所表达的概念语义认知域。也就是说，对动词的分析和对构式的分析不是在同一个认知概念框架中的讨论。这就好比是本来的话题是运动事件，到后来却变成了讨论各种非运动的其他事件。本书认为，由于相对静止是运动的特殊情况，因此静态存在句表达的是一种特殊的运动事件概念语义。为了解决能够适用于静态存在构式动词的判断问题，需要在与构式表达的同一概念事件认知域中，对动词和构式相关的那部分概念语义进行考察。同时，本书认为与其说构式对动词具有"制约压制"作用，不如说构式与动词之间存在一种选择匹配关系。构式提供了概念事件表达所需要的框架结构意义，而具体动词则通过自身的具体语义使这个框架意义具体化。只有在动词与构式所表达的概念框架语义特征相容时，动词才能够与静态构式和谐相处。

为了解决适用于静态存在构式动词的判断问题，需要在同一个概念事件认知域中，对动词和构式相关的那部分概念语义入手进行考察。本书将从运动事件表达中以[路径]为核心的界态语义匹配原则假设出发，配合语料库验证，探讨动词适用于静态存在构式的认知概念语义限制条件，并尝试提出一个判别方法。

三、静态存在句与动词[路径]语义匹配限制条件

（一）静态存在句表达的[路径]语义

首先分析静态存在句的构式意义和所表达概念事件的语义配置结构。陆俭明（2008）指出，在现代汉语中当说话者要以存在处所为话题时，让表示存在处所的词语居于句首，让表示存在方式的词语居中，表示存在物的名词短语置于句尾，汉语静态存在句作为一种构式具有构式意义，表示"在某处以某种方式存在某物"。

8）田里到处　　长着　　　野草。
　　墙上　　　　挂着　　　一幅画。
　　[存在处所]　[存在方式]　[存在物]

从运动是绝对的，静止是相对的这一认识来看，相对静止是运动的特殊情况。物体的相对静止状态可能有两种情况，一种是事物本身惯常以某种方式存在于某个处所，这个存在状态不是外力作用使然，例如"田里到处长着野草"；还有一种某处存在某物的静止状态并不是该事物本来的状态，而是一个后续静止状态，例如"墙上挂着一幅画"。如果不是先有一个致使动作"挂"，那么"画"就不可能存在于墙上。也就是说，如果不是因为某个外力作用使该物体运动到某个处所并停留在那里，这个事物就不可能出现在那个处所。从这个角度来说，静态存在句可以被认为是一种运动事件表达句。如果按照运动事件概念语义来分析，静态存在句表达的运动事件有两种：一种是事物零位移运动事件，一种是事物受外力作用到达某个终点并停留于终点的运动事件。这样分析我们就能够说明为什么能够进入这个句子中的动词既有自主自发动词（如躺、站、结），也有致使动词（如摆、挂、穿）。按照概念事件要素的词汇化模式来分析，汉语静态存在句构式作为一种语言单位表达的概念事件特征有：[运动][路径]。具体说来，这个构式表达的相对静止运动概念语义有两种：

（1）自主自发惯常静止状态：

[-致使][+零位移运动]

（2）致使物体静止于某处的状态：

[+致使][+运动][+终点路径]

能够与之匹配的动词词义要与这样的构式义相容，至少不能够与这个构式的概念语义相冲突。

(二)适用于静态存在句的动词概念语义条件

本书认为,既然静态存在句构式意义表达[-致使+零位移运动]或者[+致使运动+终点路径]运动事件概念语义特征,那么能够进入构式的动词需要满足下面的概念语义条件A或者B:

A. 对于自主自发动词来说,动词要满足的语义特征为:

[-致使][+零位移运动](如站)

B. 对于致使动词来说,动词要满足的语义特征为:

[+致使][+运动][+终点路径](如挂)

具体分析如下:

A. 对于自主自发动词来说情形比较简单。如果动词词义不能表达[+零位移运动],那么这个动词就不能适用于表达静止状态的静态存在句,如跑、跳、游等动词都表达位移因此不能适用。动词"有"、汉语姿态动词(如坐、趴、睡、躺、靠),生长动词(如长、生、结)则都能满足这个条件,因为它们都表示零位移。

B. 对于致使动词来说,在满足[+致使运动]的条件之后,还需要满足以下的要求:

a. 动词表达终点概念语义,即[+终点路径]

b. 动词不表达任何路径概念语义,即[-路径]

c. 动词不表达[起点路径]或者[跨越中间边界]概念语义,即[-起点路径],[-跨越中间边界]。

详细描述如下:

(1)如果动词词义表示"致使受事物体运动到(并存在于)某地",那么从运动事件概念语义词汇化来说动词表达的概念语义为:[致使][运动][+终点路径]。这种概念语义特征组使得这个动词就可以与静态存在句构式自然相容。如挂、放、搁。

(2)如果动词表示"致使受事发生位移运动",但概念词义中不包括[路径]概念语义,那么这个动词也可能适用于这个构式。这是因为动词表达[致使][运动][-路径]，与构式[+终点路径]意义不会发生冲突，构式的[路径]意义将对句子的整体概念意义进行补充。如运、载、带。

（3）如果动词表示"致使动作受事物体被创造出来并存在于某个地点"，那么这个动词也可能用在静态存在句中。原因同（1），这是因为动词表达"动作致使受事产生并存在于某处"，即其运动概念语义包含[+终点路径]语义特征，与构式[+终点路径]语义相容。如绣、编、织、雕、刻、写、画。

同时根据语义相容的原则我们也可以预测哪些动词不能适用于该构式。

（1）如果致使动词不能表达致使受事物体位移运动的概念语义，即动词不能表达[+致使位移运动]，那么该动词就不适用于这个构式，如感官动词、思维动词、情感愿念动词等表示主体抽象思维或者感觉，都不涉及"致使受事物体在空间存在"的概念。因此，笔者推断这类动词不适用于表达静态存在语义，如看、听、说、闻、想、记、思、算、恨、爱等。

（2）如果动词表达[+致使运动]概念，但同时也表达[+起点边界]或者[+中间边界]路径概念语义，或者表达[非线性无界路径]意义，那么该动词就不能适用于这个构式，因为动词的[无界路径]意义与构式的[+终点路径]意义不相容。具体说来，以下一些动词都不能进入静态存在句构式：

①表示使受事离开某个起点或者改变中间边界的致使动词不能够用在静态存在句中。由于这类动词表达的[+起点路径]或[+中间路径]语义特征与构式的[+终点路径]特征相冲突，因此都不能进入该构式，如取、撇（从表面取）、掏、捞、通、拔、抽、控（水）等。

②表示使受事的一部分脱离主体的动词也不能用于这个静态存在句，因为表示使脱离即是表达[+起点路径]语义，如切、削、剥、

砍、采、摘等。

③表示动作致使某物从某处消失，或者使聚合状态物质变成消散状态的动词属于隐喻类[+起点路径]动词，也不能用于静态存在句中，如灭、散、破、碎、杀、裂等。

(三) 致使位移动词分类与语料库验证

除了对动词语义限制条件进行推断之外，最好能够找到一种比较简单的判别方法来判断一个动词是否能够适用于静态存在句。对于汉语自主自发动词来说基本上可以比较容易辨别，因为就是学界公认的那些有、姿态、生长类动词。汉语的致使动词则比较复杂。为了判别一个动词是否能够适用于静态存在句，本书尝试提出可以通过"把某物V进V出/V上V下某地"这个结构来判断的方法①。使用这种方法的理由是"V出/下"和"V进/上"分别表达[+起点]和[+终点]路径概念语义。如果动词进入VAVB结构中以后只能有一半成立，那么这个动词就带有某种[路径]意义；如果整个结构都成立，那么这个动词可能用在存在句中，因为这说明它的词义当中没有表达[路径]概念，但是具有[致使位移]概念语义。例如：

9) *把纸巾抽进抽出盒子。
　　把纸巾抽出盒子。　　　　　　抽——[起点路径致使]动词
10) *把画儿挂上挂下墙。
　　把画儿挂上墙。　　　　　　挂——[终点路径致使]动词
11) 把货物运进运出仓库。
　　把货物运进仓库/运出仓库。运——[非路径致使位移]动词

---

① 这种判断方法只是笔者提出的尝试性方法，由于研究篇幅和精力所限，因此目前笔者仅通过语料库考察了126个致使位移运动动词，还有待更多的实例检验，期待更多研究者关注并进一步提出判断动词适用性的方法。

通过这个方法，笔者对《现代汉语分类大词典》中表示动作活动的 340 个致使动词进行了分类，见附录五。

由于静态存在句构式可能表达惯常静止或者致使静止的概念，当表示致使静止状态概念时，构式表达的概念语义构成为［致使］［运动］［+终点路径］，因此构式语义与表达［+起点路径］的致使动词语义不相容，与［+终点路径］致使动词相容，也与能够表示［致使］［运动］［-路径］的动词语义相容。为了验证本书的推断，本书通过语料库进行实例检索。检索验证方法是：对 CCL 中的上述动词进行"V 着"查询检测，看动词是否可以出现在"处所名词 + V 着 + 名词短语"的静态存在句构式中，表示"某物以 V 的方式存在于某个处所"的意义。如果不能够检索到"NPL V 着 NP"静态存在句的用法，至少可以说明这个动词通常不用于这个静态存在构式。以动词"捞"为例，在 CCL 中检索"捞着"可获得 48 个匹配例条，没有 1 例是静态存在句构式。其中"捞着"出现的结构式都不是静态存在句，而是主语为有生命动体名词的句子，其表达的意义为持续进行动作或者动作结果，而不是表示静态存在。例如：

12）母亲［捞着］饺子说，吃完了再唱。（动作持续）
13）如今，他唱了半天，一个子儿没［捞着］。（动作结果）

（CCL）

根据本书的方法推断，"捞"属于［+致使+运动+起点路径］动词，与静态存在句［+终点路径］概念语义不相容，因此不能适用于该构式。语料库的实证验证了这个假设。为了提高检索效率，对匹配语例超过 200 个的"V 着"词条，采取增加方位词的方法进行进一步检索。这样做的理由是，由于静态存在着字句的主语是处所名词短语，而汉语方位词又是典型的处所名词短语构成部分，因此，在"V

着"后增加"上／下／里／外／中／内／间／面／边"这些方位词来检索静态存在"着"字句的实例可以提高效率。下表中的"大于号+数字n"表示：至少查到n个"NP方位词+V着+NP"的静态存在"着"字句。如果得出的实际语料情况与上面推断的情况一致，那么可以认为界态匹配原则的基本适用。如果有不符合的情况，则说明本书推断的适用性有限。下面是CCL验证的数据。

从表4-1可以看出，除了"摔、卸、掀"各出现了个例之外，例

表4-1 起点中间边界致使动词在CCL中V着静态存在句出现情况

序号	动词	V着句	V着静态句	序号	动词	V着数量	V着静态句
1	甩	101	0	19	拆	6	0
2	拾	93	0	20	抽	482	0
3	摔	38	1	21	捞	46	0
4	褪	0	0	22	掏	32	0
5	掐	75	0	23	掀	34	1
6	剥	32	0	24	揭	4	0
7	削	36	0	25	刨	32	0
8	卸	11	1	26	取	92	0
9	扒	121	0	27	捡	39	0
10	舀	16	0	28	滤	2	0
11	劈	8	0	29	磕	53	0
12	裁	4	0	30	投	8	0
13	抠	32	0	31	掷	14	0
14	挖	52	0	32	剔	21	0
15	剜	9	0	33	撕	38	0
16	采	12	0	34	揩	58	0
17	摘	16	0	35	洗	118	0
18	拔	28	0	36	驱	7	0

如门前卸着一辆大车,本书所判断的起点边界动词几乎都没有 V 着静态存在句的用法。语料库的实例基本支持本书的假设。由于这些动词都表示使受事从某个起点出发或者脱离,而静态存在句表示某个物体是由于受到动词表达动作的作用而运动并停留在某处,属于[＋终点路径]概念,因此这些[＋起点有界＋致使]动词都不能够与这个构式匹配。按照本书对致使动词的分类,表 4-1 的动词都表示[＋起点路径]因此与构式不相容。表 4-2 中的动词表示[＋致使＋运动＋终点路径]概念,表 4-3 中动词词义中不带有[路径]概念,因此这两个表中的动词都能够适用于静态存在句。语料库的实例表明,除了"捅、拽、送、抢"没有出现静态存在句的用法之外,还有"沏、泼、灌、钳、搬、推"仅见一例之外,这两个表中的其他的动词都可以用在 V 着静态存在句中。这与本书的推断基本相符。

(四)其他致使变化动词的适用性判断

汉语致使动词不仅仅可以表示使受事发生空间位移变化,如运、送,还可以表达动作使受事物体发生其他物理和化学性质变化:

(1)有的致使动词表示动作使受事空间形状、排列形式、形状、聚合组合状态等空间物理性质发生变化,如排、列、聚、拢、垒、筑、堆、散等,这些动词有的可以用在静态存在句中,有的不能。例如:

14) a.* 空中散着传单。
b.思嘉突然发现在时代少女酒馆门<u>前聚着</u>一群人。

(2)有的致使动词表示因为动作作用而在某处产生某物(也可成为成事动词),如写、画、雕、刻、编、织、绣、描、烫,这些动词基本上都可以用在静态存在句中。例如:

表 4-2 终点有界路径动词在 CCL 中 V 着静态存在句出现的情况

序号	动词	V着句	V着静态句	序号	动词	V着句	V着静态句	序号	动词	V着句	V着静态句
1	浸	52	14	15	盛	234	>78	29	安	116	97
2	浇	21	7	16	盖	1300	>217	30	摆	2064	>659
3	垛	8	6	17	敷	18	8	31	堆	427	427
4	注	82	75	18	沾	238	>77	32	捆	121	21
5	涂	234	61	19	粘	248	>32	33	刷(涂)	96	8
6	丢	24	13	20	包	657	>118	34	支	196	>61
7	搁	168	168	21	裹	964	>101	35	架	399	>100
8	种	282	239	22	挂	4305	>1479	36	扎(包扎)	429	>110
9	沏	2	1	23	悬	430	108	37	戳	70	12
10	泼	8	1	24	贴	1504	>368	38	捅	14	0
11	灌	52	1	25	楔	7	7	39	卡	39	15
12	绑	290	>200	26	钉	197	157	40	填	23	15
13	放	3772	>486	27	镶	333	333	41	埋	248	248
14	扔(丢)	88	70	28	嵌	323	323	42	套	255	>93

续表

序号	动词	V着句	V着静态句	序号	动词	V着句	V着静态句	序号	动词	V着句	V着静态句
43	钳	5	1	49	泡	112	27	55	抹	318	>25
44	蒙	420	>72	50	按	1101	>6	56	插	642	>313
45	上	376	>5	51	穿	9133	>270	57	吊	326	>90
46	塞	203	>56	52	戴	2986	>394	58	蘸	144	11
47	拴	170	>61	53	系	1388	>124	59	淋	52	2
48	垫	113	44	54	吊	326	>90	60	浇	21	5

表 4-3 非路径致使位移动词在 CCL 中 V 着 / V 着静态存在句出现的情况

序号	动词	V 着句	V 着静态句	序号	动词	V 着句	V 着静态句
1	担	893	>10	16	提	2275	>246（手上/手里）
2	拖	1891	>87	17	捧	1772	467（手里）
3	牵	1188	>18	18	拿	7058	>1154（手里/头）
4	抬	651	>4	19	握	3058	>143（手里）
5	背	3027	>122	20	推	1010	1
6	带	21180	>781	21	夹	1218	>298
7	驮	292	42	22	拽	199	0
8	拉	4054	>57	23	送	426	0
9	运	28	8	24	捎	23	4
10	搬	64	1	25	扔	88	61
11	挑	547	40（肩上）	26	抢	57	0
12	端	1238	117（手/手里）	27	捏	686	95
13	扛	776	45（肩上）	28	拖	1891	>101
14	拎	637	>98（手里/上）	29	攥	399	>133
15	抓	1035	>162（手里）	30	驾	413	>10

15) 黑板上写着大字。

（3）另外一些则表示通过某个动作使受事发生其他性质变化而不是空间位置或者形状、聚合排列方式的变化，如蒸、煮、炸、煎、烫、腌、沤、冻、化、晾、洗、晒等，这些动词中有的可以用于表达静态存在语义，有的则不能。例如：

16) 满头烫着小卷儿。
17) *盆里洗着衣服。

对于非致使位移动词来说，如果是属于第（1）和（2）类动词，那么除了表示使消失破裂或者表示往复多次的动作动词不能用在这个构式中之外，如搔、锤、捣、捶等，其余都可以用于静态存在句，因为表示空间形状、排列、形状、聚合组合状态等空间物理性质发生变化的致使动词从运动事件概念域来说，词义表达[零位移运动]概念；而第（3）类动词则要看具体情况，动词表达的词义主要以性质变化为主，空间特征突显度降低。由于这类动词表达的动作概念本身不表示[致使受事空间位移]，也不表示[致使受事空间形态变化]，因此也可以说是不带有[路径]含义的动词。如果第（3）类动词表达的动作概念也同时是某个事物在受到这个动作作用后在空间处所的存在方式，那么这个动词也能够用于存在句。例如：

18) 他脸上锯着两个橡皮膏的十字。

（CCL）

如果要考察这些动词是否用于表达静态存在语义，主要要看动词在句中是否能够激发"受事在受到该动词动作作用后是否能够以这种作用方式的结果存在于某处"的概念语义。因为静态存在句的概念内容构成要素为"处所、存在方式"存在物，所以只要动词概念语义在构式中能满足"致使物体运动到某空间处所并以某种方式静止存在"事件语义表达的需要，那么这个动词就能够用于这个 V 着静态存在句中。例如：

19) 门上<u>锁</u>着一把大铜锁。
　　　地上<u>洒</u>着水。
　　　筛子底下<u>支</u>着一根小木棍子。
　　　被面上<u>织</u>着龙凤呈祥的图案。
　　　瓦缸里<u>腌</u>着咸菜。

本节小结

总的来说，本书认为"力动因"和"动作性比较强"这样的概念语义特征可能并不是有效的语义限制条件。只有在同一认知概念域中分析动词和构式的语义相容条件，才更可能得出比较有涵盖性的结论。尽管"拉、拖、拽"都表示"力动因"概念语义，但是它们都可以用在静态存在句，在 CCL 和互联网上都能找到相应的例子。"推和搬"不能用在这个结构中，很可能并不是因为它们表示"力"概念，而是由于这两个动词在运动事件认知概念域中表示的动作是使物体离开某地，表达 [＋致使＋运动＋起点路径] 的概念语义，因而不能用于静态存在句这样的 [＋致使运动＋终点路径] 结构，这也是以路径为核心的界态语义匹配原则的体现，当构式与动词的 [路径] 界态语义不相符时，句子不能成立。

按照本书的分析，静态存在句表示一种特殊的运动事件，有两种情况，一是表示物体本身一直自然惯常存在于某处，二是由于某个动作致使物体运动到某个处所终点并停留在该处所。由于静态存在句表达的运动事件概念语义是［－致使］［＋零位移运动］或者［＋致使＋运动＋终点路径］，因此要探讨动词适用于静态存在句的语义限制条件，就需要在与构式概念语义相同的认知域中来进行。如果要适用于这个静态存在句，那么动词词义至少要满足［－致使］［＋零位移运动］或者［＋致使＋运动］［＋终点路径］两组运动事件概念语义特征之一。

如果构式表达自然惯常存在状态概念，那么动词不能是致使动词，而且要能够表示物体以某种惯常方式存在于某处，因此动词概念词义要同时满足以下两个语义限制条件：

（1）［－致使］；
（2）［＋零位移运动］。

如果构式语义表达致使静态存在状态概念，即物体存在于某处是某个致使运动的结果，那么能够适用的动词必须是一个致使动词，且需要满足以下的概念语义条件之一：

（1）［＋致使］［＋运动］［－路径］；
（2）［＋致使］［＋运动］［＋终点路径］。

表示［－起点路径］［－中间路径］的致使动词都不能适用在静态存在句中。

本书通过CCL对340个致使位移动词进行了验证。语料验证结果基本证实了上述推断的适用性。

第三节
[时间]与[路径]单位的匹配关系问题

本节试图讨论汉语"在、正、着"在运动事件表达句中出现的情况和英语"in + 一段时间"和"for + 一段时间"的用法问题,从而验证与说明以路径为核心的界态语义匹配原则的适用性。

一、时间概念的数态和界态特征

在讨论运动事件中空间和时间概念之间的蕴涵关系之后,还需要明确区别一个时间概念的数态和界态构形特征。从数量构形上来说,人类所认知的时间是可数的。一般来说,运动动体在空间线性运动的路径越长,运动所花费的时间就越长。从边界构形来说,尽管时间概念是抽象的,但是时间作为一种抽象存在也被人们认为是可以离散可以分段的,也可以按照边界来划分类别。图 4-1 是时间概念的认知意象图式。

虽然 t_1—t_0、t_0—t_2 可以表示同样的数量的时间,但这两个时间在界态构形上却可以是不同的。与运动事件路径概念具有空间边界特征一样,时间概念也可以按照边界特征来分类。如图 4-2 图式。

A. 有终点边界的时间概念:参照事件开始/完成时间为计量终

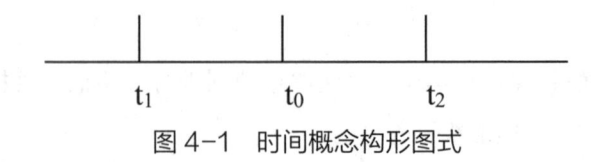

t_1 t_0 t_2

图 4-1 时间概念构形图式

说明:

t_0 代表参照时间,t_1 表示参照时间之前的某个时点,t_2 表示参照时间之后的某个时点,t_1—t_0, t_0—t_2 表示的两段时间在长度上相等。

点 t_0，有界，如比赛开始前一小时、一小时前回家。

图 4-2　有终点边界的时间概念图式

B. 有起点边界，无终点边界的时间概念（如图 4-3）。

参照事件开始/完成为计量起点 t_0，构形为无终点边界的无界，例如比赛开始后一小时、回到家一个小时了。

图 4-3　有起点无终点的时间概念图式

C. 起点—终点时间概念（图 4-4）。

表示事件发生到结束的时间，例如比赛是在一个小时内结束的。从事件开始的时间开始计量到事件结束。既有起点 t_1 又有终点 t_2，有界。

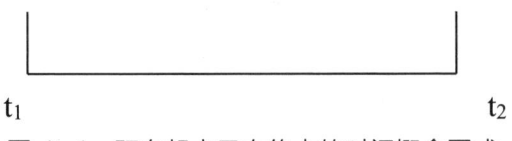

图 4-4　既有起点又有终点的时间概念图式

D. 无界时间概念（图 4-5）。

参照事件过程中任意时间点 t_0，构形为无明确起点和终点的无界，例如在森林里走了一个小时、喝酒已经喝了一个小时。

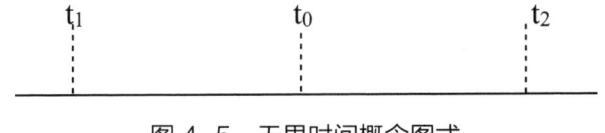

图 4-5　无界时间概念图式

上面的图式分析说明，时间概念也可以按照边界特征来分析。A、D 图式都是终点边界开放的无界时间概念，B、C 图式都是具有终点边界的有界时间概念。对同一数量的时间来说，其边界特征是不一样的。语言反映这种概念结构特征的不同。

二、语言单位反映的运动[时间]界态特征

人类的语言系统反映时间概念单位的界态特征，也反映运动事件空间[路径]与[时间]特征的关系。下面对语言层面的这个蕴涵关系进行具体分析。

语言单位表达的[时间]概念也可以按照[界态]特征来分析。尽管数态和界态都是"构形"特征（Talmy 2000；束定芳 2008: 110），但是"界态"是概念构形系统"边界"结构特征；数态（number）是概念构形"数量"特征。同一个概念既可以从[数态]构形也可以从[界态]构形的角度来考察结构特征。就时间概念来说，它即有[数量]特征，也有[界态]特征，这两种构形结构特征是从不同角度来考察的。例如"一小时"既可以是有明确终点边界的一小时，也可以是任意连续时间中的没有边界的一小时。

由于[界态]属于概念结构特征，概念结构语义对应于语法句法组织，因此同一时间语言单位（如"一小时"）所表达[界态]语义的不同主要由该时间单位在句中的位置和所处语法结构来体现，这是概念结构对应于语言结构形式的体现。例如，下列几个句子当中的"一小时"表达相同的时间数量，但是从概念结构的边界构形来说，却具有不同特征。

1) a. 我回到家已经一个小时了。
   I have been back for an hour.

b. 我在路上走了一个小时。

I walked in the street for an hour.

c. 他一小时前回家的。

He got home one hour ago.

例1)a 表示运动事件结束后开始计算的一小时，可以说是"具有起点边界而无终点的一小时"，这个小时之后可以有其他的时间计量，因此时间轴上的构形是没有终点边界的半开放式；例1)b 表示运动事件过程中的一小时，没有明确计时起点和终点，时间概念结构是全开放无边界式的；例1)c 表示运动事件实施之前的一小时，是以运动事件为计时终点的一小时。这些例子说明：同样数量的"一小时"，在具体的句子结构中所表达的概念语义界态特征却可能是有界或者无界的。

在汉语中，时间概念的有界和无界通过[时间]单位在句中的语序位置不同，以及词汇的匹配不同来体现。例如：

2) a. 我<u>10分钟</u>穿过了隧道。
   b. 隧道我穿行<u>10分钟</u>。

（沈家煊2004：48）

3) 他<u>在</u>一小时<u>之内</u>/一小时<u>后</u>回来了。

例2)a 时间状语前置于谓语，表达有界概念；例2)b 的时间状语后置于谓语，表达有起点无终点的无界时间概念。例3)表示限定边界的时间，时间轴具有起点和终点边界。这里的"一小时"后加上了词汇成分"前/后/内"，表达有界概念。时间概念的数量一样，但是边界构形不同。如果对应为英语译文分别要译成例4)a、例4)b和例5)。

4) a. I have been out of the tunnel for 10 minutes.

　　It has been ten minutes since I walked through the tunnel.

　b. I walked through the tunnel in ten minutes.

　　It took me 10 minutes to pass the tunnel.

5) He returned within/in/after an hour.

除了语序和词汇的表示不同界态的时间概念之外，汉语中的体标记"在、正、着"以及一些时间状语和副词，如"已经、突然、最后"等也表达不同界态的时间概念。

英语中主要是由词汇单位和语法单位来表达不同界态时间概念。语法屈折分析形式中的完成进行体（have/has been doing）和持续／进行体（be doing）；词汇手段如（talk）on/along、keep doing、in the process of doing、on and on, away 词汇结构也表达开放式无界时间概念（施栋琴 2005）。时间状语 suddenly、soon、again、by the end of、in the end、within a week 都表示有界时间概念；"for + 一段时间"、all the time、all day long、for hours、over years、"since + 时间点"等时间状语都表达无界时间概念。下面通过讨论汉语"在、正、着"和英语"for/in + 一段时间"在运动事件表达句中与有界和无界路径表达的匹配问题来讨论上一章界态匹配原则的适用性。

三、汉语"在、正、着"与运动事件表达

石毓智（2006）对汉语进行体标记的讨论与本书提出[时间]单位[界态]语义特征概念不谋而合。他认为"在、正、着"是汉语表示动作时间分布的持续进行体标记：三个标记的功能虽然有所交叉，但是有明确的分工，很多时候是不能互换的。在下面的时轴中（如图4-6），A 表示一个动作行为的起始点，B 代表一个动作行为的终结

```
      在              正    着
                           ──────────→
   ─────┬──────────────┬────┬───→
        A              X    B  C
```

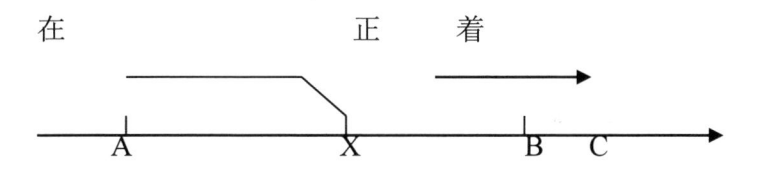

图 4-6 "在、正、着"时间边界认知图式（石毓智 2006: 16-17）

点，X 代表动作行为进行中的某一时点，C 表示动作行为结束后的时间点。

石毓智的观点总结如下：

（1）"在"表达动作开始和结束之间的进行，它所描写的是（A, X）之间的进行状况。其时间位置为，从过去的某一个不确定的时刻开始，一直持续到说话的时刻，即所表达的是一个时间区间，主要表示过去到现在的进行状况。

（2）"着"既可以表达动作开始和结束之间的进行，又可以表示动作结束后的持续状态，它所描写的是（X, C）之间的进行和持续状况。其时间位置为，说话的时刻后（不包括说话时刻）正在进行，可以持续到将来某个时间，即所表达的是一个时间区间，主要表示从现在到将来的进行状况。

（3）"正"表达动作开始和结束之间的某一时间位置上的进行。它所描写的是在 X 位置进行的状况。其时间位置为说话这一时刻，即表达的是一个时间点。

他对"在、着、正"的认知图式分析和本书的时间概念界态特征分析殊途同归。如果通过时间［界态］特征来考察，那么可以认为"在"和"着"是无界时间进行体标记，而"正"是有界时间进行体标记。根据运动事件表达"界态匹配"原则,［路径］概念有界则蕴涵［运动时间］概念有界：一个运动事件表达句中，如果［路径］语言单位表达有界概念,那么句中表达[运动时间]维度特征的词汇和语法单位的[界态]语义为有界。

按照本书的分析,汉语趋向补语全部用于表达有边界的路径概念。这样一来,能够与表示有界路径的趋向补语共现于运动事件表达句中的进行体标记只有"正、正在"。"在、着"由于是无界时间进行体标记,因此不适用于趋向补语句中。那么实际语料是否支持我们的判断呢?我们可以通过"走、跳、跑、游、拿、运"等动词与"到、回、过、上、下、进、出、进来、进去、出来、出去、上来、下去、过来、过去、回来、回去"等趋向补语匹配之后在 CCL 中是否有"在 + 运动动词 + 趋向补语",或者"运动动词 + 趋向补语 + 着"的语例来验证这个假设。

CCL 的检索表明,上述动词在于趋向补语匹配后都不能与体标记"在、着"匹配。即便是出现"在",这个"在"也不是体标记而是介词,表示"在……时候"。例如在他走上这条道路的时候……

汉语的"正、在、着"与趋向补语的句中匹配情况说明本文的界态匹配原则一基本上是适用的。

四、英语 "for/in + 一段时间" 的用法

现在再来谈谈英语 "for + 一段时间" 与 "in + 一段时间" 在运动事件表达句中出现的问题。与汉语通过语序和词汇手段体现时间界态类别不同,英语时间概念有界和无界的对立已经语法化了。例如,英语 "for + 一段时间" 和 "in + 一段时间" 以于 "for/in" 的不同来体现时间概念有界和无界表达的对立。例如:

6) He walked in the garden for a few minutes.
   他在花园里走了几分钟。

7）*He walked into the garden for a few minutes.

　　*他走进花园了几分钟。

8）He walked into the garden in a few minutes.

　　他几分钟后走进了花园。

例 6）表示"在花园里走"这个运动事件已经进行了几分钟，但是可能继续下去，没有终点。时间概念无界。例 7）这样的句子不成立，"into"表示［+有界］空间路径，蕴涵着运动时间有边界特征。"for + 一段时间"表示整体运动时间的一部分，时间边界是开放的无界的，因此不能与"into"匹配。如果改为"in + 一段时间"，则例 7）可以成立。这是因为"in + 一段时间"表示运动时间概念有界。以下是"for + 一段时间"（如图 4-7）和"in + 一段时间"（如图 4-8）的认知图式。

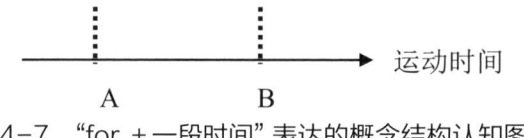

图 4-7　"for + 一段时间"表达的概念结构认知图式

A—B 表示"for + 一段时间"，虚线边界表示时间边界是开放的、无界的。仅表示任意一个达到"一段时间"表达的时间数量那么多的运动时间，表示"运动进行了一段时间"，表达的运动事件时间构形特征是无界，与有界路径成分不匹配。

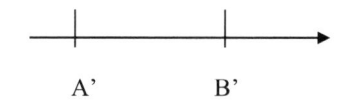

图 4-8　"in + 一段时间"表达的概念结构认知图式

A'—B' 之间的线段表示"in + 一段时间"，是特定时间区间 A'—B' 时间段以及超出 A'—B' 边界之后的运动情况。时间概念结构构形是具有边界的，表示"在……之内"或者"……之后"。因此"in + 一段时间"与有界路径成分匹配。

从以上的图式分析可以看到，"for + 一段时间"表示无界时间概念，"in + 一段时间"表示有界时间概念，二者属于不同的界态语义。根据运动事件表达界态匹配原则一，一个运动事件表达句中，如果[路径]语言单位表达有界概念，那么句中表达[运动时间]维度特征的词汇和语法单位的[界态]语义为有界。"in + 一段时间"只能与有界路径表达单位匹配，而无界路径表达只能与"for + 一段时间"匹配。这样，就能够解释为什么以下两个句子一个合格一个不合格了，"ran towards the house"表示无界路径运动，而"ran into the house"表示有界路径运动。例如：

9) a. Bill ran towards the house for hours.
   b. *Bill ran into the house for hours.

（Jackendoff 1990: 28）

如果由于动体或者背景重复而使[路径]变为由于多次重复而在视觉上延展的无界概念，那么也可以与"for + 一段时间"相匹配。例如：

10) Soldiers ran into the house for hours.
11) Bill ran into the houses for hours.

尽管是可能存在的情况，但是在 BNC 中并没有查到实际语例。虽然语言的灵活性使得这种重复运动无界路径概念的表达有可能实现，人们却实际上不常使用这样的表达，而是选择更方便而且直接无界路径方式来表达。例如：

12) Soldiers have been marching for hours.

13) Bill ran from house to house for hours.

英语当中的"until"和"for + 一段时间"一样也表示无界时间，表示一直到某个时间点之前的无界时间段内动作的持续。"until"的无界语义特征使它只能与表示无界的动作表达匹配。例如：

14) Bill ran down the road until noon.

15) *Bill ran 5 miles down the road until noon.

（Jackendoff 1990: 28）

根据本书的考察，"down"是双界态介副词，可以与无界时间单位匹配，而距离路径短语"5 miles"表达有界路径，因此不能与"until"匹配。

本节小结

本节运用以[路径]为核心的界态语义原则次则一对英汉运动事件表达句中时间单位与路径概念表达的匹配关系进行探讨。主要考察汉语"在、正、着"与趋向补语的匹配关系，以及英语"for/in + 一段时间"与运动事件表达中路径介副词的匹配关系。研究表明，一方面，由于汉语趋向补语表达有界路径概念，因此只有表达有界时间概念的体标记能够与趋向补语匹配。这样一来，能够与表示有界路径的趋向补语共现于运动事件表达句中的进行体标记只有"正、正在"。而"在、着"由于是无界时间进行体标记，因此不适用于趋向补语句中。另一方面，英语"for + 一段时间"表示无界构形的时间概念，因此不能与有界路径动词、有界路径介副词以及有界路径构式匹配；而

"in + 一段时间"表示有界构形的时间概念，因此不能与无界路径动词、介副词以及构式匹配。

第四节
英汉距离路径成分及问题

有一类英语构式可以称为距离路径结构，表达动体运动经过的距离。英语距离路径概念的表达方式主要有两种，一是由数量短语表达的距离，表示明确数字的距离，如 10 feet、5 miles 等；一是非数量名词短语，表示有定或者无定参照距离，如 the length、the rest of the way、the course、all the way、the width、the distance、the depth、a long way、many miles、a few feet、several meters 等。英语运动动词不论是否及物都可以与表示路程的数量词或者短语连用，表示空间经过的距离。库克等在讨论距离关系（distance relationship）时，也认为有距离关系有两种表达方式，一种是具体距离（specific），一种是概括距离（general）（Quirk, et al. 1985: 514–515）。他们认为具体距离只能通过"动词+名词短语"的结构来表达，而概括距离则有两种表达方式，一种是"动词+名词短语"，另一种是"动词+ for 介词短语"。例如：

1) They ran two miles in ten minutes.
2) We climbed a further thousand feet before dusk.
3) They ran the distance in record time.
4) a. We hurried a few miles and then rested.
   b. We hurried for a few miles and then rested.

5) a. They had travelled a long way and was exhausted.
　　b. For the next two miles, the road had a very poor surface, making speed impossible.

(Quirk, et al. 1985: 514-515)

尽管英语表达动体运动经过的距离可以是水平空间、垂直空间，甚至是旋转空间的距离路径，但并非所有的运动动词都能进入距离路径结构，也不是所有表达的距离路径成分都可以与介词"for"连用。库克等试图通过"具体"与"概括"的区来解释介词"for"的隐现问题。然而，即便是在库克等所举的例子当中也可以看到反例。如例3）表示是没有说明数量的非具体概括距离"the distance"，但是这个概括距离不能带"for"。例如：

6) *They ran for the distance in record time.

例5）b中的"the next two miles"则表示明确说明数量的具体距离。然而，这个明确具体的距离表达却带有介词"for"。也就是说库克等的分类不能说明介词"for"的隐现规律，也没有解释意义的差别。如果距离表达的具体和概括之分不是必然导致"for"的隐现，而"for"的隐现又不是随意的，那么到底是什么因素造成这样的现象呢？

一、英语距离路径表达中"for"的隐现问题

在库克等研究者的研究（Quirk, et al. 1985）之后，其他学者也对这种距离路径表达进行了讨论（Tenny 1995; Kural 1996; Huddleston & Pullum 2002; Dixon 2005）。已有的研究主要是描写性论述，或者

探究"动词+名词短语"动宾结构中表示距离的名词论元特殊角色和动词的关系。但是，这些研究对明确数量距离路径成分前"for"的隐现规律问题，和参照距离的有定性问题都没有进行解释。

本书认为可以运用以[路径]为核心的空间界态语义匹配原则假设来对这一现象进行较好的分析。句子表达式各词汇成分的组合方式在一定程度上反映概念内容和概念结构特征。在人们认知的运动事件概念中，运动路径有界蕴涵运动时间有界、动体有界、背景有界。这种概念结构特征反映在语言表达式的组合关系中，从概念构形系统"界态"语义特征的角度来说，有界[路径]单位要与有界[时间]单位匹配。本书认为："for + 一段距离"与"for + 一段时间"的结构一样，都是表达无界概念的语法标志。"for"的隐现规律可以从路径界态匹配原则推断如下：

（1）"for"的隐现体现了语言单位表达距离路径概念的有界和无界；

（2）有界距离路径表达一定不带"for"，无界距离路径可以带"for"，也可以不带"for"；

（3）"for"的隐现会对语义识解产生影响。有明确数字或者有定冠词修饰的距离名词短语从理论上都表达有界距离，没有确定数字或者无定参照距离名词短语都表达无界路径。

通过在BNC对"V_miles/metres/kilometres/feet"结构的搜索，本书发现能够进入这种结构的名词短语的主要有两种：有明确数量的名词短语，以及有定冠词修饰的参照距离名词短语。"walk、run、chase、follow、drive"等自主自发运动动词在表达有明确数量路径时都没有带"for"。下面例句中距离名词短语前都不带"for"，也都不能带"for"，而且不能与完成进行时、"for + 一段时间"或者"all day long"等表达无界概念的时间单位匹配。因为动词之后的名词短语都表示有界距离路径，不能与无界标记"for"相匹配。例如：

7）The boat floated (for*) the last few yards until it actually bumped the side of The Sandhopper.

小船漂了最后几码然后撞上了桑德禾帕号。

（G01 2800）

8）He flew (for*) the 90 miles at a height of less than 100ft, to dodge both Cuban and American radar defences, until he reached his home city of Matanzas.

他在低于100英尺的空中飞行了那最后的90英里，躲避古巴和美国的雷达防御，直到……

（CBE 2833）

9）He rode the lift to the seventh floor and walked (for*) the length of the deserted corridor to the last of the suites of offices.

他乘电梯来到七楼并且走过了废弃的走廊来到最后一间办公室。

（ECK 148）

10）He had obviously travelled (for*) the ten miles from Harwell overnight.

显然，他一夜间走了10英里。

（ANK 1718）

11）Dropping the kids off at my mother-in-law's, I trudged (for*) the few miles to the hospital taking the short cut through the grounds to the usual ward.

把孩子们放在岳母家，我跋涉了好几英里到了医院，从小路穿过庭院来到了熟悉的病房。

（CA9 1349）

另一方面，如果在 BNC 中查找"V for_miles/meters/kilometres/feet"的结构，就可以发现：带"for"的都是非明确数量或者无定参照距离名词短语，表达无界路径概念。如 a few (several, many) + meters (kilometers, miles, feet, inches ...)，或者是 miles、thousands of miles 等结构。例如：

12) She had assumed they were going to his friend's colourful flat but they had been on the motorway for several miles and the road signs said they were travelling north.
她以为他们要去他朋友五颜六色的公寓，但是他们已经在高速公路上开了好几英里，而路牌表明他们正在朝北行驶。
（H8J 965）

13) We travel almost in silence for a few miles.
我们默默地走了几英里。
（FAJ 935）

14) I do not relish the thought of leaving her here with him while I drive you for many miles and wait for you to linger by shop windows.
我都不能想象把她留在那里，而我却开车带着你开了好多英里，还要等你流连商场。
（HGK 1970）

15) They walked for miles on the hilltops in the strong clean wind, alone with the birds and the sheep.
他们在山顶上的强风里走了好多英里，只有飞鸟和羊儿陪伴左右。
（FNY 217）

观察这些例子还可以发现，句子中的距离路径短语都表达"有一定延展空间"的距离路径概念，因此能够进入该结构的运动动词要满足"延展性空间运动"的特征。那些表达从起点边界出发、到达终点边界的路径动词由于没有延展空间运动的语义特征，不能适用于距离路径表达，如 return、reach、depart、escape、arrive、enter、exit 等。例如：

16) *He left five miles.
17) *He arrived the length home.

同样，仅表达起点或者终点的致使运动动词也不能进入这样的表达结构。如 remove、detach、fetch、put、load、dip 等。

在讨论了距离路径结构中名词短语和动词的特点之后，再来看"for"的隐现影响句子语义识解的影响。认知语言学研究的一个基本观点是语言形式不同则表达的语义必定有所不同。在这个理论观点之下，有"for"和没有"for"的情况下，表达式的意思应该是不同。有学者认为"for"的隐现只是动词论元还是介词论元的区别，在语义上没有带来什么影响。例如：

18) He ran (for) three miles before breakfast every day.

（Dixon 2005: 303）

19) The kite rose (for) several hundred miles.

（Huddleston & Pullum 2002: 69）

20) The ship sank (for) five hundred feet.

（Kural 1996b: 206）

首先要说明的是，以上三例都是学者自己造的句子。在 BNC 和

Google 搜索中都没有发现 ran for ... miles、rose for ... hundred mils、sank for ... feet/miles 等结构的匹配项。实际语料表明作为自主自发运动动词的 run、rise、sink 与明确的数量名词短语匹配时都不带"for"。由于语料库的例子说明"动词 + for + 数量短语"这一结构并不普遍存在，因此可以推断例 18）—例 19）中很可能是不能出现"for"的。这是因为一般可以认为有明确数量的空间距离是有边界的空间概念。既然这种距离路径构式表达有界路径概念，那么就不能与无界成分"for"匹配。例如：

21) The album dropped two places to No.8.
    这个唱片排名下降了两名降到了第八位。

22) The cat jumped (for*) 10 feet.
    那只猫跳了 10 英尺高。

（Kural 1996b: 208）

这样的句子当中都不能出现"for"的原因可以理解为：有界路径不能与无界成分"for"匹配。

不可否认，在 BNC 中确实也发现了"for + 明确数量短语"的情况。例如：

23) You have to walk so and so for three miles.
    你要这样走上三英里。

（KCY 2046）

24) The road ran straight across the desert for twenty miles.
    这条路在沙漠中笔直延伸了 20 英里。

（AMU 2477）

25) We had driven up a muddy track for ten miles and had arrived at a completely ruined farmhouse with no windows or doors, set into the slope of a mountain, looking over a marshy plain.

我们在泥泞的路上行驶了10英里，最终来到了一个没有门窗的完全废弃的农舍……

(EE5 961)

尽管出现了这种反例，但是稍微观察一下可以发现，这些句子都有相似特点：主要是祈使句、假想运动延展空间概念表达句或者后续出现了完整路径结构的句子。在假想延展空间路径或者祈使句中可以用"for"，是因为其中表达的空间在认知概念中是没有真实运动经过的距离，没有明确边界。在已经有其他路径单位结构的句子中出现"for＋一段距离"则更像是说明运动路径中的一部分。自主自发运动事件表达中，"动词＋名词短语"的结构如果是有具体数量或者有定参照，那么带"for"的情况很少，BNC和Google中walk、run、drive、chase、swim、fly、pursue这7个常用动词对应"for＋一段距离"的例子总共不超过20例。

通过BNC和Google搜索实例的观察，本书做出"for"的隐现情况和语义概念的识解规律如下：

（1）"for"的出现说明该语言单位表达的距离路径是无界概念；

（2）没有"for"的情况下，名词短语可能表达有界或者无界概念，要看名词短语的情况决定。如果名词短语是明确数量短语或者是有定参照路径名词短语，那么按照有界路径的概念语义来识解，明确数量的距离名词短语一般不带"for"。如果名词短语是非确指数量短语或者非有定参照路径名词短语，那么即使不带"for"也可以表达的是无界概念，按照无界路径的概念语义来识解。

二、汉语距离路径表达与相关问题

和英语一样，汉语当中也存在类似的数量距离路径结构。一般结构是："动词+数量短语"或者是"动词+趋向补语+参照距离路径"。例如：

26) a. 西行 100 米就是大剧院。
    b. 往下挖了五六米。
    c. 他一口气跑完了全程。
    d. 艰难地走过最后一段距离。

似乎只有无界[路径]动词或者非路径运动动词可以进入这个"动词+数量短语"的结构。例如下降、上升、盘旋、走、跑、跳、游、爬、飞行等。表示有界[路径]概念语义的动词似乎都不能直接用于这个结构。例如：

27) *出 10 里、*进 5 米、*回 100 公里
28) *跳伞运动员从高空飞下三百尺。
29) *运动员游回 100 米。

如果要使结构成立，就要在数量词之后再加上名词，例如爬上 100 米高台、飞下 50 米跳台。

本书认为，这是以[路径]为核心的界态语义匹配原则的作用。[路径]为有界概念时，[背景]名词短语应当被识解为表达[有界]空间背景的概念语义。

一方面，当句中出现汉语趋向补语表达[有界路径]时，由于数量词本身没有界态特征，因此需要在数量词后面增加一个名词，与名

词一起表达有界运动空间［背景］概念。例如：

30) 迅速穿越那片危机四伏的谷地，爬上 600 多级台阶，来到了哨所。

（CCL）

31) 司机打瞌睡，罐车飞下 7 米高立交。

32) 惠、雷二人已于半个月前飞回 3000 多公里之外的家乡沈阳。

另一方面，汉语中没有"运动动词直接加参照性距离路径"的用法，"跑全程、走一路"一般不能单独成句。汉语一般需要在动词后先增加动趋或者动结补语成分再加上参照距离。例如：

33) a. 他游完了剩下的几百米。
    b. ？他游最后剩下的几百米。
34) a. 他们走过了最后的距离。
    b. ？他们走最后的距离。
35) a. 他坚持跑完全程。
    b. ？他坚持跑全程。

在表达没有数量的参照距离时，汉语一般不用"动词＋参照距离名词短语"的方式来表达，而是需要增加趋向补语或者动结补语。这是因为"全程、最后的距离、剩下的几百米"都表达有界运动空间概念。在运动事件表达中，动词本身需要带有有界路径概念或者增加补语成分表达有界运动路径概念才能使句子成立。

对 BNC 的例子进行英汉对照可以看到，英语当中的"动词＋参照距离名词短语"对应于汉语的"动词＋趋向补语／结果补语＋名词"的结构。这种对应也说明英语的这种距离路径确实表示有界路径。例如：

36) It is about four miles to the Port of Ness from Cross and I think I tiptoed the whole way.

从克罗丝到内斯港大概 4 英里，我想我踮着脚走完了全程。

（B1N 1686）

37) Two hundred and fifty people marched the short distance from the company's base to Dundee's Camperdown Park for a rally.

250 人从公司基地到敦德的卡帕顿公园进行了一个短距离的集会游行。

（K5D 6241）

38) He hopped the cattle car north, to Goregaon, and rickshawed the rest of the way.

他搭牛车向北到了 Goregaon，然后搭黄包车走完了剩下的行程。

39) From there they crawled the last ten yards to the edge of a rise and looked down into the valley.

从那儿他们向上爬了最后的十码到达了高地边缘，俯视山谷。

（CAM 383）

40) He rode the lift to the seventh floor and walked the length of the deserted corridor to the last of the suites of offices.

他乘电梯到了八楼，然后走过废弃的走廊来到最后一间办公室。

（ECK 148）

对于英语的无定距离短语表达的无界路径概念，汉语当中没有与英语对应的无定距离名词短语，而是通过"[非路径运动]动词 + 副词性结构"的形式来补偿。常见的副词性结构有一路、很远、老远等。这种汉语结构中不出现趋向补语。这是因为汉语趋向补语属于有界路径概念成分，与"无定距离路径短语"这种无界运动事件构式的无界界态语义不相匹配。例如：

41） I do not relish the thought of leaving her here with him while I drive you for many miles and wait for you to linger by shop windows.
我开车载了你这么远，你逛街我还要等你。

（HGK 1970）

42） He felt as if he had walked for miles and knew that he had certainly had too much to drink.
他感觉好像是走了好久，知道自己一定是喝得太多了。

（ASN 1521）

43） She walked a long, long way through the forest.
她在森林里走了很远很远。

本节小结

本节主要是通过以［路径］为核心的界态语义原则对英语距离路径表达句中"for"的隐现问题以及汉语相关问题进行了初步的分析和解释。研究表明，"for"的隐现并不是随意的，而是像似体现了概念结构特征的有界和无界的区别。有界距离路径概念的表达一定不带"for"，而无界距离路径则既可以带"for"，也可以不带"for"。同时，"for"的隐现会对语义识解产生影响，出现"for"则一定为无界概念。有明确数字或者有定冠词修饰的距离名词短语都表达有界距离路径概念，没有确定数字或者无定参照距离名词短语都表达无界路径概念。

汉语中"动词+趋向补语"后接数量词的结构不能直接成句的原因也与［路径］为核心的界态匹配原则有关。汉语趋向补语表达［有界路径]概念语义,需要与能够被识解为有界的[背景]语言成分匹配,而单独的数量词不能表达有界[背景]概念,只有后续名词或者增加限定修饰成分才能够表达有界概念。

第五节
英汉双宾语构式中的动词适用问题

双宾语结构是比较有趣的一种构式,有大量文献讨论双宾构式的意义,研究双宾语结构中的动词分类,探求双宾语谓语动词与论元之间的关系,讨论双宾语的成句条件。这里仅对认知语言学视角的研究进行简要论述。从认知语言学研究视角出发,英语双宾结构被认为是一种构式,表达"有意识地传递给予",即"给予"意义(Langacker 1991: 327-329; Croft 1991, 1993; Jackendoff 1990; Goldberg 1995)。汉语双宾语的研究也一直受到学界重视。研究者从传统语法角度(吕叔湘1980)、结构主义角度(朱德熙1982;马庆株1983;李临定1984)、生成语法角度(顾阳1998)、配价及格语法角度(范晓1985)、认知语义学角度(张伯江1999;石毓智2006;张建理2006)对这个结构进行研究。尽管研究角度不同,但是大多数研究者都认为,汉语双宾语结构被认为可以用于表达"给予"和"取得"两种意义。到目前为止,认知视角的研究主要是对双宾语结构的构式意义、进入双宾语构式动词的分类、双宾语构式对动词语义压制、双宾构式的语法化过程等方面进行的(陆俭明2002;徐盛桓2001;李淑静2001;徐畅贤2005;张建理2006;张国宪2001;石毓智2006;卢建2017;孙英杰2006;何晓炜2008,2009等;刘利民2009)。

一、双宾语结构的概念语义构成

西方语言研究者认为英语双宾结构是一种构式，表达"有意识地传递给予"（Langacker 1991: 327-329; Croft 1991, 1993; Jackendoff 1990; Goldberg 1995）。泰尔米（Talmy 2000a, 2000b）在分析主要事件类型时提出，除了运动事件之外还存在其他的事件类型，人们表达的事件可能是多个事件的复合。本书认为，双宾语构式表达的实际上是一种复合性的复杂事件。从概念事件语义来说，英语双宾语构式表达的"有意识地传递给予"的概念语义至少包括两种认知概念事件，分别是"传递"事件和"给予"事件，不能简单认为构式只包含"传递"意义或者只含有"给予"意义。对双宾语句的概念结构语义配置情况分析如下：

	He	passed/give	her	a note.
语法结构：	主语	谓语	间宾	直宾
论元结构：	施事	使动	涉事	受事
运动事件概念结构：	［起点］	［致使运动］	［终点］	［动体］
损益事件概念结构：	［给予者］	［给予动作］	［给予物的获得者］	［给予物］

致使运动动词之外的其他致使动词进入这个构式之后，表达一种隐喻性的所有权移动，或者隐喻性的运动事件。由于动词 bake、teach、promise 词汇语义不含有受事空间位置或者所有者转移的概念语义，因此这种［运动］和［损益与夺］的意义都是由构式意义提供的。例如：

	He	baked		her		a cake.
	He	taught		her		English.
	He	promised		her		a house.
运动事件概念结构：	［起点］	［使动体在未来运动］		［终点］		［动体］
损益事件概念结构：	［给予者］	［给予动作］		［给予物的获得者］		［给予物］

为了更清楚地对双宾语构式的概念语义进行分析，我们可以将双

宾语构式和与格结构进行比较。

杰肯道夫（Jackedoff 1990: 195-199）对"for"和"to"与格结构以及双宾语结构的概念语义结构进行了讨论。

      He passed a note   to   her.
      他   递了 一张纸条 给   她。
     （纸条递到了她手里）
运动事件概念：［起点］［致使运动］［动体］［路径］［终点］
      He passed a note   for   her.
      他 帮她递了 一张纸条。
     （纸条不一定是传到"她"手里）
受益事件概念：［给予者］［给予动作］［给予物］［受益方向］［受益者］
     （不一定也是获得给予物者）

与格结构中的动词并非都同时能够与"to"和"for"匹配，有时只能用介词"to"，有的时候只能用介词"for"。例如：

  1）He taught English to her.
    He taught English for her.
  2）He promised a house to her.
    *He promised a house for her.
  3）He baked a cake for her.
    *He baked a cake to her.

与格结构与双宾语结构的不同在于，与格结构虽然也可以表达运动事件和受益事件概念，但是这两种概念事件语义不是由同一个结构来表达的。带"to"的与格结构强调施事主体的动作使受事物体移动到涉事终点，主要偏重于运动事件表达；而带"for"与格结构则强调受益者，但是不强调受事物体必定移动到受益者，主要偏重于损益事件表达。比较而言，双宾语结构则是可以通过同一个构式形式表达运动事件和损益与夺事件概念语义的。试比较与格构式和双宾语构式。例如：

4）Please send a letter to me.（带"to"的与格结构）

请寄一封信给我。

["我"是信件通过邮寄动作要到达的目的地，但不含受益信息。]

5）Please send a letter for me.（带"for"的与格结构）

请帮我寄一封信。

["我"不是信到达的目的地，而是寄信这件事的受益者。]

6）Please send me a letter. （双宾语结构）

请寄一封信给我。

["我"是信件通过邮寄的动作而要到达的目的地，也是受益者。]

双宾语构式和与格结构的不同在于：

①从运动事件表达来说，双宾语构式的[路径]概念是由零词汇形式来表达的，也就是说双宾构式隐性表达[路径]意义（Langacker 1991），而与格结构中的[路径]概念则由介副词"to"来词汇化表达；

②从损益事件概念表达来说，双宾语结构中的末端信息重点是"给予物"而与格结构的末端信息重点是"受益者"，并通过介词"for"来说明受益方向；

③双宾语构式可以通过同一种结构形式同时表达[运动]和[损益与夺]概念事件语义，而与格结构则通过介词的不同反映不同的概念事件语义。

现在可以总结英语双宾语构式的概念语义配置结构如下：

英语双宾语构式表达[给予]和致使传递[运动]双重概念事件意义，分别是：

A 给予 B 某个 C，A 向 B 传递 C。

有时这两种概念语义是同时存在的，有时则侧重于其中之一，主要看动词的情况而发生变化。

本书认为，双宾语构式的概念语义表达是一种连续统，[运动]与[损益与夺]事件语义分列两端，而中间还存在两种概念事件语义同时存在的重合地带。当二者重合时，"受益者"也同时是传递物到达的"终点"。其概念事件语义配置结构如下：

	NP$_0$	VP	NP$_1$	NP$_2$
	主语	谓语动词	间接宾语	直接宾语
运动事件概念结构：	[起点]	[致使运动]	[终点]	[动体]
损益事件概念结构：	[给予者]	[给予动作]	[给予物的获得者]	[给予物]

这个构式的特点是：
①只允许"起点在前，终点在后"的[路径]概念语义；
②只允许"给予者在前，获得者在后"的[损益与夺]概念语义结构配置。

二、英语双宾语句中动词语义限制条件

由于英语双宾语构式本身仅仅提供一个概念事件组织的框架，具体的概念语义内容由具体的词汇来表达，因此，根据上一节对英语双宾语构式的概念事件语义进行的讨论，可以初步认为进入这个构式动词要能够表达明确的[起点到终点]概念意义或者明确的[给予]概念意义。如果人们要表示"使某物离开某处"，或者"从某处获得某物"的概念事件语义，就不能使用英语双宾语构式，而是必须要通过其他结构组织形式才能表达，如 NP V NP from NP 的结构。例如：

7) He snatched the book from his sister.

从英语双宾语构式的概念语义构成需要来说，综合［运动］和［损益与夺］概念事件语义配置的要求，适用于构式的动词概念语义特征应具有以下两个特征之一：

（1）动词概念语义表达"动作使受事从起点向终点传递"，即：

［致使］［运动］［路径］且［路径＝起点→终点］

（2）动词概念语义表达"动作使某人得到某物"，即：

［致使＋获得］

根据这样的语义限制条件，表达从起点到终点移动的［致使＋运动＋路径］运动事件类动词，以及表达［致使＋获得］的给予事件类动词都能够进入这个构式。

反过来说，如果一个动词不能满足上面的概念事件语义要求，那么就不能进入这个构式。根据运动事件概念语义内容对表达式的构成要求和以［路径］为核心的空间界态语义匹配原则次则3就可以得出一些语义限制条件。

一方面，从运动概念表达来说，由于英语双宾语构式本身具有［致使＋运动＋起点→终点路径］概念结构语义的要求，因此如果一个动词的概念意义与构式意义不相容，那么它就不能进入这个构式。可以运用本书提出的界态一致匹配原则次则3来探讨这个问题。一个运动事件表达句中，如果［路径］概念由多个词汇化单位共同表达，那么不同语法范畴的［路径］单位匹配时，各单位的概念界态语义要遵循"同态相容，异态相斥"的原则；同种词类范畴的［路径］单位匹配时，要符合运动事件路径概念内容语义表达要求。

根据这个界态一致匹配原则次则3和双宾语构式表达的概念内容

语义的要求，我们可以推断以下［路径］动词都不能进入英语双宾语构式：

第一，自主自发运动动词由于没有［致使］语义，因此都不能适用，如 run、swim、jump、depart、leave（离开）、arrive、reach 等；

第二，如果致使运动动词只能表达［起点］有界路径语义则不能适用这个构式，例如表示"从某处脱离、从某处获取、从某处移走"的动词，如 detach、obtain、take、remove、snatch 等；

第三，如果致使运动动词只能表达［终点］有界路径语义则不能适用于这个构式，如表示放置类的动词 put、load、plant、hang、paste 等；

第四，如果致使运动动词表达非线性［无界路径］语义则不能适用于这个构式，如 coil、circle；

第五，如果致使动词表示使受事发生空间形状、排列组合聚合方式或者性状变化，但没有［运动］的概念语义，无法表达"方向性位移"，那么也不能进入这个构式，如 widen、strengthen、disperse 等。

另一方面，从英语双宾语构式表达［损益与夺］事件概念语义的要求来说，英语双宾语构式主要表示"给予者通过动作使某人获得此物"，即［致使+获得］，而表达［给予者］的名词短语必须在主语位置。因此，如果动词不能表示由于这个动作而使得涉事间宾获得某物，那么这个动词就不能进入这个构式。可以推断以下动词一般不能进入这个构式：

第一，如果一个动词不能表示［致使］概念语义，那么就不能够进入这个构式，如 talk、think、laugh、cry 等；

第二，如果一个动词表示"使涉事失去所有权、相互交换所有权、剥夺涉事某物"则一般不能进入这个构式，如 take、rob、exchange、deprive 等。

为了验证这一假设，本书对莱文（Levin 1993）所列举的致使动

表 4-4　适用于英语双宾语构式的致使运动动词类别

类　别	实　例
运送类 （verbs of carrying and sending）	fetch, bring
传送类 （send verbs）	airmail, convey, deliver, post, hand, forward, pass, return, smuggle, transfer, drop
抛传类动词 （verbs of throwing）	bash, fire, bat, hit, kick, pass, throw, tip, toss, shove, smash, pitch, fling

词共 875 个进行了考察。动词见附录三。

正如所预测的一样，能够进入英语双宾语构式的动词主要是［致使+运动+路径］动词和［给予］动词。［致使+运动+路径］动词中表示单一［起点边界路径］的动词，如移开类动词，或者表示［终点边界路径］的动词，如放置类动词，都不适用于双宾语构式，只有能够表示从起点到终点进行传递的［中间边界］或者非路径动词能够进入双宾语结构。表 4-4 所列是适用在英语双宾语构式的运动类动词类别。

对于非致使运动动词来说，如果动词本来就表达［致使+获得］概念语义，那么它就能够应用于这个构式，研究表明，给予类动词、使未来拥有类动词、使得到动词都能够用于这个构式，如表 4-5。

此外，研究表明，虽然有些动词既没有明确表达"致使受事从起点运动到终点"的概念事件语义，也没有明确表达"致使受益者获得某物"的语义，但也可以进入这个构式。例如表达制作使产生某物的动词，如 make、bake、paint、write、draw、cut；表达称呼某人某名称，如 call、name；表示教育或传递信息，如 teach、whisper、tell 等。更有意思的是，本书发现进入英语双宾语构式的动词有时并不是表示"给予"，而是表达"不给予某人某物"、"欠某人某物"的动词，

表 4-5　适用于英语双宾语句的非致使运动动词类别

类　别	实　例
给予类动词 （give verbs）	feed, give, lease, lend, loan, pass, pay, peddle, refund, render, rend, repay, serve, trade, fix ...
使……未来拥有类动词 （verbs of future having）	advance, allocate, allot, assign, award, bequeath, cede, concede, extend, grant, guarantee, issue, leave, offer, owe, promise, vote, will, yield, wish ...
使……得到类动词 （get verbs）	hook, buy, call, cash, catch, charter, ?choose, earn, fetch, find, fix, gain, gather, get, hire, keep, lease, leave, order, phone, pick (fruit, flower), pluck (flower), procure, pull (a beer), pour, rent, reserve, save, secure, shoot (game), steal, teach, tell, vote, win, slaughter (animal)

或者"使某人不欠某物"的动词，如 forgive、deny、owe 等。尽管不能表达"给予"或者"传递转移"的意思，但是这些动词也能够进入这个构式，例如：

8）The girl baked him a cake.

9）They named the ship Queen Mary.

10）I owe you a life.

11）The police fined him 20 dollars.

综观这些动词的概念语义，动词表达的虽然不是"传递"或者"给予"概念语义，但是也是表示主体和涉事客体之间关于某物的关系。似乎是构式的概念框架事件意义补充了这些动词本身所不具备的概念事件内容语义，尤其是[给予]意义。但是这里有一个前提，也就是这些动词都能够带三个论元，特别是有关两个有生主体对于某事物的所有权问题。这些动词所在的双宾语句表达的概念语义为"主体实施某动作使某物产生，从而使涉事客体获得此物"或者"主体实施某动作,从而使某人不能获得某物"。这样看来,从损益事件概念来说,英语双宾语句的涉事宾语不一定都是"受益方",也可能是"受损方",可以认为是动作使某人获得了一个"失去"。如果从这个角度来说,那么对英语双宾语构式"给予"事件概念语义的分析仍然能够成立。而这些动词的适用原因很可能与隐喻机制有关,限于本书的研究范围暂不深入讨论。

本书还发现,当主语不是有生命主体而是某事物时,有些表示花费或者罚款的动词也可以用于"NP_0 V NP_1NP_2"的结构,如 cause、take(花费)、cost、charge、ask、fine 等。但是与典型的双宾语构式不一样的地方在于,主语名词 NP_0 表达的不是有生命主体概念,而是某物的概念,句子的概念语义为:某物花费了某人多少时间。例如:

12) This book cost took me five dollars.
13) This event denied them the victory.

由于这一类句子似乎概念语义与典型双宾语句有所不同,对这类是否属于双宾语句的问题似乎尚需讨论,限于本书篇幅和研究深度,暂无法解决这个问题。

三、汉语双宾语结构的[路径]意义与动词适用条件

汉语双宾语句一直以来受到学界重视,这里首先对认知视角的几个研究进行述评,再根据句子概念事件语义内容表达的需要和本书的界态语义匹配原则进行双宾语构式中动词适用性问题的探讨。

(一)已有研究与局限

张伯江(1999)对双宾语的研究为最早的认知视角研究之一。他

把双宾语结构的句式义定义为"施事者有意地把受事转移给接受者，这个过程是在发生的现场成功地完成的"，其核心语义是"有意地给予性转移"。他还对汉语能进入"给予"类双宾语结构的动词进行了认知语义分析和分类。而陆俭明（2002）通过句法测试手段（在动词前嵌入"总共"的方法）实证汉语双宾语句中存在广义的"取得"义。他对汉语非给予义双宾语句里的动词做了详细调查，发现共有104个动词可以进入非给予义双宾语句，并根据这些动词表达的施事有所获取、涉事有所损失的事件语义，将这些动词进行了分类。尽管这些分类研究对我们认识双宾语结构中的动词用法有很好的指导作用，但是这些研究主要还是从描写归纳的角度进行的分类，对构式与动词的相互作用的研究并没有深入进行。

张国宪（2001）认为，双宾语结构的"索取"义动词原本就例示了双宾语结构的句式意义，其原始语义是"强制的索取性转移"，并解释说传统的双宾句的"给予"和"索取"是从"施事"的角度说的，如果从"与事"的视点来观察，"给予"双宾句的"与事"是"得者"；而"索取"双宾句的"夺事"是"失者"，从语言认识心理上，前者是受益句式表示积极意义，后者是一种受损句式表示消极意义。因此，他认为双宾句式的语义是"施动者有意识地使事物的所有权发生转移"。然而张国宪是从语言认知心理上对双宾语构式损益意义进行的分析，他没有讨论动词进入这个构式的条件。

石毓智（2006: 285）从动词表达动作的作用力的矢量方向意义角度，对能够进入双宾语结构的英汉动词进行了初步的理论考察。他认为汉语双宾语结构的矢量方向性和句中动词的矢量方向性都是中性的，因此它们所在的双宾结构有歧义。例如：

14） 借他一本书。

例14)既可以表示"借进",也可以表示"借出"。英语双宾语结构的语法意义是单向的,不会产生歧义,如 lend him a book(借给他一本书)。而 borrow him a book 在英语中不能成立,要用 borrow a book from him。尽管石毓智对库克等(Quirk, et al., 1985: 726-727)所有的双宾结构用例进行了检查,并发现其中5个动词全部是"给予"类的,如 show、give、send、pour、save,但是他也并没有对其他英语动词进行考察,没有讨论这些动词为什么都属于给予类,没有说明动词有什么特别的语义特征。此外,他对"给予"的定义也不够明确。虽然他所举出的例子"借他一本书"可以表示双向语义,但是"拿他一本书"只能是表示"获取"而非"给予"。另外,汉语动词也不全是中性矢量的,有些汉语动词"买、卖"也是单向矢量的。例如"买他一斤苹果"只能被理解成"从他那里买了一斤苹果"而不能理解成"给他买了一斤苹果"。这样看来,石毓智关于"汉语涉及物体转换的动词都是中性矢量意义"的论断似乎并不准确,仅从动词的数力矢量来分析可能不足以说明双宾语结构和动词匹配的关系。

张建理(2006)主要讨论英汉双宾语句的异同以及构式意义的区别。他认为汉语的双宾语句中容纳着两个语义相反的构式。英语双宾语构式有给予义,汉语双宾语构式引发两个传承构式,其构式义分别为"给予"和"取得"。他认为进入双宾语结构的动词的具体构式选择和依附取决于该动词的重要归类性词义,即传递方向义"传入"或"传出"。这种配置使得进入汉语双宾语句的动词可以适得其所,各就各位。传递方向义不明确的动词就处于两构式接壤的灰色地带,句义含糊。他认为英汉语进入双宾语构式的动词类别差异说明"英语构式对动词词汇义的修改和胁迫强于汉语;而汉语构式比较顺应动词词汇义,两者比较匹配,其和谐度高于英语"。但是张建理在文中也没有对进入构式的动词选择条件进行具体分析。

何晓炜(2008,2009)从语义的角度考察双及物结构(双宾和与格结构)的语义表达,提出双宾语结构不都表示"致使拥有"。他认为双及物结构基本语义为"传递",双宾语结构的传递及其方向意义不一定由动词决定,而是由结构本身决定的。他将"致使拥有"和"致使转移"意义归因于动词,将"传递方向"意义归因于动词。这种从语义角度提出双及物结构表达"传递"意义的观点与本书的观点不谋而合。然而何晓炜主要考察英汉双宾语结构的语义表达的语言共性,没有讨论动词进入双宾语结构的限制条件。

上述研究者对双宾语结构的研究,主要都是对构式意义的讨论。研究者关注汉语双宾语构式到底是表达"给予"还是"取得"意义,也描述进入该构式的动词词义特点和分类。除了陆俭明对"取得"类双宾语句的汉语动词进行了比较详尽的描述之外,其他学者的研究主要还是建立在内省基础之上的。研究者对构式意义的确定,以及能够进入该构式动词类别的判断都存在不同意见。此外,也没有研究者具体提出判断一个动词是否能够进入该构式的语义条件。

(二)汉语双宾语句中动词适用的语义限制条件

本书认为可以通过考察双宾语构式表达的概念内容构成需要,以及构式与动词之间的[界态]语义匹配关系来对能适用于英汉双宾语构式中的动词进行判断。双宾语构式表达的"传递"意义可以说是一种"从起点到终点"的[运动路径]意义。按照本书以路径和核心的空间界态语义匹配原则三,如果构式表达[路径]意义,那么能够进入构式的动词必须与构式[路径]意义的界态语义相容,"同态相容,异态相斥"。运用这个界态语义匹配原则或许可以对能够进入构式的动词进行推断,对不能够进入该构式的动词进行解释,同时对英汉双宾语构式的异同进行讨论。这里需要回答两个问题:

第一,双宾语构式表达什么样的概念事件语义;

第二,动词表达什么样的概念语义信息才能进入这个构式。

汉语的双宾语结构既可表达"给予……"也可以表达"从……取得"的意义。例如：

15) 递他一本书。（递给他一本书）
16) 偷他一本书。（从他那里偷了一本书）

从运动框架事件概念表达角度来看，汉语双宾语构式所蕴涵的［路径］概念既可以是"起点→终点"也可以是"终点←起点"。汉语双宾语构式主语位置的名词短语可以表达"起点"或者"终点"。如石毓智所说，汉语双宾语构式是双向的。从损益与夺事件概念来看，汉语双宾语结构既可以表示"通过某个动作使某人得到某物"，有可以表示"从某人那里得到某物"。主语位置的名词短语可以表示"供给者"，也可以是"受益获得者"。也就是说，汉语双宾语构式中"主语＝起点／供给者"，或者"主语＝终点／受益获得者"。将汉语双宾语构式的概念事件语义结构描写如下：

	他	递	我	一本书。	／	他	抢	她	一百块钱。
运动事件：	起点	使运动	终点	动体	／	终点	使运动	起点	动体
与夺事件：	供给者	供给	获得者	供给物	／	获得者	获得	供给者	供给物
语法结构：	主语	谓语	间宾	直宾	／	主语	谓语	间宾	直宾
论元结构：	施事	动作	涉事	受事	／	施事	动作	涉事	受事

从汉语双宾语构式所表达的运动事件和损益事件概念结构构成的需要出发，同时也从构式与动词路径空间界态语义的匹配原则出发，可以做出以下推断：由于汉语双宾语构式表达［运动］和［损益与夺］两种事件的复合事件概念，其中运动事件路径概念为"起点→终点"或者"终点←起点"，损益与夺事件概念为"给予"或者"夺取"，且"主语＝起点＝供给者"或者"主语＝终点＝获得者"，因此能够进

入这个构式的动词要能够满足这两个概念事件语义复合的需要。这样一来，动词词义至少要表达[使受事发生传递][受事位移终点为受益者]两个概念语义条件才能够进入这个构式。从汉语双宾语构式的概念语义构成需要来说，综合"运动"和"予夺"概念事件语义配置的要求，适用于构式的动词概念语义特征应具有以下两个特征之一：

①动词概念语义表达动作使受事从起点向终点传递，即：

[致使＋运动＋路径]且[路径＝起点→终点／终点←起点]

②动词概念语义表达动作使某人得到某物或者失去某物，即：

[致使＋获得]或者[致使＋失去]

从运动事件表达的需要出发，由于双宾语构式表达"从起点出发向终点运动"的有界[路径]概念结构语义，因此按照本书以路径为核心的界态语义匹配原则三，各种[路径]成分匹配时要遵循界态语义"同态相容，异态相斥"的原则。从这个认识出发，至少可以对适用于汉语双宾语构式的致使位移动词做出以下的推断：动词词义如果不能表达"从起点到终点"的[路径]概念，那么这个动词就不能用于这个构式。此外，从损益事件概念表达的需要出发，由于给予类汉语双宾语构式中"间接宾语＝终点＝受益者"，因此动词语义表达使受事移动到的终点不能是"处所"，而应是"受益者"。根据这些特点具体可以推断出以下一些情况。

第一，由于汉语双宾语结构表达"起点→终点"或者"终点←起点"的[路径]概念，因此[起点／中间边界]致使位移动词能够进入这个结构，如采、摘、舀、掏、捞、盛等，表示动作使受事物体离开间接宾语这个"起点"运动到主语"终点"。这些[起点边界]路径动词用在双宾语句中不加"给"也可以成立，表示"从某人处获取／夺取"，例如：

17) 舀了他们家一瓢水。
18) 采了我很多玉米。
19) 捞了国家一笔钱。
20) 孩子只是偷摘了他一个果子。

如果要表示"给予",这些起点路径动词不能单独用于双宾语句,必须增加"给"字才能够表达从主语起点向涉事宾语终点移动的路径概念。例如:

21) 舀给他一瓢水。
22) 捞给他几个饺子。
23) 摘给我一颗星星。

第二,只能表达[终点边界路径]意义的致使位移动词很可能不能进入双宾语构式,特别是表示"使附着于某一空间终点"的动词,如捆、绑、吊、盖、挂、贴等。这是因为附着类[终点有界路径]动词不能表达[起点路径]意义。此外,这些动词词义表达的终点只能是"空间处所"而不是"受益人",因此也不能适用于损益事件对象为"人"的要求。例如:

24) ? 捆他一根绳。
25) *贴他一张图。
26) *挂我们一幅画。

第三,非路径致使位移动词在增加"给"的情况下可能可以进入这个双宾语构式,但是比较勉强。这是因为非路径动词词义中没有[路径]概念语义,而构式只是概念结构的框架,并不实际提供[路径]概念内容。当动词既没有[予夺]意义又没有[路径]意义时，就会由于词义无法提供构式需要的概念内容而不能进入这个构式，如运、端。例如：

27) *运他们一车煤。
28) *端我一碗面。

只有在增加了"给"字之后，这些动词才能够用于这个结构。从语言事实来看，当汉语双宾语结构表示"给予"时，动词在很多情况下都是加入了"给"的动词词组，如"递给、运给、留给、端给、寄给、发给、送给"，而不是单一的动词"递、运"(张伯江1999)。例如：

29) a. 灾民端给我一碗面。
　　 b.*灾民端我一碗面。
30) a. 政府用飞机运给沈鸿烈中央票400万元。
　　 b.*政府用飞机运沈鸿烈中央票400万元。

（CCL）

例29) a、例30) a中的"给"都是不能省略的，否则就会出现错误。张伯江(1999)也提到了这个问题：如果没有"给"，很多动词就不能用在这种构式中。因为汉语给予类双宾语句表达运动和损益与夺两种事件的复合事件概念语义，所以概念语义配置要求进入构式的动词词义能够提供具体[路径]和[与夺]概念信息。如果动词词义没有"从A传递到B"的路径含义，构式的[路径]意义又只是潜在概念结构而不是具体概念内容，那么这种动词和构式的匹配就不能满足概念语义表达的需要，只有增加"给"才能表达"传递并给予"的意义。

只有起点/中间边界致使位移动词、非路径致使位移动词可以进入双宾语结构，还常常需要增加"给"字才能表达"从主语起点传递给予涉事宾语终点"的意义。由于这些空间位移动词本身都不能表达"给予/夺取"的概念，因此必须要具有"起点—终点"概念意义才能够适用于这个结构。汉语[终点路径]致使位移动词或者非位移状态变化动词都不怎么能进入汉语双宾语结构。这是因为[终点路径]致使位移动词无法表达出[起点]边界概念，而非位移致使状态变化动词根本无法表达[路径]信息。

从另一个方面来说，除了表达空间概念动词可能进入汉语双宾语结构之外，表示[给予]或者[与夺]事件语义的动词也能够进入这个结构，如抢、买、卖、偷、赊、教、叫、给、罚、奖、赏、订、租、付、赔、喂、赢、输、借等。这是因为这些动词都与损益得失事件概念有关，它们满足了汉语双宾语构式对损益事件概念语义[致使+获得/失去]表达的需要，因此可以进入这个构式。这些动词由于不属于空间运动动词，因此本书不加以详细的讨论。

本节小结

本节通过对英语和汉语双宾语句的构式意义进行概念事件结构意义的分析，并从概念语义相容原则出发对能够进入这个构式的动词的概念语义进行了分析。得出的结论是：

英语双宾语构式表达的概念事件语义为，某人使某物从起点运动到终点，某人使某人获得某物。

	主语	谓语动词	间接宾语	直接宾语
运动事件概念结构：	[起点]	[致使运动]	[终点]	[动体]
与夺事件概念结构：	[给予者]	[供给动作]	[给予物的获得者]	[给予物]

与英语双宾语构式有所不同，汉语双宾语构式表达的概念事件结构为两种：

	主语	谓语	间接宾语	直接宾语
运动事件概念结构：	［起点］	［致使运动］	［终点］	［动体］
与夺事件概念结构：	［给予者］	［供给动作］	［给予物的获得者］	［给予物］
	主语	谓语	间接宾语	直接宾语
运动事件概念结构：	［终点］	［使运动］	［起点］	［动体］
与夺事件概念结构：	［给予物的获得者］	［获得］	［给予者］	［给予物］

从英语双宾语构式的概念结构来说，综合"运动"和"给予"概念事件语义配置的要求，适用于构式的动词概念语义特征应具有以下两个特征之一：

（1）动词概念语义表达"动作使受事从起点向终点传递"，即：

［致使+运动+路径］且［路径=起点→终点］

（2）动词概念语义表达"动作使某人得到某物"，即：

［致使+获得］

从汉语双宾语构式的概念语义构成需要来说，综合"运动"和"予夺"概念事件语义配置的要求，适用于构式的动词概念语义特征应具有以下两个特征之一：

（1）动词概念语义表达动作使受事从起点向终点传递，即：

［致使+运动+路径］且［路径=起点→终点／终点←起点］

（2）动词概念语义表达动作使某人得到某物或者失去某物，即：

［致使+获得］或者［致使+失去］

本书通过［路径］概念表达［界态］语义的匹配原则三对英汉双宾语构式中的致使运动类动词进行了推断，认为能够进入这个构式的英语致使运动动词并分别对英语和汉语动词进行了验证。语料库的实际语料证明［终点边界］致使位移动词、非位移致使空间状态变化动词这两类涉及空间概念的致使动词都不能适用于这个构式。本书提出的以［路径］为核心的空间界态语义匹配原则三基本也适用于这个问题的解决。

本章小结

本章主要对五个英汉运动事件表达有关的语言问题展开讨论。讨论的问题有：英语 WAY 构式中动词适用问题，汉语静态存在句的动词适用问题，汉语运动事件表达中的"在、正、着"和英语运动事件表达中的"for/in + 一段时间"的适用性问题，英汉距离路径表达问题，英汉双宾语构式的概念语义问题和动词适用性问题。研究发现，应用本书的理论，特别是应用对运动事件英汉表达句的概念语义内容构成进行分析的方法；应用以路径为核心的界态匹配原则，会对这些实际语言问题的解决开辟出新的视角，并使之得到一定程度的解决。

本章的讨论说明，概念事件的表达中，语言单位的组合关系受到概念事件内容语义和结构语义的共同影响，构式和词语的语义需要相互匹配才能够相互选择。有必要对构式意义的空间关系概念语义配置和词语的空间关系意义分别进行讨论。与其说构式意义对进入该结构的动词意义产生一定的压制作用，不如说是构式意义与动词意义相互选择制约和相互补充，这种选择涉及构式概念语义与词汇概念语义之间的匹配关系。只有能够满足一定概念事件框架内容和结构特征语义选择条件的动词才能够进入某个构式,动词进入构式之后,构式的抽象概念框架意义与动词具体概念内容意义共同组成要表达的概念事件内容和结构义。不能够进入构式的动词必定是由于词汇语义的特征与构式语义特征有不相容的方面。

第五章
界态匹配原则的跨语言普遍性

本书表明，英语和汉语在表达运动事件时，体现出概念内容表达的相似之处，即英汉双语都表达基本运动框架事件要素，如[动体]、[运动]、[路径]、[背景]和[伴同事件]。同时，这两种语言也体现出概念结构表达的不同之处，如[路径]成分的词汇化模式和句子当中组合方式的不同。尽管对有界和无界[路径]核心概念的表达有不同的词化模式和句子建构模式，但是这两种语言都体现了有界和无界在语言组织结构上的区别，而且两种语言都体现了[空间界态]语义的语法建构功能。也就是说，英汉语都体现出人们所认知的运动事件概念内容和结构的在语言表达中的像似映射，不同的概念内容或者不同的概念结构特征会通过不同的词汇模式或/和语言单位的组合方式与顺序的不同来体现。本章主要通过日语、意大利语、西班牙语、塞尔维亚-克罗地亚语的例子，对[路径]概念结构的有界和无界在英语汉语之外语言中的映射情况进行考察，验证本书关于概念结构界态表达的要求对应于句子词汇选择和组合排列顺序等语言结构组织方式的观点是否适用于英语和汉语以外的其他语言。

第一节
日语有界与无界运动事件的表达

日语通过格助词、处所名词、表达路径概念的动词或者复合动词等语言单位来表达[路径]概念，还经常在一个句子中通过多个路径单位来共同表达路径的概念①。例如：

1) 彼は机の上に跳びあがった。
   他跳到了桌子上。

这个句子中，运动路径概念由处所词"上"、表示归着点的格助词"に"，以及表示"上"的动词"あがった"共同表达。

日语对有界和无界[路径]概念进行表达时，不仅通过词汇方式，还通过语法方式进行区别。有界和无界[路径]的运动事件表达不论是在格助词的选用方面，在相应动词的选用方面，还是在动词时体标记的方面都体现出系统性的不同。在描述过去发生的运动事件时，日语使用者基本上用两种不同的模式来表达有界构形和无界构形空间路径的运动事件。无界运动事件表达句中的格助词只能是"で"(te)和"を"(o)，有界运动事件的格助词则有多种选择可能，可以是"に"(ni)、"から"(kara)、"を"(o)等。其中"に"表示归着点或者边界跨越，"から"表示起点边界，"を"表示通过某个容器空间边界或者延展性路径终点边界。有界路径"を"与表示无界路径"を"表达不同的路径意义，无界路径意义为"在某个空间来回运动"，有界路径意义为"通过整个延展空间的终点边界"。格助词的不同选择同时也限制

---

① 本节的例子都由上海外国语大学日语语言学专业王丹博士提供，在此表示感谢。

了动词的选择。日语表示有界路径如边界变化、到达边界、离开边界事，动词可以使用复合动词，而表示无界运动路径则不能使用复合动词。从运动时间成分的匹配关系来说，以过去时间范畴为例，由于"に"（ni）是表示有界路径格助词，后接动词只能是过去式，表示过去与完成，而不能与过去进行时ている（te yi ru）相匹配，也不能与时间段状语相匹配。例如：

2） a. 彼は机の上に跳びあがった。

　　　他跳到了桌子上。（有界）

　　　kare wa ciku'e no wu'e ni tobi a ga ta.

　　　He (topic) chair's top to jump up past tense.

　　　他　　　桌子的上面 到 跳上（过去时）

　　　He jumped onto the chair.

　b. 彼は机の上で/を跳んでいた。

　　　他在桌上跳。（无界）

　　　kare wa ciku'e no wu'e te/o to bin te yi ta.

　　　He (topic) chair's top on/to and fro jump-ing past tense.

　　　He jumped/was jumping on the chair.

3） a. 彼は公園に入った。

　　　他走进公园。（有界）

　　　Kare wa co'en ni hi'ta.

　　　He (topic) park to enter past tense marker.

　　　He entered the park.

　b. 彼は公園で/を歩いていた。

　　　他在公园里走。（无界）

　　　Kare wa co'en te/o aluyi te yi ta.

　　　He (topic) park in/around walk-ing past tense.

　　　He walked/was walking in/around the park.

4）a. 私たちは車で森を貫いた。
　　我们开车穿过了森林。(有界)
　b. 私たちは車で森を貫いている。
　　我们开车在森林里穿行。(无界)
5）a. 彼は階段から降りて台所に食べに行った。(有界)
　　他下了楼到厨房去吃饭。
　b. 彼女の手伝いで、彼はゆっくり階段を降りている。(无界)
　　他在她的帮助下慢慢地下着楼。

尽管没有对日语进行详尽分析，但是已有的例子已经能够说明，日语使用者在表达运动事件时通过词汇手段和语法手段来区分有界和无界的运动事件。无界[路径]运动事件的格助词只能用"で"、"を"，相对应的持续体助词用"でいる"；而有界[路径]运动事件则通过多种格助词以及"に／を／から"与体助词"Ｖた"来表达。虽然格助词"を"可以用在不同界态构形的路径表达中，但是句子以动词以及时体标记或者时间状语的结构组成不同来区别概念结构的不同。这就说明日语在语言表达中也在语言组织排列结构上像似体现概念结构的映射。

第二节
意大利语有界与无界运动事件的表达

意大利语可以用"[方式]动词＋路径方向介词／小品词"的结构

来表达有界路径运动事件。例如:

1) a. Ha corso   nella stanza.

　　(have- pres. 3sg.run-part in the room.)

　　He ran   in the room.

　b. E corso   nella stanza.

　　(be-pres.3 sig run-part in the room)

　　He ran   into the room.

　　他跑进了房间

（Tortora 2005: 307-326）

意大利语中有两类介词，一类是语法介词，如 a、con、da、di、in、per，一类是副词性介词 accanto (next to)、davanti (in front of)、dietro (behind)、fuori (outside)、verso (towards) 等。其中有些副词性介词不和语法介词共现(除非出现在人称代词之前，如 verso (toward)、dopo (after)、entro (within)、circa (around)、senza (without) 等，这些介词都用于表达无界运动路径。另外一些副词性介词则一定要与语法介词"a"共现，用于表达无界运动路径，如 adosso (on)、incontro (towards)、insieme (together)、intorno (around)、vicino (near)；而另外一类副词性介词可以和语法介词"a"共现，也可以不使用"a"，两种情况下语义会出现变化，这类词包括 ccontro (against)、dentro (inside)、dietro (behind)、lungo (along)、oltre (beyond)、rasente (close)、sopra (above)、sotto (below)。据意大利语言研究的论文（Tortora 2005: 307-326），在这一类副词性介词后加上语法介词"a"表示该运动是在一个延展的，没有边界的空间进行的无界路径运动，而没有"a"则表示这是一个有界的路径或者是空间点。由于有界路径和无界路径概念的不同，动词的使用也有相应的匹配规律。例如：

2） a. Gianni era nascosto <u>dietro</u> all' albero.

　　　G.　　was hidden　behind at the tree

　　Gianni 被藏在树后的空间里。(无限制范围)

　b. Gianni era nascosto <u>dietro l'</u> albero.

　　　G.　　was hidden　<u>behind</u> the tree.

　　Gianni 被藏在树的后面(的有限空间，如一个点)上。

3） a. Vai a giocare/correre dietro <u>a</u> quell' albero.

　　　Go.2SG at play/run　　behind at that tree.

　　到树后的空间去玩／跑。(无界)

　b. * Vai a giocare/correre dietro <u>quell'</u> albero.

　　　*go.2SG at play/run　　behind that tree.

　　* 到树后的(有限空间点)去玩／跑。(有界，但不成立)

4） a. Vai dietro <u>al</u> postino, che è appena passato.

　　　go.2SG behind at the postman, that is just passed.

　　Go after that postman/follow that postman, he just passed by.

　　在那个刚刚过去的邮差先生后面追。(无界)

　b. * Vai dietro <u>il</u>　postino, che è appena passato.

　　　*go.2SG behind the postman, that is just passed.

　　* 追到那个刚刚过去的邮差先生后部。(有界，但不成立)

　　上述例子中，有语法介词"a"的时候，表达的是无界路径运动事件，只能与能够表示在延展空间发生的动作的动词连用；没有"a"的时候表示有界运动事件，空间路径是有界或者只是一个空间点，不能与表示在延展空间运动的动词连用。可见意大利语的路径表达也有有界—无界路径两套表达结构，由于空间路径的有界和无界区别，所使用的动词搭配也出现了一定条件限制，体现了概念结构在语言结构中的映射关系。

第三节
西班牙语有界与无界运动事件的表达

斯洛宾（Slobin 1996a, 1996b, 1997, 2003）曾经指出，西班牙语并不总是用动词来表达［路径］概念的动词框架型语言。他在自己的研究中提到了"边界跨越"（Boundary-crossing）这样的术语，来说明西班牙语区分有界和无界路径表达。他提到，虽然在表示"边界跨越"的大多数有界路径运动事件时西班牙语通过动词来表达［路径］概念，但是在表达没有边界跨越的运动情景时，西班牙语（以及所有的罗曼语系的语言）都是用"方式动词+方向小品词"的组合来表达的（Slobin 1996a, 1997），这种表达方式却是属于典型"卫星框架"语言类型的用法，即采用［运动］、［方式］由动词词根来词化表达，［路径］则由动词外围的其他词类来表达的词化模式。也有其他学者提出了同样的观点（Cadierno 2004, 2006, 2008）。例如：

1） Así, pues, los tre hombre caminaron lentamente y sin agitación visible por las calles, desde la carcel hasta el extreme de la marisma.
（Thus, then, the three men walked slowly and without visible agitation through the threes, from the jail up to the edge of the marsh.）
三个人慢慢地走着，看不出三人之间有什么不安之处，他们从牢房一直向沼泽走去。

2) Salí por la puerta de la cocina, pasé por los corrales y me dirigí a casa de Jason.

（I exited through the kitchen door, passed by the animal pens, and directed myself to Jason's house.）

我从厨房里出来，路过了动物们的巢穴，向杰森家走去。

3) Mary runs into the house.

玛丽跑进屋。

a.* Maria corrió hasta la casa.

b. Maria entró en la casa corriendo.

  玛丽 进 房子 跑

4) He runs inside the house.

他在屋里跑。

a. El corre dentro de la case.

 他跑 在……里 屋子的

b. *El entró en la case corriendo.

5) The bottle floated out of the cave.

瓶子漂出了洞穴。

a. *La botella flotó fuera de la cueva.

 瓶子 漂 在……外 洞穴的。

b. La botella salió flotando de la cueva.

 瓶子 出了 漂的方式 洞穴。

表达无边界变化路径运动事件时，西班牙语采用"方式动词＋小品词"的方式表达［运动］＋［路径］概念，而表达有界路径概念时则采用［路径］动词＋［方式］成分的模式，不论是词汇化模式，还是动词和动词外围成分在句子当中的分布位置都呈现出不同的方式。这说明，西班牙语通过词汇和句法建构方式的区别来体现表达有界和无界路径概念构形的不同。

第四节
塞尔维亚-克罗地亚语有界与无界运动事件的表达

塞尔维亚-克罗地亚语（Serbo-Crodian）表达有界路径的运动事件时，可以使用完成体的［方式］动词或者完成体的［路径］动词；表达运动动体发生空间边界变化瞬间的运动情景时则使用非完成体的［路径］动词；在表达无界路径运动事件时需要用非完成体的［方式］动词（Filipović 2007）。这种语言还可以通过在［方式］动词前增加［路径］前缀的方法来表达［路径］概念。例如 U-(in/into)、IZ-(out of)、PRE-(across/over)、PRO-(through/past)、OD-(from)、DO-(to)、NA-(onto)、POD(under) 等（Filipović 2002: 110）。

如果要表达空间有界路径概念就要使用加有［路径］前缀的［方式］动词。例如：

1） Utrcao je u sobu.
Into.perf.-run-past.3gn.m. be-pres.3sg. into room.
He ran into the room.
他跑进了房间。

如果要表示跨越空间边界瞬间的运动事件情景则需要用非完成体的［路径］动词。因为这个语言当中的［路径］前缀有将非完成体动词

（imperfective verbs）转变为完成体的功能，所以"[路径]前缀+[方式]"动词不能用在非完成体的表达当中。例如：

2）Ulazio   je   u   kucu   puzeci.
　　Enter-imperf.past.3sgn. m. be-pres.3sg. into house crawling.
　　He was crawling into the house.
　　他正爬进房子。

如果要表示空间无界运动路径事件就需要使用非完成体[方式]动词。例如：

3）Trcao   je   preko dolina   celo popodne.
　　Run-imperf.past.3sg.m. be-pres.3sg. across meadows all afternoon.
　　He ran across the meadows all afternoon.
　　他在草地上跑了一下午。

菲利波维奇提出在介词宾语不同的情况下，同一个[路径]词汇单位可以表达有界或者无界运动路径。比方说，介词"U- in/into"可以用于表达边界跨越或者是无界运动事件表达，但是当与非完成体方式动词连用的时候，所表达的运动情景则总是无界运动事件。例如以下两例中介词相同，动词都是非完成体方式运动动词。非完成体动词必定运用于表达无界运动事件。

4）Trcao   je   u   skulu.
　　Run-imperf.past.3sg.m. be-pres.3sg. into school-acc.
　　He ran towards the school.
　　他朝学校跑去。

5) Trcao　　　　　je　　　u sobi.
Run-imperf.past.3sg.m.　be-pres.3sg.　in　room-loc.
He ran in/inside the room.
他在房间里跑。

可见塞尔维亚-克罗地亚语在表达有界和无界路径运动事件时也体现出句法建构的不同。此外，无界路径运动事件的表达也要求动词时间维度分布标记为非完成体，也即是动词表达的时间成分不能为有界。

本章小结

本章通过对日语、意大利语、西班牙语、塞尔维亚-克罗地亚语的粗浅考察，初步验证了[路径]概念结构有界和无界的区别对应于语言结构的排列组合的区别。至少可以说明在运动事件表达中，除了英语和汉语在[路径]单位在句子层面的组合排列上体现出概念结构构形特征有界和无界的区别之外，还有其他的语言也通过词汇和句法建构体现出[路径]概念结构的区别。这可以从一个侧面说明语言通过词汇语法语义的方式以及句法组织结构方式来反映运动事件概念结构表达的要求，概念内容主要由语义表达，而概念结构则体现在语法语义和语法结构组织模式。从某种程度上来说，语言单位的句法建构组织结构模式反映了人们所认知事件的概念结构。①

---

① 在本书的附录部分还附加了法语、俄语、德语的几个例子，例子虽然少但是也很明显地体现出了有界路径和无界路径在词汇、语法组织上的不同。这些例子都是由上海外国语大学朱磊教授提供的，在此表示衷心感谢。

结　语

为了解决英语和汉语运动事件表达中在句子层面出现的词汇与词汇之间、词汇与构式之间的匹配问题，如英语动词与介副词或者趋向补语匹配的问题、英汉动词与一些构式的匹配问题、汉语趋向补语与宾语位置问题等语言单位的组合关系问题，本书从运动事件核心概念[路径]在英语和汉语中的词汇化模式入手，对概念结构[界态]语义特征的在句子建构中的句法 - 语义接口作用进行探讨。

本书持认知语义学语言结构观，认为人们所认知概念的结构特征映射于词汇的句法语义和句子层面语言单位的组合顺序以及组合方式。句子各语言单位共同作用表达一个总的概念结构语义特征，各种成分匹配组合时需要遵守一定的概念结构语义匹配原则（Jackendoff 1990）。由于词汇表达一定的概念结构语义，构式也表达一定的概念结构语义，各种语言成分相互组合时必定要在同一认知概念域语义相容。要解决句子层面词汇与词汇匹配的选择限制以及词汇与构式匹配的选择限制问题，就必须要考虑概念结构语义对句子层面各词汇和语法单位的组合关系的影响。

研究表明：认知概念结构特征（如运动事件路径概念[界态]特征）是由各个层次的语言结构单位以及单位组合来表达的。单词、词组、短语、小句、句子、构式、语法成分都可能表达某个概念结构语义特征。词汇语义和构式语义都可能表达[界态]特征。多种语言单位组合时，新组成的语言单位可能表达一个新概念，因此这个新概念的界态特征与原来单一语言单位所表达的界态特征可能完全不同。由此可见，界态理论如果只是在词类层面进行讨论，那么运用于各种词性的语词中都会出现例外。只有在句子层面讨论某个核心概念的界态特征映射于语义的匹配关系才有意义。句子表达某个概念事件语义时，各结构成分不仅要满足概念内容表达的需要，还要满足概念结构表达的需要。语言单位概念结构构形系统[界态]语义特征，很可能和[数态]、[时态]一样，都是句法-语义的接口，对主谓一致、时体一致、成分匹配等句法建构组织问题起着重要的影响作用。

本部分对研究的理论发现、不足之处、后续研究方向进行总结。

第一节　内容与观点总结

（1）通过内省与语料库相结合的方法，本书明确了英语和汉语运动事件表达的语言事实。通过对[路径]概念的词汇化模式和句中分布情况进行详细的描述和分析，研究发现运动事件[路径]概念在英语和汉语中的词汇化模式比泰尔米分析的还要丰富多彩。

研究表明，本书通过 BNC、CCL 以及自建双语平行语料库《哈利·波特与火焰杯》中英对照版中的 2306 个表达运动事件的实际语料来明确英汉运动事件表达模式的语言事实：英汉[路径]概念语义都可以由词、短语、句子三个层面的语言单位来词化表达，在句子层面，多个不同的[路径]词汇或者其他结构单位还可能相互组合共同表达一个[路径]概念。[路径]概念元素的表达是一种在句子层面由词、短语与构式多样化或共同整体表达的模式，可称为"分布性"表达模式（distributive mode），而不是仅仅由局部的词单位（如动词或者介副词）来表达的"局部性"表达模式（localized mode）。

英语［路径］概念分布在词汇和其他结构语义层面，如自主／自发运动路径动词（如 enter、rise），路径介副词（如 through、up、to），致使路径动词（如 put、load、infuse），副词性结构（如 all the way），数量名词结构（如 five miles、the distance）等单位。

汉语［路径］概念分布在词汇和其他结构语义层面，主要有自主／自发运动路径动词（如进、回、上），趋向补语成分（如［V］上来，［V］出），介词结构（如向／往＋处所名词＋［V］、绕着／沿着＋处所名词＋［V］），距离数量名词结构（如五里地），往复运动结构（如 V1 上 V1 下）等。

对英汉语［路径］概念多样词化模式与分布的认识，可以帮助语言学习者、翻译人员以及计算机语言识别翻译和研究人员对运动事件核心［路径］概念的表达模式有更全面的理解。

（2）通过对自建的双语平行语料库的考察，本书明确了英语和汉语运动事件概念语义的句子层面语言单位配置结构，对［路径］成分在句子层面的分布情况做出了比较详细的分析，对英语和汉语有界和无界路径概念表达在句子结构中的体现进行了描述和比较。描写和对照的结果不论是对机器翻译还是对句子概念语义结构的分析都可能起到积极的理论证明作用。

研究表明，英语运动事件表达句的常见语义配置结构为：

［动体］名词（短语）＋［运动］动词＋［路径］介副词＋［背景］名词（短语）
［动体］名词（短语）＋［运动＋路径］动词（＋［背景］名词短语）

汉语运动事件表达句的常见语义配置结构则比较灵活，可以是以下几种：

［动体］名词（短语）+［运动］动词+趋向补语+［背景］名词（短语）
［动体］名词（短语）+［运动］动词+介词结构+［背景］名词（短语）
［动体］名词（短语）+介词+［背景］名词短语+［运动］动词+趋向补语
［动体］名词（短语）+［运动+路径］动词+趋向补语+［背景］名词（短语）

研究表明，尽管英汉两种语言都通过词汇和其他结构成分来表达［路径］概念语义，在［路径］概念词化模式上存在很多相似之处，但是在句子层面的分布有很大的不同。英语运动事件表达句中，［路径］概念如果由动词以外的介副词成分来表达，则介副词一般位于动词之后（倒装句除外），背景名词之前，也可以不带任何背景名词。英语可以通过多个介副词连续并列使用来表达连续运动路径。同一个介副词可能表达有界和无界［路径］概念，在句子层面不通过语序手段来区别，而是根据句子内语境对介副词进行动态语义识解。

汉语运动事件表达句中［路径］成分的分布情况和英语大不相同。虽然趋向补语成分与英语介副词类似，但是，趋向补语通常还要与句中多个其他不同语法范畴的语言单位共同表达［路径］概念，例如表示背景的处所方位词（上、下、里、外）等，或者介词短语。有界和无界路径概念的表达体现出介词短语与动词语序的不同，以及词汇表达的不同。无界路径主要由介词短语+动词来表达，或者介词短语+VAVB的结构来表达，有界路径概念主要由动词+趋向补语+背景名词或者动词+介词短语来表达。此外，汉语趋向补语不能像英语介副词一样连续并列使用，通常不用"动词+趋向补语$_1$+趋向补语$_2$+背景处所名词"或者"运动动词+趋向补语$_1$+背景名词+趋向补语$_2$+背景名词"表示连续路径，而是要求每段路径都要有各自的"动词+趋向补语+处所名词"结构。

研究还发现，英语相对参照系［指示路径］动词"come/go"可以后接表示内在参照系[路径]概念的介副词，而汉语"来/去"作动词却不能后续趋向补语。汉语"来/去"作为复合趋向补语的用法在英语中没有复合介副词的对应。英语"动词+介副词"后续无背景名词的用法常常对应于汉语的"动词+复合趋向补语"。汉语在进行运动事件描写时对相对参照系信息的关注度要大于英语。

（3）本书在分析英汉[路径]词化模式，并对句子层面[路径]单位的组合与分布异同情况进行描写的基础上，对[路径]单位所表达的[空间界态]语义进行了分类。这是第一次对英语介副词和汉语趋向补语所表达概念的有界和无界进行的讨论。以运动事件为切入口，本书对[路径]词化单位词义表达的[界态语义]进行考察，对[界态语义]的句法–语义接口作用进行了初步的探索。

研究表明，英汉[路径]词汇单位和其他结构单位所表达的[路径]概念虽然五花八门，但是总是能够按照概念结构空间构形系统[界态]特征分成"有界"和"无界"类别，分类情况如表6-1。

表6-1 汉英[路径]单位空间界态语义分类

汉语[路径]单位空间界态语义分类			
自主自发路径动词	[+有界]	[-有界]	[±有界]
致使路径动词	[+有界]	无	无
趋向补语动趋词	[+有界]	无	无
介词短语	[+有界]	[-有界]	[±有界]
构　式	[+有界]	[-有界]	无
英语[路径]单位空间界态语义分类			
介副词	[+有界]	[-有界]	[±有界]
自主自发动词	[+有界]	[-有界]	[±有界]
致使动词	[+有界]	[-有界]	无
构　式	[+有界]	[-有界]	无

研究发现，很多英语介副词可能表达两种界态特征的路径概念，在句子中根据句子内语境词汇和语法成分的不同被动态识解为有界或者无界路径概念。在 BNC 的支持下，本书尝试在句子层面对英语双界态介副词在句中语义动态识解动因以及各种动因的作用优先次序进行了分析。本书提出了句子层面影响双界态介副词语义动态识解的句子内语境词汇和语法成分线性作用次序。可以表述为一个三段式的推断过程。当遇到英语运动事件表达句中介副词有两种[路径]概念语义识解可能时，可以按照以下的次序来判断理解[路径]概念语义：

①首先观察谓语动词：看动词词义，看动词屈折形式；

②然后考察介副词后[背景]名词的情况：看是否有[背景]名词，看名词语义；

③再看[背景]名词后其他结构成分的情况：看是否有其他介副词或者介词结构、副词性状语、时间状语、复合小句、非谓语动词结构等。

这样的讨论是对认知语义学词汇语义在句子中动态识解（Cruse & Croft 2004）的理论提出的实际验证。

（4）本书的核心理论创新点是提出了运动事件表达句句法建构中以[路径]为核心的界态语义匹配原则。这是从词汇和其他语言结构的概念结构语义角度对语言结构组织的句法建构问题进行探讨的一个尝试，可能为讨论句子层面各成分之间的组合关系，以及各种语法问题提供新的视角。

这个原则是基于运动框架概念事件的认知图式提出的。由于[路径]是动体运动与空间背景之间的关系，是运动框架事件的核心概念，因此[路径]的空间界态特征决定运动框架事件的时间和空间界态特征。[路径]概念有界则蕴涵[运动时间]概念有界，蕴涵[运动动体]概念有界，蕴涵[运动背景]的空间边界与[路径]边界界段重合。

这个概念界态匹配原则映射到语言表达式中，体现在［路径］词化单位与其他概念单位的结构形式匹配组合关系上。具体体现在三个次则：

①一个运动事件表达句中，如果语言单位表达有界［路径］概念，那么句中表达［运动时间］维度特征的词汇和语法单位的［界态］语义识解为有界。

②一个运动事件表达句中，如果语言单位表达有界［路径］概念，那么句中表达［背景］概念语言单位［界态］语义识解为有界。

③一个运动事件表达句中，如果［路径］概念由多个词汇化单位共同表达，那么各种表达［路径］的语言单位匹配时，不同语法范畴的语言单位之间（如动词与介词、动词与构式）在组合时要遵循概念界态语义一致的原则，各单位的概念界态语义要遵循"同态相容，异态相斥"的原则；同种词类范畴的［路径］单位匹配时（如多个英语介副词连续使用时），要符合运动事件表达中核心路径概念内容语义表达要求。

本书尝试运用这个原则对英汉运动事件概念认知域相关的语言现象和问题进行分析和解释。

研究表明，对运动事件表达构式来说，动词是否适用于某个构式，受到构式表达运动事件概念内容和概念结构语义配置要求的限制。从概念内容语义限制来说，词汇单位的选择和组合主要是受到运动事件概念框架构成的各种概念要素的表达要求；从概念结构语义限制条件来说，词汇单位的选择和组合主要受到界态语义一致匹配的要求。具体说来，动词词义表达的路径概念与空间界态语义要与构式中其他词汇和语法成分以及构式语义表达的空间界态语义一致相容。这里简要以英语 WAY 结构和汉语静态存在句中动词适用性问题为例说明界态匹配原则的应用情况。

从句子表达的运动事件概念语义来说，英语 "V one's way/all the

way"结构表达无界路径概念。根据以路径为核心的界态语义一致匹配原则次则3，动词所表达[路径]概念的"界态"语义特征要与构式"界态"语义相匹配，"同态相容，异态相斥"。因此，动词的适用语义限制条件为：①动词要能表达[方式]概念内容语义；②动词要表达[路径无界]或者[时间无界]概念结构"界态"语义。[有界路径运动]动词都不能适用于 WAY 构式。

汉语静态存在句主要表达两种相对静止状态，一是物体惯常自然静止状态，一是致使运动结果静止状态，都是运动的特殊情况，表达[非致使零位移运动]或者[致使终点路径]概念。如果从动词词义表达的各种概念事件内容来分析，无法对能够适用于静态存在句中的动词进行概念事件的穷尽分类。研究表明，如果在与构式同一概念认知域中，考察动词的概念结构特征语义倒可能更好地解决这个问题。由于静态存在句表达运动事件概念，因此能够适用于这个构式的汉语动词要满足与[路径]和[运动]有关的概念语义限制条件。如果一个动词能够适用于该构式，则词义要满足以下概念语义之一：

1)[－致使][＋零位移运动]，如长、戴；
2)[＋致使][＋运动][－路径]，如运、拖；
　[＋致使][＋运动][终点路径]，如挂、放；
3)[＋致使][－运动][在某个处所受事使产生或者发生状态变化]
　[－消失]，如写、织。

如果一个动词表达[－致使][＋运动](如飞)，或者[起点/终点路径][＋致使][＋运动](如捞、切)，那么它就不能适用于这个构式。本书还提出通过"把受事物体 VAVB 某处"的结构来判断一个动词是否能够适用于该构式的方法。CCL 的实际语料基本验证了本书的推断。

除了英语 WAY 结构中动词适用问题、汉语静态存在句动词适用性问题之外，本书还运用界态匹配原则对其他英汉句子层面的句法建构组织问题进行了探讨，问题都得到了一定程度的解决。这些问题包括：英语距离路径表达中"for"的隐现问题、英语汉语双宾语句动词适用性问题等。本书还通过 BNC 和 CCL 对理论假设进行了实证研究，基本验证了该原则的适用性。

（5）通过跨语言的比较，本书提出"界态"语义作为一种句法-语义接口可能具有普遍性。

除了英语和汉语之外，笔者还对其他几种语言，如日语、西班牙语、意大利语、塞尔维亚-克罗地亚语中[路径]概念表达单位在句子当中的表现进行考察。

研究表明，这几种语言也通过句子层面词汇、语序或者组合方式的不同来表达有界和无界路径概念的不同，[空间界态]语义的句法-语义接口作用可能普遍存在。

第二节　可能存在的不足

本书的不足之处在于主要是建立在内省基础之上的溯因假设，缺少经验观察，特别是对英语和汉语母语使用者和双语使用者的实验观察。尽管本文基于 BNC 和 CCL 进行语料验证，但是仍然不能保证研究的全面性和客观性。此外，对英语和汉语的平行对照研究进行得不够充分，因为只采用了自建的一个仅 2300 多句的基于单本小说的双语平行语料库，缺少其他双语平行语料库的支持，因此对英语和汉语中的有界和无界运动事件语言表达式的对应关系还需要在今后更加深入细致地进行。语料库的选择方面也存在着一些问题,例如中文译本的权威性。

在讨论工作假设在其他语言当中的适用性时,本书主要通过日语、意大利语、西班牙语、塞尔维亚-克罗地亚语中的运动事件表达句的为数不多的几个例子初步对运动事件表达的情况进行验证性考察。尽管多少说明有界和无界路径表达可能普遍存在,但是还需要进行更多语言的类型学考察。

对于运动事件表达中路径空间界态语义特征对时间界态特征的制约性还可以也应该进行更深入的研究,例如可以进一步讨论英语在表达不同界态运动事件时,时间成分与路径成分的详细匹配关系。有界运动事件表达中有界路径动词的时体标记特点以及有界路径介副词所在语句的时体标记特点等问题都值得深入讨论。此外,限于篇幅和研究范围,对本书提出的界态语义原则是否可以运用到隐喻运动事件、假想运动事件以及其他非空间运动事件概念的表达语句中都还没有进行研究。

第三节 有待进行的探索

(1)可以尝试讨论运动事件表达之外的其他概念事件表达中"界态"语义一致匹配原则的可能适用性。本书主要是在运动空间关系的认知域中讨论了句子层面表达事件概念时各语言成分组构表达概念的界态特征匹配和制约情况,提出了以[路径]为核心的"界态"语义一致匹配原则。在其他的认知域概念事件表达语句当中,语言单位组合表达一个核心框架事件概念时,是否也遵循类似的概念结构语义特征匹配原则，比如以状态变化为核心的"界态"语义一致匹配原则？是否可以探求一个统一的模式进行推演？

认知概念化的事物和事件等体验经验通过语言表达时，要求语言单位能够表达概念内容和结构意义的各个层面。由于人类观察到的事物和事件总是处于一定的空间和时间维度，因此，如果要建立一个适用于各种概念事件表达句的界态语义匹配模型，就需要考虑时间和空间界性的共同纠结和相互作用。如果将离散、边界作为人们认知世界的基本概念，那么名词、动词、介副词、形容词等词类以及各种词组、短语和小句的语义特征中应该都具有"界态"（即有界与无界）这一概念结构构形语义特征。在句子层次，可以将时间、空间、性质状态主观认知等概念的结构构形界态特征看作变量 x、y、z，并对各个变量的"有界"和"无界"的量值进行编码，例如用 0 编码无界，1 编码有界，φ 表示为空，不存在。通过对各种不同范畴之间"界态"关系的讨论，也许可以推演出一个表达句中语言结构单位相互组织排列语义限制规律的模型。如果这样的推演模型存在，那么词汇、短语、构式之间的相互组合匹配关系就能通过对几个变量界态值的考察进行初步推测，也能够对句子表达的核心概念事件界态语义进行推演。这个目标是今后努力的方向。

（2）可以进一步对多义介副词的语义动态识解问题进行深入研究。例如英语双界态路径介副词在句中的某一种界态语义识解规律，如果能够在以英语为母语和以非英语为母语的学习者中进行理解和生成的实验验证，并对儿童在习得语言的过程中对运动事件边界的注意和表达进行研究，对我们进一步了解认知概念化运动事件在语言中的体现将有更多的助益。

（3）可以进一步探讨英语介副词和汉语趋向补语在表达非运动事件概念时，是否与[路径]构形界态表达的有界和无界表达具有对应关系。例如用于英语短语动词和汉语动结式结构的概念语义讨论。如

"read through"是否也与"walk through"一样具有两种界态语义的理解可能，"through"句子中的识解有什么规律？不定式中的"to"是否与表达运动[路径]概念的"to"有关？由于"to"可以表达"到达目的地"有界路径和"向目的地方向运动"无界路径概念，是否可以探讨不定式"to"隐喻表达的抽象的"到达某种结果"和"向某种结果方向"情感和逻辑思维运动路径概念？汉语趋向补语在动结式句子中的语法表现是否也可以从概念结构特征有界和无界的匹配角度来考察？这些问题都是十分有趣并且值得讨论的。

总之，人们通过语言符号来表征自己认识的和思维的世界，然而概念并非语义，概念属于思维，而语义属于语言。对同一个概念的表达，不同语言可能通过不同的语义手段进行表达，语言结构单位通过语义所表达的是对可能世界某个概念内容和概念结构的映射，而不是概念化本身。对语言单位组织结构与概念结构之间关系的研究是研究人类思维和语言关系的一个小小窗口，是对人类思维的概念化特点以及人类语言系统的组合规律的思考。从这个窗口，或者只能看到思维世界的冰山一角，语言世界的沧海一粟。然而，哪怕只能有幸瞥见一点点的风景，也值得万水千山的跋涉。

参考书目

一、外文文献

Albertazzi, Liliana. "Directions and Perspective Points in Spatial Perception." In Liliana Albertazzi, ed., *Meaning and Cognition: A Multidisciplinary Approach*, Amsterdam: John Benjamins Publishing Company, 2000.

Allwood, Jens, and Peter Gärdenfors, eds. *Cognitive Semantics: Meaning and Cognition*. Amsterdam: John Benjamins Publishing Company, 1999.

Ameka, Felix. "The Grammatical Packaging of Experiencers in Ewe: A Study in the Semantics of Syntax." *Australian Journal of Linguistics*, Vol. 10, No. 2 (1990), pp. 139–181.

Ameka, Felix K. "The Linguistic Construction of Space in Ewe." *Cognitive Linguistics*, Vol. 6, No. 2/3 (1995), pp. 139–181.

Aristotle. *Physics*. Trans. by Philip H. Wicksteed and Francis M. Cornford, London: William Heinemann Ltd, 1960.

Asher, Nicholas, and P. Sablayrolles. "A Typology and Discourse Semantics for Motion Verbs and Spatial PPs in French." In James Pustejovsky, Branimir Boguraev, and Maria Polinsky, eds., *Lexical Semantics: The Problem of Polysemy*, Oxford: Oxford University Press, 1995.

Bach, Emmon. "The Algebra of Events." *Linguistics and Philosophy*, Vol. 9, No. 1 (Feb., 1986), pp. 5–16.

Bach, Emmon. "On Time, Tense, and Aspect: An Essay in English

Metaphysics." In Peter Cole, ed., *Radical Pragmatics*, New York: Academic Press, 1981.

Bacz, Barbara. "On the Status of Preposition in Case Languages: Does Preposition Govern Case?." *Languages et linguistique*, Vol. 26 (2000), pp. 3–22.

Beliën, Maaike. "Force Dynamics in Static Prepositions: Dutch Aan, Op, and Tegen." In Hubert Cuyckens and Günter Radden, eds., *Perspectives on Prepositions*, Tübingen: Max Niemeyer Verlag, 2002.

Bennett, David C. *Spatial and Temporal Uses of English Prepositions: An Essay in Stratificational Semantics*. London: Longman, 1975.

Binnick, Robert I. *Time and the Verb: A Guide to Tense and Aspect*. New York: Oxford University Press, 1991.

Bloom, Paul, Mary A. Peterson, and Lynn Nadel, et al., eds. *Language and Space*. Cambridge, MA: MIT Press, 1996.

Bowerman, Melissa, and Soonja Choi. "Shaping Meanings for Language: Universal and Language-specific in the Acquisition of Spatial Semantic Categories." In Melissa Bowerman and Stephen Levinson, eds., *Language Acquisition and Conceptual Development*, Cambridge: Cambridge University Press, 2001.

Bowerman, Melissa. "The Origins of Children's Spatial Semantic Categories: Cognitive vs. Linguistic Determinants." In John J. Gumperz and Stephen C. Levinson, eds., *Rethinking Linguistic Relativity*, New York: Cambridge University Press, 1996.

Brugman, Claudia. *The Story of Over: Polysemy, Semantics, and the Structure of the Lexicon*. New York: Garland, 1988.

Brugman, Claudia. "The Use of Body-part Terms as Locatives in Chalcatongo Mixtec." In Alice Schlichter, Wallace L. Chafe, and Leanne Hinton, eds., *Survey of California and Other Indian Languages*, Report No. 4, Berkeley, CA: University of California at Berkeley, 1983.

Bybee, Joan L., R. Perkins, and W. Pagliuca. *The Evolution of Grammar: Tense, Aspect, and Modality in the Languages of the World.* Chicago and London: The University of Chicago Press, 1994.

Bybee, Joan L. *Morphology: A Study of the Relation between Meaning and Form.* Amsterdam: John Benjamins Publishing Company, 1985.

Cadierno, Teresa, and Karen Lund. "Cognitive Linguistics and Second Language Acquisition: Motion Events in a Typological Framework." In Bill VanPatten, Jessica Williams, and Susanne Rott, et al., eds., *Form-Meaning Connections in Second Language Acquisition*, Mahwah, NJ: Lawrence Erlbaum, 2004.

Cadierno, Teresa, and Lucas Ruiz. "Motion Events in Spanish L2 Acquisition." *Annual Review of Cognitive Linguistics*, Vol. 4, No. 1 (Jan., 2006), pp. 183–216.

Cadierno, Teresa. "Expressing Motion Events in a Second Language: A Cognitive Typological Perspective." In Michel Achard and Susanne Niemeier, eds., *Cognitive Linguistics, Second Language Acquisition and Foreign Language Teaching*, Berlin: Mouton de Gruyter, 2004.

Cadierno, Teresa. "Learning to Talk about Motion a Foreign Language." In Peter Robinson and Nick. C. Ellis, eds., *Handbook of Cognitive Linguistics and Second Language Acquisition*, New York and Cambridge: Routledge, 2008.

Cadierno, Teresa. "Thinking for Speaking about Motion in a Second Language." In Iraide Ibarretxe-Antuñano, ed., *Motion and Space across Languages: Theory and Applications*, Amsterdam: John Benjamins, 2017.

Campbell, Lyle. "What's Wrong with Grammaticalization?." *Language Sciences*, Vol. 23, No. 2–3 (Mar., 2001), pp. 113–161.

Cappelle, Bert, and Renaat Declerck. "Spatial and Temporal Boundedness in English Motion Events." *Journal of Pragmatics,* Vol. 37, No. 6 (Jun., 2005), pp. 889–917.

Carroll, John, and David Weir. "Encoding Frequency Information in Lexicalized Grammars." In Anton Nijholt, Robert C. Berwick, and Harry C. Bunt, et al., eds., *Proceedings of the Fifth International Workshop on Parsing Technologies*, Boston and Cambridge, MA: Association for Computational Linguistics, 1997.

Casad, Eugene H. "'Locations','Paths' and the Cora Verb." In Richard A. Geiger and Brygida Rudzka-Ostyn, eds., *Conceptualizations and Mental Processing in Language*, Berlin, Boston: Mouton de Gruyter, 1993.

Chao, Yuenren. *A Grammar of Spoken Chinese*. Los Angels, CA: University of California Press, 1968.

Chen, Liang, and Jiansheng Guo. "Motion Events in Chinese Novels: Evidence for an Equipollently-framed Language." *Journal of Pragmatics*, Vol. 41, No. 9 (Sep., 2009), pp. 1749–1766.

Choi, Soonja, and Laraine McDonough. "Adapting Spatial Concepts for Different Languages: From Preverbal Event Schemas to Semantic Categories." In Jodie M. Plummert and John P. Spencer, eds., *The Emerging Spatial Mind*, New York: Oxford University Press, 2007.

Choi, Soonja, and Melissa Bowerman. "Learning to Express Motion Events in English and Korean: The Influence of Language-specific Lexicalization Patterns." *Cognition*, Vol. 41, No. 1–3 (Dec., 1991), pp. 83–121.

Cifuentes-Férez, Paula, and Dedre Gentner. "Naming Motion Events in Spanish and English." *Cognitive Linguistics,* Vol. 17, No. 4 (Dec., 2006), pp. 443–462.

Clark, Eve, and Kathie L. Carpenter. "The Notion of Source in Language Acquisition." *Language*, Vol. 65, No.1 (Mar., 1989), pp. 1–30.

Clark, Eve. "How Children Describe Time and Order." In Charles A. Ferguson and Dan Slobin, eds., *Studies of the Child Language Development*, New York: Holt, Rinehart and Winston, 1973.

Clark, Eve. "Locationals: Existential, Locative and Possessive

Constructions." In Joseph Greenberg, Charles Ferguson, and Edith Moravcsik, eds., *Universals of Human Language, Vol. 4: Syntax*, Stanford, CA: Stanford University Press, 1978.

Clark, Eve. "Thematic Roles in Acquisition: The Case of Source." *Proceedings of the Eastern States Conference on Linguistics*, Vol. 11 (1994), pp. 23–36.

Clark, Herbert H. "Space, Time, Semantics and the Child." In Timothy E. Moore, ed., *Cognitive Development and the Acquisition of Language*, New York: Academic Press, 1973.

Claudi, Ulrike, and Bernd Heine. "On the Metaphorical Base of Grammar." *Studies in Language*, Vol. 10, No. 2 (Jan., 1986), pp. 297–335.

Comrie, Bernard. *Aspect*. Cambridge: Cambridge University Press, 1976.

Comrie, Bernard. "Markedness, Grammar, People, and the World." In Fred R. Eckman, Edith A. Moravcsik, and Jessica R. Wirth, eds., *Markedness*, New York: Springer, 1986.

Croft, William. "Lexical Rules vs. Constructions: A False Dichotomy." In Hubert Cuyckens, Thomas Berg, and René Dirven, et al., eds., *Motivation in Language: Studies in Honor of Günter Radden*, Amsterdam: John Benjamins, 2003.

Croft, William. *Radical Construction Grammar: Syntactic Theory in Typological Perspective*. Oxford: Oxford University Press, 2001.

Croft, William. "The Role of Domains in the Interpretation of Metaphors and Metonymies." *Cognitive Linguistics*, Vol. 4, No. 4 (1993), pp. 335–370.

Croft, William. *Syntactic Categories and Grammatical Relations: The Cognitive Organization of Information*. Chicago: The University of Chicago Press, 1991.

Croft, William. *Typology and Universals*. Cambridge: Cambridge University Press, 2002.

Croft, William, and D. Alan Cruse. *Cognitive Linguistics*. Cambridge:

Cambridge University Press, 2004.

Cuyckens, Hubert, Dominiek Sandra, and Sally Rice. "Towards an Empirical Lexical Semantics." In Birgit Smieja and Meike Tasch, eds., *Human Contact through Language and Linguistics*, Frankfurt: Peter Lang Verlag, 1997.

Cuyckens, Hubert. "The Dutch Spatial Preposition 'in': A Cognitive-Semantic Analysis." In Cornelia Zelinsky-Wibbelt, ed., *The Semantics of Prepositions: From Mental Processing to Natural Language Processing*, Berlin: Mouton de Gruyter, 1993.

Cuyckens, Hubert. "Family Resemblance in the Dutch Spatial Prepositions Door and Langs." *Cognitive Linguistics*, Vol. 6, No. 2–3 (Oct., 1995), pp. 183–207.

Cuyckens, Hubert. "Spatial Prepositions in French Revisited." *Cognitive Linguistics*, Vol. 4, No. 3 (1993), pp. 291–310.

Dahl, Östen. *Tense and Aspect Systems*. Oxford: Blackwell, 1985.

Dancygier, Barbara. "How Polish Structures Space: Prepositions, Direction Nouns, Case, and Metaphor." In Ad Foolen and Frederike van der Leek, eds., *Constructions in Cognitive Linguistics*, Amsterdam: John Benjamins Publishing Company, 2000.

Declerck, Renaat. "Boundedness and the Structure of Situations." *Leuvense Bijdragen*, Vol. 78 (1989), pp. 275–308.

Declerck, Renaat. When-*Clauses and Temporal Structure*. London: Routledge, 2003.

Depraetere, Ilse. "On the Necessity of Distinguishing between (Un)Boundedness and (A)Telicity." *Linguistics and Philosophy*, Vol. 18, No. 1 (Feb., 1995), pp. 1–19.

Dirven, René, and John R. Taylor. "English Modality: A Cognitive-didactic Approach." In Keith Carlon, Kristin Davidse, and Brygida Rudzka-Ostyn, eds., *Perspectives on English. Studies in Honour of Professor Emma*

Vorlat, Leuven and Paris: Peeters, 1994.

Dirven, René, and Marjolijn Verspoor. *Cognitive Exploration of Language and Linguistics*. Amsterdam: John Benjamins Publishing Company, 1998.

Dirven, René. "Dividing up Physical and Mental Space into Conceptual Categories by Means of English Prepositions." In Cornelia Zelinsky-Wibbelt, ed., *The Semantics of Prepositions: From Mental Processing to Natural Language Processing*, Berlin: Mouton de Gruyter, 1993.

Dirven, René. "English Phrasal Verbs: Theory and Didactic Application." In Martin Pütz, Susanne Niemeier, and René Dirven, eds., *Applied Cognitive Linguistics II: Language Pedagogy*, Berlin and Boston: Mouton de Gruyter, 2001.

Dirven, René. "Space Prepostitions." In René Dirven and Yvan Putseys, eds., *A User's Grammar of English: Word, Sentence, Text, Interaction*, Frankfurt: Peter Lang, 1989.

Dixon, Robert M. W. *A Semantic Approach to English Grammar*. Oxford: Oxford University Press, 2005.

Dowty, David. "Thematic Proto-roles and Argument Selection." *Language*, Vol. 67, No. 3 (Sep., 1991), pp. 547–619.

Dowty, David. *Word Meaning and Montague Grammar*. Dordrecht: D. Reidel, 1979.

Engberg-Pedersen, Elisabeth. *Space in Danish Sign Language: The Semantics and Morphosyntax of the Use of Space in a Visual Language*. Hamburg: Signum Press, 1993.

Fauconnier, Gilles, and Mark Turner. "Conceptual Integration Networks." *Cognitive Science*, Vol. 22, No. 2 (Feb., 2010), pp. 133–187.

Fauconnier, Gilles, and Mark Turner. *The Way We Think: Conceptual Blending and the Mind's Hidden Complexities*. New York: Basic Books, 2002.

Fauconnier, Gilles. *Mental Spaces: Aspects of Meaning Construction in*

Natural Language. Cambridge: Cambridge University Press, 1994.

Filipović, Luna. "On the Nature of Lexicalization Patterns: A Crosslinguistic Inquiry." In Nicole Delbecque and Bert Cornillie, eds., *On Interpreting Construction Schemas: From Action and Motion to Transitivity and Causality*, Berlin: Mouton de Gruyter, 2007.

Filipović, Luna. *Talking about Motion: A Crosslinguistic Investigation of Lexicalization Patterns*. Amsterdam: John Benjamins Publishing Company, 2007.

Fillmore, Charles J., and Beryl T. Atkins. "Toward a Frame-Based Lexicon: The Semantics of RISK and Its Neighbors." In Adrienne Lehrer, Eva Feder Kittay, and Richard Lehrer, eds., *Frames, Fields and Contrasts*, Hillsdale, NJ: Erlbaum, 1992.

Fillmore, Charles J. "Towards a Descriptive Framework for Spatial Deixis." In Robert J. Jarvella and Wolfgang Klein, eds., *Speech, Place and Action: Studies in Deixis and Related Topics*, London: Wiley, 1982.

Fisher, Cynthia, D. Geoffrey Hall, and Susan W. Rakowi, et al. "When It Is Better to Receive Than to Give: Syntactic and Conceptual Constraints on Vocabulary Growth." *Lingua*, Vol. 92 (Apr., 1994), pp. 333–375.

Flecken, M., M. Carroll, and K. Weimar, et al. "Driving along the Road or Heading for the Village? Conceptual Differences Underlying Motion Event Encoding in French, German, and French-German L2 Users." *The Modern Language Journal*, Vol. 99, No. S1 (Jan., 2015), pp. 100–122.

Fong, Vivienne, and Christine Poulin. "Locating Linguistic Variation in Semantic Templates." In Jean-Pierre Koenig, ed., *Discourse and Cognition: Bridging the Gap*, Stanford, CA: CSLI Publications, 1998.

Freed, Alice F. *The Semantics of English Aspectual Complementation*. Dordrecht and London: D. Reidel Publishing Company, 1979.

Freeman, N. H., C. G. Sinha, and J. A. Stedmon. "The Allative Bias in Three-year-olds Is Almost Proof Against Task Naturalness." *Journal of*

Child Language, Vol. 8, No. 2 (Jun., 1981), pp. 283–296.

Geeraerts, Dirk, and Hubert Cuyckens, eds. *The Oxford Handbook of Cognitive Linguistics*. Oxford: Oxford University Press, 2007.

Geeraerts, Dirk. *Diachronic Prototype Semantics*. Oxford: Clarendon Press, 1997.

Genetti, Carol. "From Postposition to Subordinator in Newari." In Elizabeth Closs Traugott and Bernd Heine, eds., *Approaches to Grammaticalization: Volume II. Types of Grammatical Markers*, Amsterdam: John Benjamins Publishing Company, 1991.

Givón, Talmy. *Syntax, An Introduction*, Vol. 1. Amsterdam: John Benjamins Publishing Company, 2001.

Goddard, Cliff. "On and on: Verbal Explications for a Polysemic Network." *Cognitive Linguistics*, Vol. 13, No. 3 (Sep., 2002), pp. 277–294.

Goldberg, Adele E. *Constructions: A Construction Grammar Approach to Argument Structure*. Chicago: The University of Chicago Press, 1995.

Grice, H. P. "Logic and Conversation." In Peter Cole and Jerry L. Morgan, eds., *Syntax and Semantics: Volume 3. Speech Acts*, New York: Academic Press, 1975.

Gruber, Jeffrey S. *Lexical Structures in Syntax and Semantics*. Amsterdam: North-Holland, 1976.

Gumperz, John J., and Stephen C. Levinson, eds. *Rethinking Linguistic Relativity*. Cambridge: Cambridge University Press, 1996.

Gärdenfors, Peter. *Conceptual Spaces: The Geometry of Thought*. Cambridge, MA: MIT Press, 2004.

Günter Radden, "How Metonymic Are Metaphors?." In Antonio Barcelona, ed., *Metaphor and Metonymy at the Crossroads: A Cognitive Approach*, Berlin: Mouton de Gruyter, 2000.

Halliday, M. A. K., and Z. L. James. "A Quantitative Study of Polarity and Primary Tense in the English Finite Clause." In Wolfgang Teubert and

Ramesh Krishnamurthy, eds., *Corpus Linguistics: Critical Concepts in Linguistics*, London and New York: Routledge, 2007.

Hampe, Beate, ed. *From Perception to Meaning: Image Schemas in Cognitive Linguistics*. Berlin: Mouton de Gruyter, 2005.

Hawkins, Bruce Wayne. *The Semantics of English Spatial Prepositions*. L. A. U. T, Trier, 1985.

Hawkins, John A. "A Semantic Typology Derived from Variation in Germanic." *Proceedings of the Twelfth Annual Meeting of the Berkeley Linguistics Society*, Vol. 12 (1986), pp. 413–424.

Heine, Bernd, Ulrike Claudi, and Friederike Hünnemeyer. *Grammaticalization: A Conceptual Framework*. Chicago: The University of Chicago Press, 1991.

Herskovits, Annette. *Language and Spatial Cognition: An Interdisciplinary Study of the Prepositions in English*. Cambridge: Cambridge University Press, 1986.

Herskovits, Annette. "Semantics and Pragmatics of Locative Expressions." *Cognitive Science*, Vol. 9, No. 3 (Jul.–Sep., 1985), pp. 341–378.

Horn, Laurence R. "Toward a New Taxonomy for Pragmatic Inference: Q-based and R-based Implicature." In Schiffrin, Debrah, ed., *Meaning, Form and Use in Context: Linguistic Applications*, Washington, DC: Georgetown University Press, 1984.

Huang, Shuanfan, and Michael Tanangkingsing. "Reference to Motion Events in Six Western Austronesian Languages: Toward a Semantic Typology." *Oceanic Linguistics*, Vol. 44, No. 2 (Dec., 2005), pp. 307–340.

Huang, Shuanfan. "Tsou Is Different: A Cognitive Perspective on Language, Emotion, and Body." *Cognitive Linguistics*, Vol. 13, No. 2 (Jul., 2002), pp. 167–186.

Huang, Yan. "The Grammaticalization and Lexicalization of Space Deixis: A Cross-linguistic Analysis." *Journal of Foreign Languages*, Vol.1 (Mar.,

2007), pp. 2–18.

Huddleston, Rodney, and Geoffery K. Pullum. *The Cambridge Grammar of the English Language*. Cambridge: Cambridge University Press, 2002.

Ibarretxe-Antuñano, Iraide, ed. *Motion and Space Across Languages: Theory and Application*. Amsterdam: John Benjamins Publishing Company, 2017.

Jackendoff, Ray. *Foundations of Language: Brain, Meaning, Grammar, Evolution*. Oxford: Oxford University Press, 2002.

Jackendoff, Ray. "Parts and Boundaries." *Cognition*, Vol. 41, No. 1–3 (Dec., 1991), pp. 9–45.

Jackendoff, Ray. "The Representational Structures of the Language Faculty and Their Interactions." In Colin M. Brown and Peter Hagoort, eds., *The Neurocognition of Language*, New York: Oxford University Press, 1999.

Jackendoff, Ray. "Semantics and Cognition." In Shalom Lappin, ed., *The Handbook of Contemporary Semantic Theory*, Oxford: Blackwell Publishers Ltd, 1997.

Jackendoff, Ray. *Semantics and Cognition*. Cambridge, MA: MIT Press, 1983.

Jackendoff, Ray. *Semantic Structures*. Cambridge, MA: MIT Press, 1990.

Jaszczolt, Katarzyna M. *Default Semantics: Foundations of a Compositional Theory of Acts of Communication*. Oxford: Oxford University Press, 2005.

Jaszczolt, Katarzyna M. "Default Semantics, Pragmatics, and Intentions." In Ken Turner, ed., *The Semantics/Pragmatics Interface from Different Points of View*, Oxford: Elsevier Science, 1999.

Jaszczolt, Katarzyna M. *Discourse, Beliefs and Intentions: Semantics Defaults and Propositional Attitude Ascription*. Oxford: Elsevier Science, 1999.

Ji, Yinglin, and Jill Hohenstein. "English and Chinese Children's Motion

Event Similarity Judgments." *Cognitive Linguistics*, Vol. 29, No. 1 (Feb., 2018), pp. 45–76.

Jia, Chen. "A 'Thinking for Speaking' Study on Motion Events' Lexicalization and Conceptualization." *Theory and Practice in Language Studies,* Vol. 12, No. 9 (Sep., 2022), pp. 1804–1810.

Johnson, Mark. *The Body in the Mind: The Bodily Basis of Meaning, Imagination, and Reason.* Chicago: The University of Chicago Press, 1987.

Kabata, Kaori, and Sally Rice. "Japanes ni: The Particulars of a Somewhat Contradictory Particle." In Marjolijn Verspoor, Kee Dong Lee, and Eve Sweetser, eds., *Lexical and Syntactical Constructions and the Construction of Meaning*, Amsterdam: John Benjamins Publishing Company, 1997.

Kabata, Kaori. *On the Agent/Experience Continuum: A Cognitive Approach to the ga/ni Alternation in Japanese.* Unpublished manuscript, 1998.

Kahr, Joan Casper. "Adpositions and Locationals: Typology and Diachronic Development." In Language Universals Project, *Working Papers on Language Universals, Vol. 18–20*, Committee on Linguistics, Stanford University, 1975.

Kay, Paul, and Charles J. Fillmore. "Grammatical Constructions and Linguistic Generalizations: The What's X Doing Y? Construction." *Language*, Vol. 75, No. 1 (Mar., 1999), pp. 1–33.

Kilroe, Patricia. "The Grammaticalization of French à." In William Pagliuca, ed., *Perspectives on Grammaticalization*, Amsterdam: John Benjamins Publishing Company, 1994.

Kreitzer, Anatol. "Multiple Levels of Schematization: A Study in the Conceptualization of Space." *Cognitive Linguistics*, Vol. 8, No. 4 (Jan., 1997), pp. 291–325.

Kural, Murat. "Verb Incorporation and Elementary Predicates." Ph.D.

dissertation, University of California, Los Angeles, 1996.

Lakoff, George, and Mark Johnson. *Metaphors We Live by*. Chicago: The University of Chicago Press, 1980.

Lakoff, George, and Mark Johnson. *Philosophy in the Flesh: The Embodied Mind and Its Challenge to Western Thought*. New York: Basic Books, 1999.

Lakoff, George, and Rafael E. Núñez. *Where Mathematics Come from: How the Embodied Mind Brings Mathematics into Being*. New York: Basic Books, 2000.

Lakoff, George. *Women, Fire, and Dangerous Things: What Categories Reveal about the Mind*. Chicago: The University of Chicago, 1987.

Landau, Barbara, and James E. Hoffman. "Explaining Selective Spatial Breakdown in Williams Syndrome: Four Principles of Normal Spatial Development and Why They Matter." In Jodie M. Plumert and John P. Spencer, eds., *The Emerging Spatial Mind*, New York: Oxford University Press, 2007.

Landau, Barbara, and Lila R. Gleitman. *Language and Experience: Evidence from the Blind Child*. Cambridge, MA: Harvard University Press, 1985.

Langacker, Ronald W. *Cognitive Grammar: A Basic Introduction*. Oxford: Oxford University Press, 2008.

Langacker, Ronald W. "A Dynamic Usage-Based Model." In Michael Barlow and Suzanne Kemmer, eds., *Usage-Based Models of Language*, Stanford, CA: CSLI Publications, 2000.

Langacker, Ronald W. *Foundations of Cognitive Grammar: Vol. I. Theoretical Prerequisites*. Stanford: Stanford University Press, 1987.

Langacker, Ronald W. *Foundations of Cognitive Grammar: Vol. II. Descriptive Application*. Stanford: Stanford University Press, 1991.

Langacker, Ronald W. *Grammar and Conceptualization*. Berlin: Mouton de Gruyter, 1999.

Langacker, Ronald W. "Integration, Grammaticization, and Constructional Meaning." In Mirjam Fried and Hans C. Boas, eds., *Grammatical Constructions: Back to the Roots*, Amsterdam: John Benjamins Publishing Company, 2005.

Langacker, Ronald W. "Observations and Speculations on Subjectivity." In John Haiman, ed., *Iconicity in Syntax*, Amsterdam: John Benjamins, 1985.

Levin, Beth, and Malka Rappaport Hovav. "The Lexical Semantics of Verbs of Motion: The Perspective from Unaccusativity." In I. M. Roca, ed., *Thematic Structure: Its Role in Grammar*, Berlin: Foris Publications, 1992.

Levin, Beth, and Malka Rappaport Hovav. "Morphology and Lexical Semantics." In Andrew Spencer and Arnold M. Zwicky, eds., *The Handbook of Morphology*, London: Blackwell, 1998.

Levin, Beth, and Malka Rappaport Hovav. *Unaccusativity: At the Syntax-Lexical Semantics Interface*. Cambridge, MA: MIT Press, 1995.

Levin, Beth. *English Verb Classes and Alternations: A Preliminary Investigation*. Chicago: The University of Chicago Press, 1993.

Levinson, Stephen C., and David P. Wilkins, eds. *Grammars of Space: Explorations in Cognitive Diversity*. New York: Cambridge University Press, 2006.

Levinson, Stephen C. *Space in Language and Cognition: Explorations in Cognitive Diversity*. Cambridge: Cambridge University Press, 2003.

Lewandowski, Wojciech. "Variable Motion Event Encoding within Languages and Language Types: A Usage-based Perspective." *Language and Cognition*, Vol. 13, No. 1 (Mar., 2021), pp. 34–65.

Li, Charles N., and Sandra A. Thompson. "Co-Verbs in Mandarin Chinese: Verbs or Prepositions?." *Journal of Chinese Linguistics*, Vol. 2, No. 3 (Sep., 1974), pp. 257–278.

Li, Charles N., and Sandra A. Thompson. *Mandarin Chinese: A Functional*

Reference Grammar. Berkeley, Los Angeles and London: University of California Press, 1981.

Li, Charles N., and Sandra A. Thompson. "Serial Verb Constructions in Mandarin Chinese." In Claudia Corum, T. Cendric Smith-Stark, and Ann Wieser, et al., eds., *You Take the High Node and I'll Take the Low Node: Proceedings Papers from the Comparative Syntax Festival*, Chicago: Chicago Linguistic Society, 1973.

Liao, Yiyun, Monique Flecken, and Katinka Dijkstra, et al. "Going Places in Dutch and Mandarin Chinese: Conceptualising the Path of Motion Cross-linguistically." *Language, Cognition and Neuroscience*, Vol. 35, No. 4 (May, 2020), pp. 498–520.

Lindner, Susan. *A Lexico-Semantic Analysis of English Verb Particle Construction*. Trier, Germany: Linguistic Agency of the University of Trier, 1983.

Lindner, Susan. *A Lexico-semantic Analysis of English Verb Particle Constructions with OUT and UP*. San Diego: University of California, San Diego, 1981.

Mandler, Jean M. "On the Origins of the Conceptual System." *American Psychologist*, Vol. 62, No. 8 (Nov., 2007), pp. 738–751.

Martinet, André. *A Functional View of Language*. Oxford: Oxford University Press, 1962.

Matsumoto, Yo, and Kazuhiro Kawachi. *Broader Perspectives on Motion Event Descriptions*. Amsterdam: John Benjamins, 2020.

Miller, George Armitage, and Philip Nicholas Johnson-Laird. *Language and Perception*. Cambridge: Cambridge University Press, 1976.

Palmer, Frank Robert. *Semantics*. Cambridge: Cambridge University Press, 1981.

Pan, Haihua, and Suying Yang. "A Constructional Analysis of the Existential Structure." In Haihua Pan, ed., *Studies in Chinese Linguistics II*, Hong

Kong: Linguistic Society of Hong Kong, 2001.

Pederson, Eric, Eve Danziger, and David Wilkins, et al. "Semantic Typology and Spatial Conceptualization." *Language*, Vol. 74, No. 3 (Sep., 1998), pp. 557–589.

Peyraube, Alain. "Motion Event in Chinese: A Diachronic Study of Directional Complements." In Maya Hickmann and Stéphane Robert, eds., *Space in Language: Linguistic Systems and Cognitive Categories*, Amsterdam: John Benjamins Publishing Company, 2006.

Pustejovsky, James. "The Syntax of Event Structure." *Cognition*, Vol. 41, No. 1–3 (Dec., 1991), pp. 47–81.

Pütz, Martin, and René Dirven, eds. *The Construal of Space in Language and Thought*. Berlin: Mouton de Gruyter, 1996.

Quirk, Randolph, Sidney Greenbaum, and Geoffrey Leech, et al. *A Comprehensive Grammar of the English Language*. London: Longman, 1985.

Radden, Günter. "Spatial Metaphors Underlying Prepositions of Causality." In Wolf Paprotté and René Diren, eds., *The Ubiquity of Metaphor: Metaphor in Language and Thought*, Amsterdam: John Benjamins Publishing Company, 1985.

Radden, Günter. "The Ubiquity of Metonymy." In José Luis Otal Campo, Ignasi Navarro i Ferrando, and Begoña Bellés Fortuño, eds., *Cognitive and Discourse Approaches to Metaphor and Metonymy*, Castellón, Spain: Universitat Jaume I, 2005.

Regier, Terry, and Mingyu Zheng. "Attention to Endpoints: A Cross-linguistic Constraint on Spatial Meaning." *Cognitive Science*, Vol. 31, No. 4 (2007), pp. 705–719.

Rowling, J. K. *Harry Potter and the Goblet of Fire*. London: Warner Bros, 2000.

Rudzka-Ostyn, Brygida, ed. *Topics in Cognitive Linguistics*. Amsterdam:

John Benjamins Publishing Company, 1988.

Sandra, Dominiek, and Sally Rice. "Network Analysis of Prepositional Meaning: Mirroring Whose Mind—The Linguist's or the Language Use's?." *Cognitive Linguistics*, Vol. 6, No. 1 (Jan., 1995), pp. 89–130.

Sapir, Edward. *Language: An Introduction to the Study of Speech*. New York: Harcourt, Brace and Company, 1921.

Sapir, Edward. *The Psychology of Culture: A Course of Lectures*. Berlin: Mouton de Gruyter, 2002.

Sarda, Laure, and Benjamin Fagard. *Neglected Aspects of Motion-Event Description: Deixis, Asymmetries, Constructions*. Amsterdam: John Benjamins, 2022.

Saussure, Ferdinand de. *Course in General Linguistics*. Trans. by Roy Harris, Beijing: Foreign Language Teaching and Research Press, 2001.

Senft, Gunter, ed. *Referring to Space: Studies in Austronesian and Papuan Languages*. Oxford: Clarendon Press, 1997.

Shibatani, Masayoshi, and Sandra A. Thompson. *Grammatical Constructions: Their Form and Meanings*. Oxford: Clarendon Press, 1996.

Shopen, Timothy, ed. *Language Typology and Syntactic Description. Volume III: Grammatical Categories and the Lexicon*. Cambridge: Cambridge University Press, 2007.

Sinha, Chris, and Tania Kuteva. "Distributed Spatial Semantics." *Nordic Journal of Linguistics*, Vol. 18, No. 2 (Dec., 1995), pp. 167–199.

Sinha, Chris, Lis A. Thorseng, and Mariko Hayashi, et al. "Comparative Spatial Semantics and Language Acquisition: Evidence from Danish, English, and Japanese." *Journal of Semantics*, Vol. 11, No. 4 (Nov., 1994), pp. 253–287.

Slobin, Dan I., and Nini Hoiting. "Reference to Movement in Spoken and Signed Languages: Typological Considerations." *Proceedings of the Twentieth Annual Meeting of the Berkeley Linguistic Society: General*

Session Dedicated to the Contributions of Charles J. Fillmore, Vol. 20, No. 1 (Oct., 1994), pp. 487–505.

Slobin, Dan I. "Language and Thought Online: Cognitive Consequences of Linguistic Relativity." In Dedre Gentner and Susan Goldin-Meadow, eds., *Language in Mind: Advances in the Study of Language and Thought*, Cambridge, MA: MIT Press, 2003.

Slobin, Dan I. "The Many Ways to Search for a Frog: Linguistic Typology and the Expression of Motion Events." In Sven Strömqvist and Ludo Verhoeven, eds., *Relating Events in a Narrative, Volume 2: Typological and Contextual Perspectives*, Mahwah, NJ: Lawrence Erlbaum Associates, 2004.

Slobin, Dan I. "Mind, Code and Text." In Joan L. Bybee, John Haiman, and Sandra A. Thompson, eds., *Essays on Language Function and Language Type: Dedicated to T. Givón*, Amsterdam: John Benjamins Publishing Company, 1997.

Slobin, Dan I. "Two Ways to Travel: Verbs of Motion in English and Spanish." In Masayoshi Shibatani and Sandra A. Thompson, eds., *Grammatical Constructions: Their Form and Meaning*, Oxford: Clarendon Press, 1996.

Slobin, Dan I. "Verbalized Events: A Dynamic Approach to Linguistic Relativity and Determinism." In Susanne Niemeier and René Dirven, eds., *Evidence for Linguistic Relativity*, Amsterdam: John Benjamins Publishing Company, 2000.

Smith, Carlota S. "Aspectual Categories in Navajo." *International Journal of American Linguistics*, Vol. 62, No. 3 (Jul., 1996), pp. 227–263.

Smith, Carlota S., ed. *The Parameter of Aspect*. Dordrecht: Kluwer Academic, 1991.

Smith, Michael B. "Cases as Conceptual Categories: Evidence from German." In Richard A. Geiger and Brygida Rudzka-Ostyn, eds., *Conceptualization and Mental Processing in Language*, Berlin: Mouton de Gruyter, 1993.

Svorou, Soteria. *The Grammar of Space*. Amsterdam: John Benjamins Publishing Company, 1994.

Svorou, Soteria. "Semantic Constraints in the Grammaticalization of Locative Constructions." In Ilse Wischer and Gabriele Diewald, eds., *New Reflections on Grammaticalization*, Amsterdam: John Benjamins Publishing Company, 2002.

Tai, James H-Y. "Cognitive Relativism: Resultative Construction in Chinese." *Language and Linguistics*, Vol. 4, No. 2 (Jan., 2003), pp. 301–316.

Talmy, Leonard. "The Basics for a Crosslinguistic Typology of Motion/Location." *Working Papers in Language Universals*, Vol. 9 (Nov., 1972), pp. 41–116.

Talmy, Leonard. *Toward a Cognitive Semantics. Vol. 1: Concept Structuring Systems*. Cambridge, MA: MIT Press, 2000.

Talmy, Leonard. *Toward a Cognitive Semantics. Vol. 2: Typology and Process in Concept Structuring*. Cambridge, MA: MIT Press, 2000.

Talmy, Leonard. "The Fundamental System of Spatial Schemas in Language." In Beate Hampe, ed., *From Perception to Meaning: Image Schemas in Cognitive Linguistics*, Berlin: Moute De Gruyter, 2005.

Talmy, Leonard. "How Language Structures Space." In Herbert L. Pick, Jr. and Linda P. Acredolo, eds., *Spatial Orientation: Theory, Research, and Application*, New York: Plenum Press, 1983.

Talmy, Leonard. "How Spoken Language and Signed Language Structure Space Differently." In Daniel R. Montello, ed., *Spatial Information Theory. COSII 2001. Lecture Notes in Computer Science*, Heidelberg: Springer Verlag, 2001.

Talmy, Leonard. "Lexicalization Patterns: Semantic Structure in Lexical Forms." In Timothy Shopen, ed., *Language Typology and Syntactic Description: Vol. III Grammatical Categories and the Lexicon*, Cambridge: Cambridge University Press, 1985.

Talmy, Leonard. "Path to Realization: Via Aspect and Result." In Laurel Sutton, Christopher Johnson, and Ruth Shields, eds., *Proceedings of the Seventeenth Annual Meeting of the Berkeley Linguistics Society, February 15–18, 1991*, Berkeley: Berkeley Linguistics Society, 1991.

Talmy, Leonard. "The Relation of Grammar to Cognition—A Synopsis." *Proceedings of the 1978 Workshop on Theoretical Issues in Natural Language Processing*, Vol. 2 (1978), pp. 14–24.

Talmy, Leonard. "The Representation of Spatial Structure in Spoken and Signed Language." In Karen Emmorey, ed., *Perspectives on Classifier Constructions in Sign Language*, Mahwah, NJ: Lawrence Erlbaum, 2007.

Talmy, Leonard. "The Representation of Spatial Structure in Spoken and Sign Language: A Neural Model." In Andrea C. Schalley and Dietmar Zaefferer, eds., *Ontolinguistics: How Ontological Status Shapes the Linguistic Coding of Concepts*, Berlin: Moute De Gruyter, 2007.

Talmy, Leonard. "Semantics and Syntax of Motion." In John Kimball, ed., *Syntax and Semantics 4*, New York: Academic Press, 1975.

Talmy, Leonard. "The Windowing of Attention in Language." In Masayoshi Shibatani and Sandra A. Thompson, eds., *Grammatical Constructions: Their Form and Meaning*, Oxford: Clarendon Press, 1996.

Taylor, John R. *Cognitive Grammar*. Oxford: Oxford University Press, 2002.

Taylor, John R. "Contrasting Prepositional Categories: English and Italian." In B. Rudzka-Ostyn, ed., *Topics in Cognitive Linguistics*, Amsterdam: John Benjamins, 1988.

Taylor, John R. *Linguistic Categorization: Prototypes in Linguistic Theory*. Oxford: Oxford University Press, 2003.

Tenny, Carol L. "The Aspectual Interface Hypothesis." In Ivan A. Sag and Anna Szabolcsi, eds., *Lexical Matters*, Stanford: Stanford University Press, 1992.

Tenny, Carol L, and James Pustejovsky, eds. *Events as Grammatical*

Objects: The Converging Perspectives of Lexical Semantics and Syntax. Stanford, CA: Stanford Linguistics Association, 2000.

Tenny, Carol L. Aspectual Roles and the Syntax-Semantics Interface. Dordrecht: Kluwer Academic Publishers, 1994.

Tenny, Carol L. "How Motion Verbs Are Special: The Interaction of Semantic and Pragmatic Information in Aspectual Verb Meanings." Pragmatics and Cognition, Vol. 3, No. 1 (Jan., 1995), pp. 31–73.

Tenny, Carol L. "Modularity in Thematic Versus Aspectual Licensing: Paths and Moved Objects in Motion Verbs." Canadian Journal of Linguistics / Revue canadienne de linguistique, Vol. 40, No. 2 (Jun., 1995), pp. 201–234.

Thompson, Ellen. "The Structure of Bounded Events." Linguistic Inquiry, Vol. 37, No. 2 (Apr., 2006), pp. 211–228.

Tortora, Christina. "The Preposition's Preposition in Italian: Evidence for Boundedness of Space." In Randall Gess and Edward J. Rubin, eds., Theoretical and Experimental Approaches to Romance Linguistics: Selected Papers from the 34th Linguistic Symposium on Romance Languages, Amsterdam: John Benjamins Publishing Company, 2005.

Tyler, Andrea, and Vyvyan Evans. "Reconsidering Prepositional Polysemy Networks: The Case of Over." Language, Vol. 77, No. 4 (2001), pp. 724–765.

Tyler, Andrea, and Vyvyan Evans. The Semantics of English Prepositions: Spatial Scenes, Embodied Meaning and Cognition. Cambridge: Cambridge University Press, 2003.

Ungerer, Friedrich, and Hans-Jörg Schmid. An Introduction to Cognitive Linguistics. London: Pearson Longman, 2007.

Vandeloise, Claude. "Methodology and Analyses of the Preposition in." Cognitive Linguistics, Vol. 5, No. 2 (Jan., 1994), pp. 157–184.

Vandeloise, Claude. Spatial Prepositions: A Case Study from French. Chicago: The University of Chicago Press, 1991.

Vendler, Zeno. *Linguistics in Philosophy*. Ithaca, NY: Cornell University Press, 1967.

Verkuyl, H. J. "Aspectual Classes and Aspectual Composition." *Linguistics and Philosophy*, Vol. 12, No. 9 (Feb., 1989), pp. 39–94.

Verkuyl, H. J. *On the Compositional Nature of the Aspects*. Dordrecht: Springer, 1972.

Verkuyl, H. J., and Joost Zwarts. "Time and Space in Conceptual and Logical Semantic: The Notion of Path." *Linguisitcs*, Vol. 30, No. 3 (Jan., 1992), pp. 483–511.

Wierzbicka, Anna. *Semantic Primitives*. Frankfurt: Athenäum-Verl, 1972.

Wierzbicka, Anna. *The Semantics of Grammar*. Amsterdam: John Benjamins Publishing Company, 1988.

Wierzbicka, Anna. "Why do We Say *in April, on Thursday, at 10 O'Clock*? In Search of an Explanation." *Studies of Language*, Vol. 17, No. 2 (Jan., 1993), pp. 437–454.

Wilkins, David P., and Deborah Hill. "When 'Go' Means 'Come': Questioning the Basicness of Basic Motion Verbs." *Cognitive Linguistics*, Vol. 6, No. 2–3 (Jan., 1995), pp. 209–259.

Zipf, George Kingsley. *Human Behaviour and the Principle of Least Effort: An Introduction to Human Ecology*. Cambridge, MA: Addison-Wesley, 1949.

Zlatev, Jordan, and Johan Blomberg. "Language May Indeed Influence Thought." *Frontiers in Psychology*, Vol. 6 (Oct., 2015), p. 1631.

Zlatev, Jordan, and Peerapat Yangklang. "A Third Way to Travel: The Place of Thai in Motion-Event Typology." In Sven Strömqvist and Ludo Verhoeven, eds., *Relating Events in Narrative: Typological and Cross-Contextual Perspectives*, Mahwah, NJ: Lawrence Erbaum, 2003.

Zlatev, Jordan, Johan Blomberg, and Simon Devylder, et al. "Motion Event Descriptions in Swedish, French, Thai and Telugu: A Study in Post-Talmian Motion Event Typology." *Acta Linguistica Hafniensia*, Vol. 53,

No. 1 (Mar., 2021), pp. 58–90.

Zlatev, Jordan. "Embodiment, Language, and Mimesis." In Tom Ziemke, Jordan Zlatev, and Roslyn M. Frank, eds., *Embodiment Vol. 1: Embodiment*, Mouton De Gruyter, 2008.

Zlatev, Jordan. "Holistic Spatial Semantics of Thai." In Eugene H. Casad and Gary B. Palmer, eds., *Cognitive Linguistics and Non-Indo-European Languages*, Berlin: Mouton de Gruyter, 2003.

Zlatev, Jordan. "Semantics of Spatial Expressions." In Keith Brown, ed., *Encyclopedia of Language and Linguistics*, Second Edition, Elsevier Science, 2006.

Zlatev, Jordan. *Situated Embodiment: Studies in the Emergence of Spatial Meaning*. Stockholm: Gotab Press, 1997.

二、中文文献

J. K. 罗琳：《哈利·波特与火焰杯》，马爱新译，北京：人民文学出版社，2001年。

安玉霞：《存在句语义要素匹配关系研究》，北京语言大学硕士学位论文，2006年。

蔡瑱：《论动后复合趋向动词和处所名词的位置》，《暨南大学华文学院学报》，2006年第4期，第66—71页。

陈佳：《基于语料库的"COME/GO+形容词"构式搭配关联强度与构式范畴化关系研究》，《解放军外国语学院学报》，2015年第3期，第23—30页。

陈佳：《论英汉运动事件的有界与无界词化模式和句子建构》，《北京第二外国语学院学报》，2014年第6期，第22—29页。

陈佳：《论英语WAY构式中动词的认知语义限制条件》，《外语与外语教学》，2010年第6期，第12—17页。

陈建民：《现代汉语句型论》，北京：语文出版社，1986年。

陈平：《汉语双项名词短语结构与话题－陈述结构》，《中国语文》，2004

年第 6 期，第 493—507 页。

陈平：《论现代汉语时间系统的三元结构》，《中国语文》，1988 年第 6 期，第 401—422 页。

陈信春：《关于动词形容词充当的"补语"同宾语并见于动词之后的结构关系》，《中州学刊》，1982 年第 1 期，第 111—114 页。

陈忠：《复合趋向补语中"来／去"的句法分布顺序及其理据》，《当代语言学》，2007 年第 1 期，第 39—43 页。

陈忠：《认知语言学研究》，济南：山东教育出版社，2006 年。

程琪龙：《致使对象角色的选择和操作》，《外国语》，2007 年第 1 期，第 35—41 页。

戴浩一：《以认知为基础的汉语功能语法刍议》，潘文国、杨自俭主编：《共性・个性・视角：英汉对比的理论与方法研究》，上海：上海外语教育出版社，2008 年，第 97—123 页。

丁声树等：《现代汉语语法讲话》，北京：商务印书馆，1961 年。

董大年主编：《现代汉语分类词典》，上海：上海辞书出版社，1998 年。

董大年主编：《现代汉语分类大词典》，上海：上海辞书出版社，2007年。

董秀芳：《汉语的词库与词法》，北京：北京大学出版社，2005 年。

范继淹：《动词和趋向性后置成分的结构分析》，《中国语文》，1963 年第 2 期，第 136—160 页。

范晓：《交接动词及其构成的句式》，《语言教学与研究》，1986 年第 3 期，第 19—35 页。

范晓：《谈词语组合的选择性》，《汉语学习》，1985 年第 3 期，第 1—3 页。

费尔迪南・德・索绪尔：《普通语言学教程》，高名凯译，北京：商务印书馆，1999 年。

高俊杰：《现代汉语存现句的配价研究》，河北师范大学硕士学位论文，2003 年。

古川裕：《〈起点〉指向和〈终点〉指向的不对称性及其认知解释》，《世界汉语教学》，2002 年第 3 期，第 49—58 页。

郭继懋：《试谈"飞上海"等不及物动词带宾语现象》，《中国语文》，1999

年第 5 期,第 337—347 页。

韩大伟:《路径含义的词汇化模式》,《东北师大学报(哲学社会科学版)》,2007 年第 3 期,第 155—160 页。

韩晓方:《溯因法与语言认知:以语言理论的建构为例》,《外语学刊》,2009 年第 2 期,第 92—95 页。

何乐士:《〈史记〉语法特点研究》,程湘清主编:《两汉汉语研究》,济南:山东教育出版社,1992 年。

何晓炜:《双及物结构的语义表达研究》,《外语教学与研究》,2009 年第 1 期,第 18—24、80 页。

何晓炜:《最简方案框架下的英汉双宾语结构生成研究》,《现代外语》2008 年第 1 期,第 1—12 页。

胡建华、潘海华:《NP 显著性的计算与汉语反身代词"自己"的指称》,《当代语言学》,2002 年第 1 期,第 46—60 页。

胡建华、石定栩:《完句条件与指称特征的允准》,《语言科学》,2005 年第 5 期,第 42—49 页。

胡建华:《题元、论元和语法功能项——格标效应与语言差异》,《外语教学与研究》,2007 年第 3 期,第 163—168 页。

胡建华:《现代汉语不及物动词的论元和宾语——从抽象动词"有"到句法—信息结构接口》,《中国语文》,2008 年第 5 期,第 396—409 页。

胡裕树、范晓:《动词研究综述》,太原:山西高校联合出版社,1996 年。

纪瑛琳:《空间运动事件的心理认知研究》,北京:中国社会科学出版社,2017 年。

纪瑛琳:《认知视域下的空间运动事件表达》,《外语教学》,2019 年第 3 期,第 12—18 页。

贾钰:《"来/去"作趋向补语时动词宾语的位置》,《世界汉语教学》1998 年第 1 期,第 41—46 页。

姜艳艳、陈万会:《近二十年中国英汉运动事件对比研究综观》,《广东外语外贸大学学报》,2019 年第 3 期,第 5—11、20 页。

李杰:《试析"挂"类动词静态化的条件》,《语言研究》,2003 年第 3 期,第 33—36 页。

李京廉：《英汉存现句中的定指效应研究》,《外语教学与研究》, 2009 年第 2 期, 第 99—104 页。

李临定：《双宾句类型分析》, 中国语文杂志社编：《语法研究和探索（二）》, 北京：北京大学出版社, 1984 年。

李明：《趋向动词"来／去"的用法及其语法化》,《语言学论丛（第 29 辑）》, 北京：商务印书馆, 2004 年。

李秋菊：《存现句系列的研究》, 首都师范大学硕士学位论文, 2000 年。

李淑静：《英汉语双及物结构式比较》,《外语与外语教学》2001 年第 5 期, 第 12—14、31 页。

李勇忠：《语义压制的转喻理据》,《外语教学与研究》2004 年第 6 期, 第 433—437 页。

李宇明：《领属关系与双宾句分析》,《语言教学与研究》, 1996 年第 3 期, 第 62—74 页。

梁银峰：《汉语趋向动词的语法化》, 上海：学林出版社, 2007 年。

林焘：《现代汉语轻音和句法结构的关系》,《林焘语言学论文集》, 北京：商务印书馆, 2001 年。

林亚军：《汉语动词的语义句法特征与双宾语结构》,《外语学刊》, 2008 年第 3 期, 第 89—92 页。

刘辰诞：《结构－边界统一体的建立：语言表达式建构的认知基础》,《外语教学与研究》, 2008 年第 3 期, 第 204—210 页。

刘辰诞：《结构和边界：语言表达式的认知基础》, 河南大学博士学位论文, 2006 年。

刘丹青：《汉语给予类双及物结构的类型学考察》,《中国语文》, 2001 年第 5 期, 第 387—398 页。

刘利民：《双及物构式的"零给予"和"负给予"问题分析》,《外语教学与研究》, 2009 年第 1 期, 第 25—29 页。

刘晓林：《也谈结构与边界》,《外国语》, 2006 年第 3 期, 第 52—58 页。

刘月华：《趋向补语的语法意义》, 中国语文杂志社编：《语法研究和探索（四）》, 北京：北京大学出版社, 1988 年。

刘月华主编：《趋向补语通释》，北京：北京语言文化大学出版社，1998年。

刘正光、刘润清：《Vi + NP 的非范畴化解释》，《外语教学与研究》，2003年第4期，第243—250页。

刘正光：《动词非范畴化的特征》，《中国外语》2006年第6期，第20—27页。

刘正光：《语言非范畴化——语言范畴化理论的重要组成部分》，上海：上海外语教育出版社，2007年。

卢建：《现代汉语双及物结构式研究》，北京：商务印书馆，2016年。

卢英顺：《"进"类趋向动词的句法、语义特点探析》，《语言教学与研究》2007年第1期，第52—59页。

陆丙甫：《汉语语义角色的配位》未刊稿，2006年。

陆俭明、沈阳：《汉语和汉语研究十五讲》，北京：北京大学出版社，2004年。

陆俭明：《"句式语法"理论与汉语研究》，《中国语文》，2004年第5期，第412—416页。

陆俭明：《词的具体意义对句子意思理解的影响》，《汉语学习》，2004年第2期，第1—5页。

陆俭明：《词语句法、语义的多功能性：对"构式语法"理论的解释》，《外国语》，2004年第2期，第15—20页。

陆俭明：《动词后趋向补语和宾语的位置问题》，《世界汉语教学》，2002年第1期，第5—17、114页。

陆俭明：《构式语法理论的价值与局限》，《南京师范大学文学院学报》，2008年第1期，第142—151页。

陆俭明：《汉语语法研究所面临的挑战》，《世界汉语教学》，1998年第4期，第3—21页。

陆俭明：《句法语义接口问题》，《外国语》，2006年第3期，第30—35页。

陆俭明：《十年来现代汉语语法研究的理论与方法管见》，《国外语言学》，1989年2期，第76、86—96页。

陆俭明：《试论句子意义的组成》，《语言研究论丛（第四辑）》，天津：南开大学出版社，1987年。

陆俭明：《现代汉语语法研究教程》，北京：北京大学出版社，2005年。

陆俭明：《语义特征分析在汉语语法研究中的运用》，《汉语学习》，1991年第1期，第1—10页。

吕叔湘：《中国文法要略》，北京：商务印书馆，1990年。

吕叔湘主编：《现代汉语八百词》，北京：商务印书馆，1980年。

马庆株：《变换、语义特征和语义指向》，吕叔湘等：《语法研究入门》，北京：商务印书馆，1999年。

马庆株：《汉语动词和动词性结构》，北京：北京大学出版社，2004年。

马庆株：《现代汉语的双宾语构造》，《语言学论丛（第十辑）》，北京：商务印书馆，1983年。

满在江：《生成语法理论与汉语双宾语结构》，《现代外语》，2003年第3期，第232—240页。

孟琮：《动词和动作的方向》，《第二届国际汉语教学讨论会论文选》，北京：北京语言学院出版社，1987年。

孟琮：《汉语动词用法词典》，北京：商务印书馆，1999年。

潘海华、梁昊：《优选论与汉语主语的确认》，《中国语文》，2002年第1期，第3—13页。

潘海华：《词汇映射理论在汉语句法研究中的应用》，《现代外语》，1997年第4期，第3—18页。

齐沪扬、曾传禄：《"V起来"的语义分化及相关问题》，《汉语学习》，2009年第2期，第3—11页。

齐沪扬：《"N＋在＋处所＋V"句式语义特征分析》，《汉语学习》，1994年第6期，第21—28页。

秦洪武：《汉语"动词＋时量短语"结构的情状类型和界性分析》，《当代语言学》，2002年第2期，第90—100、157页。

仇伟：《不及物运动动词带处所宾语构式的认知研究》，《四川外语学院学报》，2006年第6期，第83—87页。

商务印书馆编辑部编：《21世纪的中国语言学》，北京：商务印书馆，2004年。

邵敬敏：《论汉语语法的语义双向选择性原则》，《中国语言学报（第八期)》，北京：北京语言文化大学出版社，1997年。

邵志洪：《英汉运动事件框架表达对比与应用》，《外国语》，2006年第2期，第33—40页。

沈家煊：《"有界"与"无界"》，《中国语文》，1995年第5期，第367—381页。

沈家煊：《"在"字句和"给"字句》，《中国语文》，1999年第2期，第94—102页。

沈家煊：《现代汉语"动补结构"的类型学考察》，《世界汉语教学》，2003年第3期，第17—23页。

沈家煊：《英汉对比语法三题》，《外语教学与研究》，1996年第4期，第8—13、80页。

沈家煊：《英汉介词对比》，《外语教学与研究》，1984年第2期，第1—8页。

沈家煊：《再谈"有界"与"无界"》，《语言学论丛（第30辑）》，北京：商务印书馆，2004年，第40—54页。

沈炯：《从轻音现象看语音与语法研究的关系》，吕叔湘等：《语法研究入门》，北京：商务印书馆，1999年。

施栋琴：《英汉进行体结构与起始阶段进行动作的表达》，《外语教学与研究》，2001年第3期，第164—171页。

石毓智：《古今汉语动词概念化方式的变化及其对语法的影响》，《汉语学习》，2003年第4期，第1—8页。

石毓智：《汉英双宾结构差别的概念化原因》，《外语教学与研究》，2004年第2期，第83—89页。

石毓智：《汉语研究的类型学视野》，南昌：江西教育出版社，2004年。

石毓智：《语法的概念基础》，上海：上海外语教育出版社，2006年。

束定芳、唐树华：《认知词汇语义学回眸》，束定芳主编：《语言研究的语用和认知视角——贺徐盛桓先生70华诞》，上海：上海外语教育出版社，2008年。

束定芳：《语言的认知研究——认知语言学论文精选》，上海：上海外语教育出版，2004年。

束定芳编：《认知语义学》，上海：上海外语教育出版社，2008年。

税昌锡、邵敬敏：《论语义特征的语法分类》，《汉语学习》，2006年第1

期,第14—21页。

税昌锡:《VP界性特征对时量短语的语义约束限制——兼论"V+了+时量短语+了"歧义格式》,《语言科学》,2006年第6期,第19—28页。

税昌锡:《动词界性分类试说》,《暨南学报(哲学社会科学版)》,2005年第3期,第95—100页。

税昌锡:《语义特征分析的作用和语义特征的提取》,《北方论丛》,2005年第3期,第66—70页。

宋仕平:《存现句说略》,《长江大学学报(社会科学版)》,2004年第5期,第15—20页。

宋文辉:《现代汉语动结式配价的认知研究》,中国社会科学院研究生院博士学位论文,2003年。

宋玉柱:《存在句研究史上的一篇重要文献》,《汉语学习》,2004年第1期,第23—25页。

宋玉柱:《关于静态存在句的分类》,《学语文》,1990年第2期,第4—30页。

孙英杰:《汉语双宾语句语义分析》,《湘潭大学学报(哲学社会科学版)》,2006年第3期,第152—157页。

孙英杰:《现代汉语体系统研究》,哈尔滨:黑龙江人民出版社,2007年。

太田辰夫:《中国语历史文法》,蒋绍愚、徐昌华译,北京:北京大学出版社,1958年。

唐青叶:《界性的变异及其认知分析》,《解放军外国语学院学报》,2003年第5期,第8—12页。

田宇贺:《名词性成分在"V+趋+来"结构中的位置制约因素》,《广西社会科学》,2001年第4期,第141—143页。

田臻:《汉语静态存在构式对动作动词的语义选择条件》,《外国语》,2009年第4期,第43—52页。

王葆华:《存在构式"着"、"了"互换现象的认知解释》,《外语研究》,2005年第2期,第1—5页。

王红旗:《语义特征及其分析的客观基础》,《汉语学习》,2002年第6期,第7—13页。

王建伟:《英汉语中非宾格现象之认知构式角度探索》,复旦大学博士学位论文，2008 年。

王黎：《关于构式和词语的多功能性》，《外国语》，2005 年第 4 期，第 2—5 页。

王丽彩：《"来"、"去"充当的趋向补语和宾语的次序问题》，《广西社会科学》，2005 年第 4 期，第 155—156 页。

王寅：《英语双宾构造的概念结构分析——双宾动词与构造的分类及"三段式"认知解读》，束定芳主编：《语言研究的语用和认知视角——贺徐盛桓先生 70 华诞》，上海：上海外语教育出版社，2008 年。

文旭：《以认知为基础的英汉对比研究——关于对比认知语言学的一些构想》，潘文国、杨自俭主编：《共性·个性·视角：英汉对比的理论与方法研究》，上海：上海外语教育出版社，2008 年。

文旭：《运动动词"来/去"的语用意义及其指示条件》，《外语教学与研究》，2007 年第 2 期，第 91—96 页。

谢应光：《英语语法研究中的"有界"与"无界"概念》，《山东外语教学》，1996 年第 4 期，第 7—12 页。

熊学亮：《英汉语双宾构式探析》，《外语教学与研究》，2007 年第 4 期，第 261—267 页。

徐畅贤：《英语双及物动词及其构块的语义研究评介》，《外语与外语教学》，2005 年第 12 期，第 9—11、16 页。

徐德宽、周统权：《双宾语的选择限制》，《语言研究》，2008 年第 1 期，第 84—88 页。

徐杰：《"打碎了他四个杯子"与约束原则》，《中国语文》，1999 年第 3 期，第 185—191 页。

徐静茜：《趋向动词研究综述》，《中国语文导报》，1985 年第 4 期；另见朱一芝、王正刚选编：《现代汉语语法研究的现状和问题》，北京：语文出版社，1987 年，第 96—103 页。

徐烈炯、顾阳：《共性与个性：汉语语言学中的争议》，北京：北京语言文化大学出版社，1999 年。

徐烈炯、刘丹青：《话题的结构与功能》，上海：上海教育出版社，1998 年。

徐盛桓：《结构和边界——英语谓补句语法化研究》，《外国语》，2005 年第 1 期，第 14—22 页。

徐盛桓：《试论英语双及物构块式》，《外语教学与研究》，2001年第2期，第81—87页。

徐盛桓：《语义数量特征与英语中动结构》，《外语教学与研究》，2002年第6期，第436—443页。

徐溢锦、樊天怡、骆晓镝：《汉语空间位移动词的英译策略研究综述》，《现代语言学》，2022年第9期，第1862—1870页。

许余龙：《对比语言学》，上海：上海外语教育出版社，2001年。

许子艳：《英语运动事件表达习得与二语水平关系研究》，《中国外语》，2013年第5期，第64—71页。

延俊荣：《双宾句研究述评》，《语文研究》，2002年第4期，第38—41页。

严辰松：《略论从语篇层次研究汉语》，《解放军外语学院学报》，1995年第5期，第1—4、12页。

严辰松：《英汉语表达"实现"意义的词汇化模式》，《外国语》，2005年第1期，第23—29页。

严辰松：《语义包容：英汉动词意义的比较》，《外语与外语教学》，2004年第12期，第40—42页。

严辰松：《运动事件的词汇化模式——英汉比较研究》，《解放军外国语学报》，1998年第6期，第10—14页。

杨德峰：《"时间顺序原则"与"动词+复合趋向动词"带宾语形成的句式》，《世界汉语教学》，2005年第3期，第56—65页。

杨京鹏、托娅：《英汉运动事件空间界态语义的词汇化模式实证研究——以"walk through"为例》，《外语研究》，2015年第4期，第13—17页。

杨京鹏、吴红云：《英汉虚构运动事件词汇化模式对比研究——以toward(s)为例》，《外语教学与研究》，2017年第1期，第15—25、158页。

杨凯荣：《论趋向补语和宾语的位置》，《汉语学报》，2006年第2期，第55—61页。

袁毓林：《论元结构和句式结构互动的动因、机制和条件——表达精细化对动词配价和句式构造的影响》，《语言研究》，2004年第4期，第1—10页。

袁毓林：《现代汉语祈使句研究》，北京：北京大学出版社，1993年。

张伯江、方梅：《汉语功能语法研究》，南昌：江西教育出版社，1996年。

张伯江:《动趋式里宾语位置的制约因素》,《汉语学习》,1991 年第 6 期,第 4—8 页。

张伯江:《现代汉语的双及物结构式》,《中国语文》,1999 年第 3 期,第 175—184 页。

张达球:《体界面假设与汉语运动事件结构》,《语言教学与研究》,2007 年第 2 期,第 33—41 页。

张国宪:《制约夺事成分句位实现的语义因素》,《中国语文》,2001 年第 6 期,第 508—518 页。

张建理:《英汉双宾语句认知对比研究》,《外国语》,2006 年第 6 期,第 28—33 页。

张健:《英、汉语存现句的句法象似性探讨》,《四川外语学院学报》,2002 年第 2 期,第 129—131 页。

张珂:《英汉语存现构式的认知对比研究》,河南大学博士学位论文,2007 年。

张莲、王玉英:《NP_1 + Vi + NP_2 结构中动词的配价问题》,《外语学刊》,2007 年第 3 期,第 102—106 页。

张谦:《英汉存在构式的认知研究》,湖南师范大学硕士学位论文,2007 年。

张亚峰:《汉语是卫星框架化语言吗?》,《湖北工程学院学报》,2007 年第 S1 期,第 42—45 页。

郑国锋、刘佳欢:《英汉语致使位移运动事件路径表达对比研究:以叙事文本为例》,《外国语》,2022 年第 6 期,第 45—56 页。

郑国锋:《英汉语位移运动事件中的移动体:以多参照物构式为例》,《西安外国语大学学报》,2018 年第 3 期,第 1—6 页。

中国社会科学院语言研究所词典编辑室编:《现代汉语词典》(修订本),北京:商务印书馆,1996 年。

朱德熙:《"在黑板上写字"及其相关句式》,《语言教学与研究》,1981 年第 1 期,第 4—19 页。

朱德熙:《与动词"给"相关的句法问题》,《方言》,1979 年第 2 期,第 81—87 页。

朱德熙:《语法讲义》,北京:商务印书馆,1982 年。

— 附 录 —

附录一：英语介副词句中语义动态识解的语料库验证

walked through（290 有效例）

分　类	walked through NP（多为复数名词）	as ... walked through NP	walked through sp., doing sth., with some manner	walked through (sp.) to/into + NP 或者 NP to/into/onto NP	walked through sp. and did sth.	walked through NP（单数名词有界）/ as ... walked through NP	总　数
数　量	54	21	33	117		24 + 41	290
路径类型	108（无界路径，表示"在……里穿行"）			182（有界路径，表示"穿过"）			290
占　比	37.24%			62.76%			100%

walked over（281 有效例）

分 类	walked over (sp.) to sp.	walked (to) sp. and did sth.	walked over	walked across sp. and did sth.	walked over (... to do)	walked sp.（有界）	been walked over	walked over towards sp.	walked over sp.（无界）	walked over sp., doing NP/manner	as …	总 数
数 量	99	92	12	41	15	8	11	4	8	17	15	281
路径类型	237 （有界路径，表示"走过、通过"）						44 （无界路径，表示"在……上行走"）					281
占 比	84.34%						15.66%					100%

walked across（228 有效例）

分 类	walked across sp. to sp.	walked across sp. to/towards sp.	walked across sp. and did sth.	had/have walked across	walked across sp.（有界）/ as …	walked across sp. … to do	as …	walked across sp.（无界）	walked across sp., doing NP/manner	总 数
数 量	24	62 + 7	41	2	19 + 30	13	3	24	3	228
路径类型	198 （有界路径，表示"走过"）						30 （无界路径，表示"在……上走"）			228
占 比	86.84%						13.16%			100%

walked to（417 有效例）

分 类	sb. … walked to sp. and did sth.	walked to sp. and did sth./doing sth.	walked to sp. to do sth./doing sth.	had walked to sp.	walked to sp., Ving sth./with some manner	when/as sb. walked to sp.	总 数
数 量	287		20 + 7	16	20	67	417
路径类型	330 （有界路径，表示"走到、来到"）				87 （无界路径，表示"向……走去"）		417
占 比	79.14%				20.86%		100%

walked down the NP（169 有效例）

分 类	walked down sp. to sp.	walked down sp. and did sth.	had walked down sp.	walked down sp. and 其他介词+NP	walked down + NP（理解为有界背景含义）	when/while/as sb. walked down …	walked down sp., Ving/in + manner/with + manner/until	walked down NP（误解为无界，如 in darkness）	walked down NP along/towards/on one's way	总 数
数 量	21	15	9	16	8	46	30	11	13	169
路径类型	69 （有界路径，走下……）					100 （无界路径，向……下走）				169
占 比	40.83%					59.17%				100%

walked up the NP (134 有效例)

分 类	walked up sp. to sp.	walked up sp. and did sth./to do sth.	walked up sp. and into/other prep.	had walked up sp.	walked up sp.（名词识解为有界）	walked up sp. for a while/a hundred yards/a little way	as/when walked up sp.	walked up sp., Ving/with/in some manner	walked up sp.（名词识解为无界）	总 数
数 量	24	25	4	8	17	3	27	21	5	134
路径类型	78（有界路径，走上）					56（无界路径，向上走）				134
占 比	58.21%					41.79%				100%

walked under (7 有效例)

分 类	walked under NP（识解为有界，如 archway, bridge, arch）	walked under NP（识解为无界，如 umbrella, archway, shadow, leaves）	总 数
数量	3	4	7
路径类型	3（有界路径，从……下走过）	4（无界路径，在……下走）	
占 比	42.86%	57.14%	100%

walked beneath（5 有效例）

分 类	walked beneath NP（误解为有界，如 arch）	walked beneath（后无任何名词）	walked beneath NP（误解为无界，如 trees、moonlight、as he）	总 数
路径类型	（有界路径，表示"从……下走过"）		3（无界路径，表示"在……下走"）	5
	2			
占 比	40%		60%	100%

walked around（113 例，有 1 例重复）

分 类	be walked around	walked around + NP（误解为有界）	walked around NP + to/into/towards 等其他介副词 / to do	walked around + NP and did sth. sth./ 次数	as … walked around	walked around + for 一段时间 / until … /all day	walked around NP, Ving/with/in a manner	walked around（后续无名词或者名词误解为无界）	总 数
数 量	2	17	15	6 + 5	9	8	30	20	112
路径类型	（有界路径，表示"绕过、绕了一圈到达"）				（无界路径，表示"围着转、绕着走"）				112
	45				67				
占 比	40.18%				59.82%				100%

walked round（有效例 164）

分　类	walked round NP and did sth.	walked round into/to NP	walked round+NP 名（词识解为有界）	walked round NP to do	walked round NP（误解为无界）	as … walked round	walked round (NP), doing sth./in a circle/round and round	walked round NP for +一段时间/unitl…/all day	总　数
数　量	26	32	29	11	23	4	29	10	164
路径类型	98（有界路径，表示"绕过、转过"）				66（无界路径，表示"绕着……转、在……到处走"）				164
占　比	59.76%				40.24%				100%

walked about（35 有效例，有 3 例表示大约）

分　类	walked about（转过身来）	had walked about	walked about 后无其他（到处走）	walked about sp., Ving	walked about sp. for a while/hours/until	walked about sp. in a daze/with a manner	walked about in the village, street	总　数
数　量	1	2	8	10	3	5	3	32
路径类型	3（有界路径，表示"转过"）		29（无界路径，表示"到处走"）					32
占　比	9.38%		90.62%					100%

walked past (177 有效例)

分 类	walked past sp.	walked past sp. and did sth.	walked past sp. to/into sp.	walked past (... to do)	as ...	sp.(无界)	doing NP/ manner	总 数
数 量	69	48	14	10	28	3	5	177
路径类型	\multicolumn{4}{l}{141 (有界路径, 表示 "经过" 跨越边界完成)}		\multicolumn{2}{l}{36 (有界路径, 表示 "经过" 跨越边界瞬间)}		177
占 比	79.66%				20.34%			100%

walked after (BNC 中仅见 4 例), ran after (86 例)

分 类	ran after NP (上下文识解为有界)	ran after NP to do/ and did sth.	ran after NP, Ving	as ... ran after NP	ran after NP with/ without a manner/ in a manner ... /like a ... / 其他表示方式的短语	ran after + NP 结句或无名词下文识解为无界	总 数
数 量	11	9	19	5	11	31	86
路径类型	\multicolumn{2}{l}{20 (有界路径, 表示 "追上, 追到")}		\multicolumn{4}{l}{66 (无界路径, 表示 "追……; 朝……追")}	86
占 比	23.26%			76.74%			100%

walked on the NP（有效例 23）

分 类	walked on NP（识解为有界）	walked on NP（识解为无界）	as sb. walked on NP	总 数
数 量	7	13	3	23
路径类型	（有界路径，表示"走上、踩到、走到"）	16 （无界路径，表示"在……上走"）		23
占 比	30.43%	69.57%		100%

walked by（59 例，但其中只有 47 例表示空间路径，其余表示"被"）

分 类	walked by 后无任何附加成分	walked by sp. to sp.	walked by NP (one's side, river, streams ...)	walked by sp., doing sth.	walked by sp. in a certain manner	总 数
路径类型	30 （有界路径）		17 （无界路径）			47
占 比	63.83%		36.17%			100%

walked in（486 例，有 7 例重复）

分　类	walked in 后无任何附加成分，即以 walked in 结句	walked in NP/AD (the door, the room, there)	walked in sp. through	walked in sp. to do sth.	walked in the NP (garden, darkness, front, silence, shade, rain, fields, water, sunshine, lights, pain, snow, life, barren field, direction, desert, line, grounds, rags, circles, files, herds, daze, guilt)	in and out	总　数
路径类型		342（有界路径，表示"走进"）			137（无界路径，表示"在……中/里走"）		479
占　比		71.40%			28.60%		100%

walked behind（31 有效例）

分　类	walked behind + NP（识解为有界）	walked behind NP and did sth.	walked behind NP to do	walked behind + NP（识解为无界）	walked behind (NP), Ving/ in a manner/adj.	as ... walked behind NP	walked behind 后续无名词	总　数
数　量	5	3	3	4	8	3	5	31
路径类型	11（有界路径，表示"走到……后"）			20（无界路径，表示"在……后面走"）				31
占　比	35.48%			64.52%				100%

其他 walked ＋介副词的情况

分 类	walked aside	walked between	walked among	walked downstairs	walked upstairs	walked inside
数 量	0	14	9	8	7	16
路径类型	—	无界	无界	有界	有界	有界
表 意	（在 BNC 中无匹配项，aside 多与 put、lay、push 等致使移动动词匹配）	在……之间走	在……中走	下楼	上到楼上	进入

附录二:莱文(Levin 1993)列举的运动类动词

分 类	举 例		
内在含有方向的运动动词(Inherently directed motion verbs)	advance, arrive, ascend, climb, come, cross, depart, descend, enter, escape, exit, fall, flee, go, leave, plunge, rise, tumble, recede, return, plummet, decline, soar, skyrocket, surge		
离开类动词(Leave verbs)	leave, depart		
运动方式动词(Manner of motion verbs)	滚动动词(Roll verbs):9	bounce, drift, drop, float, glide, move, roll, slide, swing	
	轴运动(Motion around as Axis):9	coil, revolve, rotate, spin, turn, twirl, twist, whirl, wind	
	奔跑动词(Run verbs):122	amble, backpack, bolt, bounce, bowl, canter, canon, carom, cavort, charge, clamber, climb, clump, coast, crawl, creep, dart, dash, dodder, drift, file, filt, float, fly, frolic, gallop, gambol, glide, goosestep, hasten, hike, hobble, hop, ?hurry, hurtle, inch, jog, journey, jump, leap, limp, lollop, lop, lumber, lurch, march, meander, mine, nip, pad, parade, perambulate, plod, prance, promenade, prowl, race, ramble, roam, roll, romp, rove, run, rush, sashay, saunter, scamper, scoot, scram, scramble, scud, scurry, scuttle, shamble, shuffle, sidle, skedaddle, skip, skitter, skulk, sleepwalk, slide, slink, slither, slog, slouch,	

续表

分 类		举 例
运动方式动词 (Manner of motion verbs)	奔跑动词 (Run verbs): 122	sneak, somersault, speed, stager, stomp, stray, streak, stride, stroll, strut, stumble, stump, swager, sweep, swim, tack, tear, tiptoe, toddle, totter, traipse, tramp, travel, trek, troop, trot, trudge, trundle, vault, waddle, wade, walk, wander, whiz, zigzag, zoom
使用工具运动动词 (Verbs of motion using a vehicle)	运动工具动词 (Vehicle name): 39	balloon, bicycle, bike, boat, bob sled, bus, cab, canoe, caravan, chariot, coach, cycle, dog lead, ferry, gondola, helicopter, jeep, jet, kayak, mope, motor, motorbike, motorcycle, parachute, punt, raft, rickshaw, rocket, skate, skateboard, ski, sled, sledge, sleigh, taxi, toboggan, tram, trolley, yacht
	非工具名运动动词 (Verbs that is not vehicle name): 10	cruise, drive, fly, oar, paddle, pedal, ride, row, sail, tuc
舞蹈类运动动词 (Waltz verbs)		Boogie, bop, cancan, clog, conga, dance, foxtrot, jig, jitterbug, jive, pirouette, polka, quickstep, rumba, samba, shuffle, square dance, tango, tap dance, waltz
追赶类动词 (Chase verbs)		chase, follow, pursue, shadow, tail, tack, trail
伴随类动词 (Company verbs)		guide, lead, shepherd, accompany, conduct, escort
物质释放类动词 (Substance emission verbs)		belch, bleed, bubble, dribble, drip, drool, emanate, exude, foam, gush, leak, ooze, pour, puff, radiate, seep, shed, slop, spew, spill, spout, sprout, spurt, squirt, steam, stream, sweat

附录三：莱文（Levin 1993）列举的致使类动词

莱文（Levin 1993）分类列举的致使动词分属各种事件概念类别：有些表示施事发出的动作使物体的物理形状发生变化，如 cut、saw；有的表示施事发出的动作使受事物体的聚合、混合、离散形态发生改变，如 blend、cluster；有的表示施事发出的动作使物体发生位置变化，也就是位移运动，如 put、carry、pass、lay、load、tape、detach、disassemble、disconnect 等。以下是莱文（Levin 1993）分类列举的致使位移动词。

分 类		举 例
寄送动词（Send verbs）：20		airmail, convey, deliver, post, forward, hand, pass, return, smuggle, transfer, drop, express, FedEx, port, ship, shunt, slip, smuggle, sneak, UPS
运带动词（Carry verbs）：9		carry, drag, hand, heave, heft, pull, push, kick, hoist
滑动动词（Slide verbs）：5		Bounce, float, move, roll, slide
投掷动词（Verbs of throwing）	投掷动词（Throw verbs）：32	bash, fire, bat, bunt, cast, fling, cast, catapult, chuck, flick, fling, flip, hit, hurl, kick, knock, lob, loft, nudge, pass, pitch, punt, shoot, shove, slam, slap, sling, smash, tap, throw, toss
	连续投掷动词（Pelt verbs）：5	buffet, bombard, pelt, shower, stone

续表一

分　类	举　例
放置动词（Verbs of putting）：13	arrange, immerse, install, lodge, mount, place, position, put, set, situate, sling, stow, stash
置于空间构形中（Putting in a spatial configuration [except hang]）：8	dangle, lay, lean, perch, nest, sit, stand, suspend
输送动词（Funnel verbs）：25	bang, channel, dip, dump, funnel, hammer, ladle, pound, push, rake, ram, scoop, scrape, shake, shovel, siphon, spoon, squeeze, squash, sweep, tuck, wad, wedge, wipe, ring
有方向放置（Putting with a specified direction）：6	put, lift, lower, raise, hoist, drop
倾倒动词（Pour verbs）：8	dribble, dip, pour, slop, spew, spill, spurt, drip
盘卷动词（Coil verbs）：8	roll, coil, spin, twirl, curl, loop, wind, whirl
喷洒、装载动词（Spray/load verbs）：48	brush, cram, crowd, cultivate, dab, daub, drape, drizzle, dust, heap, hang, inject, jam, load, mound, pack, pile, plant, plaster, prick, pump, rub, scatter, seed, settle, sew, shower, slather, smear, smudge, sow, spatter, splash, splatter, spray, spread, sprinkle, spritz, squirt, stick, stack, strew, string, stuff, swab, ?vest, ?wash, wrap
装填动词（Fill verbs）：94	adorn, anoint, bathe, bandage, bind, bestrew, blanket, blot, bombard, carpet, choke, cloak, clog, clutter, coat, contaminate, cover, dam, dapple, deck, decorate, deluge, dirty, douse, dot, drench, edge, embellish, emblazon, encircle, encrust, endow, enrich, entangle, face, festoon, fill, fleck, flood, frame, garland, garnish, imbue, impregnate, infect, inlay, interface, interland, interleave, intersperse, interweave, inundate, lard, lash, line, litter, mask, mottle, ornament, pad, pave, plate, plug, pollute,

续表二

分 类	举 例
装填动词 (Fill verbs): 94	replenish, repopulate, riddle, ring, ripple, robe, saturate, season, shroud, smother, soak, soil, speckle, splotch, spot, staff, stain, stipple, stop up, stud, suffuse, surround, swaddle, swathe, taint, tile, trim, veil, vein, wreathe
粘贴动词 (Verbs of tape): 59	anchor, band, belt, bolt, bracket, buckle, button, cement, chain, clamp, clasp, clip, epoxy, fetter, glue, gum, handcuff, harness, hinge, hitch, hook, knot, lace, lash, lasso, latch, leash, link, lock, loop, manacle, moor, muzzle, nail, padlock, paste, peg, pin, plaster, rivet, rope, screw, seal, shackle, sewer, solder, staple, stitch, strap, string, tack, tape, tether, thumbtack, tie, trammel, wire, yoke, zip
附着动词 (Cling verbs): 3	cling, cleave, adhere
移除类动词 (Verbs of removing)	移除动词 (Remove verbs): 35 — Abstract, cull, delete, discharge, disgorge, dislodge, dismiss, disengage, draw, eject, eliminate, eradicate, evict, excise, excommunicate, expel, extirpate, extract, extrude, lop, omit, ostracize, oust, partition, pry, reap, remove, separate, sever, shoo, subtract, uproot, winkle, withdraw, wrench,
	流放移除动词 (Banish verbs): 7 — banish, deport, evacuate, expel, extradite, recall, remove
擦抹动词 (Wipe verbs): 39	bail, buff, dab, distill, dust, erase, expunge, flush, leach, lick, pluck, polish, prune, purge, rinse, rub, scour, scrape, scratch, scrub, share, skim, smooth, soak, squeeze, strain, strip, suck, suction, swab, sweep, trim, wash, wear, weed, whisk, winnow, wipe, wring
清除动词 (Clear verbs [remove something from some location and also change of state]): 4	clean, clear, drain, empty

续表三

分 类	举 例
工具次类 (Instrument subclass): 17	brush, comb, file, iron, filter, hoover, hose, iron, mop, plow, sandpaper, shear, shovel, siphon, sponge, towel, vacuum
分离动词 (Detach verbs): 30	detach, disassemble, disconnect, unlatch, partition, sift, sunder, unbolt, unlock, unbuckle, unbutton, unchain, unpeg, unleash, unclamp, unclasp, unclip, unfasten, unhook, unlace, unhitch, unbinge, unglue, unpin, unzip, untie, unstitch, unscrew, unshackle, unstaple

附录四：汉语自主自发运动单字动词（334个）

走、步、迈、跛、遛、逛、游、跑、奔、颠、跳、跃、越、腾、跨、爬、登、攀、趟、涉、钻、扎、潜、冲、闯、撞、扑、扭、蹶、滑、溜、出、上、下、来、去、往、到、赴、入、退、回、停、止、经、由、穿、过、拐、弯、绕、兜、靠、挨、凑、贴、逼、跟、随、追、赶、撵、超、逐、轰、阻、止、拦、挡、逃、窜、躲、避、闪、藏、匿、伏、钉、找、搜、至、达、通、抵、还、返、归、折、留、闷、待、住、宿、歇、动、抖、颤、震、颠、跳、摇、摆、晃、悠、滚、滑、溜、翻、反、倒、转、掉、扭、落、坠、飘、堕、摔、塌、垮、倾、升、腾、起、涨、降、撞、碰、击、磕、冲、拍、触、沾、擦、蹭、硌、点、着、拂、掠、卡、叉、鲠、磨、摩、蹭、附、巴、沾、遮、荫、掩、蔽、挡、盖、覆、罩、笼、环、围、包、圈、缠、绕、络、交、混、杂、搀、夹、流、淌、泡、浸、沉、淹、渍、沤、润、没、淤、积、陷、漂、浮、飘、移、游、荡、泛、扬、摇、舞、飞、滴、溅、迸、澎、溢、喷、射、滋、淋、浇、漏、渗、透、沁、冒、泛、漾、发、散、放、逸、通、阻、塞、堵、梗、站、立、起、坐、蹲、踞、猴、跪、屈、躺、倒、卧、睡、趴、伏、俯、靠、倚、凭、把、偎、依、摔、跌、掼、栽、扑、踩、踏、登、蹬、跷、踢、踹、蹴、跺、挺、伸、欠、战、颤、抖、栗、仰、昂、翘、低、垂、回、低、转、扶、搀、披、抱、搂、拥、揽、携、挽、抚、摩、摸、扣、搔、抓、挠、扒、挥、招、摇、摆、甩、振、抄、眯、歇、宿、竖、耸、峙、翘、撅、垂、伸、延、舒、缩、张、合、展、裂、集、聚、会、凑、分、散、连、接、贯、通、拼、并、鼓、暴、凹、陷、招、摇、摆、甩、振

《现代汉语分类大词典》(董大年 2007)

附录五：汉语动作活动致使类单字动词（340个）

分 类	举 例
起点/中间边界路径动词：57	拆、下、解、褪、卸、抽、挖、剜、抠、舀、打、撇、掏、锄、采、拔、捞、滤、过、磕、捯、榨、送、掀、揭、撩、捋、取、劈、剪、铰、裁、削、修、旋、锛、绞、刮、刨、剥、扒、揭、剔、撕、发、翻、倾、敲（使振落）、倒（水）、掘、揩、控（水）、投、掷、甩（扔出）、驱、逐
终点边界致使路径动词：117	丢、撂、拾、捡、拣、接、承、挂、悬、吊、张、挑、铺、摊、盖、蒙、遮、罩、捂、苫、揎、塞、倒、包、裹、装、盛、窝、捆、扎（包扎）、打（缠绕）、缠、绕、栽、绑、缚、穿、戴、系、拴、搂、放、搁、置、撂、坐、墩、安、摆、堆、垛、摞、码、抢、捅、杵、刺、搠、攮、凿、錾、戳、钻、夹、钳、搛、塞、掖、衬、垫、楦、插、扦、涂、抹、上、敷、搭、擦、刷、泥、蘸、沾、粘、糊、贴、胶、裱、浇、泼、泡、浸、灌、注、淋、冲、沏、包、贴、填、扎（扎进）、戗（支撑）、架、埋、栽、种、楔、钉、按、揿、摁、卡、压、绰、套、镶、嵌
致使位移非路径动词：65	举、扛、端、托、捧、运、担、抬、背、带、拉、移、挪、驮、载、搬、提、拎、挎、夹、擎、捐、拉、扯、押、拽、曳、掣、拖、牵、引、推、扔、抛、携、负、荷、挈、捎、驾、驶、驱、输、调、押、赶、泊、领、导、挥、舞、抡、振、拨、挑、抓、揪、攥、捉、拈、捏、拿、握、持、执

续表

分　类	举　例
致使受事空间形状、性状、排列、聚合状态变化非路径动词：101	排、列、并、竖、立、弄、掐、扼、把、松、开、启、张、敞、关、闭、封、掩、合、摇、撼、晃、抖、打（伞）、扬、修、打、敲、拍、磕、扑、错、研、扣、拢、勒、袢、弯、卷、绾、挽、揉、搓、捻、抟、团、拧、扭、绞、折、叠、磨、钢、砣、擂、剖、破、搅、拌、搀、和、对、扇、鼓、编、织、结、绣、缀、整、理、擂、捶、捣、锤、砸、舂、磨、碾、擀、轧、挫、锁、闩、销、撒、洒、通、撑、支、抵、顶、凿、雕、刻、挑（支起三声）、垒、砌、筑、压、榨

《现代汉语分类大词典》（董大年 2007）

附录六：法语、德语和俄语的几个例子

汉语	法语	德语	俄语
他在房间里走。	Il marchait dans la chambre. he walk-IMP in the room 未完成过去时	Er ging im Zimmer. he go-PAST in-the-D room 宾语用第三格（与格）	Он шел в комнате. On shol v komnat'e he go-PAST in room-L 动词用未完成体，宾语用第六格（地点格）
他走进房间。	Il marcha/entra dans la chambre. he walk/enter-PAST in the room 简单过去时，动词或换用 entrer	Er ging ins Zimmer. he go-PAST in-the-A room 宾语用第四格（宾格）	Он вошел в комнату. On voshol v komnatu he in-go-PAST in room-A 动词加 во-（完成体），宾语用第四格（宾格）
他在森林里穿行。	Il marchait à travers la forêt. he walk-IMP through the forest 未完成过去时	Er ging im Wald. he go-PAST in-the-D forest 宾语用第三格（与格）	Он шел лесом. On shol l'esom he go-PAST forest-I 动词用未完成体，"森林"用第五格（工具格），无介词

续表

汉语	法语	德语	俄语
他穿过森林。	Il marcha/passa à travers la forêt. he walk/pass-PAST through the forest 简单过去时，动词或换用 passer	Er ging durch den Wald. he go-PAST through the-A forest 宾语用第四格（宾格），介词换 durch	Он прошел через лес On proshol cherez l'es he through-go-PAST through forest-A 动词加 про-（完成体），宾语用第四格（宾格）
他在桌子上跳。	Il sautait sur la table. he jump-IMP on the table 未完成过去时	Er sprang auf dem Tisch. he jump-PAST on the-D table 宾语用第三格（与格）	Он скакал на столе. On skakal na stol'e he jump-IMP-PAST on table-L 动词用未完成体，宾语用第六格（地点格）
他跳上桌子。	Il sauta sur la table. he jump-PAST on the table 简单过去时	Er sprang auf den Tisch. he jump-PAST on the-A table 宾语用第四格（宾格）	Он вскочил на стол. On vskochil na stol he jump-PERF-PAST on table-A 动词用完成体，宾语用第四格（宾格）